Henri Lesewitz

Endlich Rasen

Ein Abenteuerversuch auf dem ehemaligen
innerdeutschen Grenzstreifen

Delius Klasing Verlag

Für Yvonne und Leticia

Bibliografische Information der Deutschen Nationalbibliothek
Die Deutsche Nationalbibliothek verzeichnet diese Publikation
in der Deutschen Nationalbibliografie; detaillierte bibliografische
Daten sind im Internet über http://dnb.d-nb.de abrufbar.

1. Auflage
ISBN 978-3-7688-3223-6
© Moby Dick Verlag, Postfach 3369, D-24032 Kiel

Fotos: Henri Lesewitz, Oliver Soules (Kapitel 5)
Umschlaggestaltung: Buchholz / Hinsch / Hensinger, Hamburg
Lektorat: Klaus Bartelt
Satz: Axel Gerber
Gesetzt aus der Dolly & Auto
Druck: Bercker Graphischer Betrieb, Kevelaer
Printed in Germany 2010

Delius Klasing Verlag, Siekerwall 21, D–33602 Bielefeld
Tel.: 0521/559-0, Fax: 0521/559-115
E-Mail: info@delius-klasing.de
www.delius-klasing.de

Inhalt

1.

Intro

 ᘓ

Die Revolution erreichte ihren Höhepunkt zeitgleich mit mir. Während der
gesamtdeutsche Vereinigungsakt sekundenpünktlich um Mitternacht mit
einer gigantischen Vernichtung von Pyrotechnik vollzogen wurde, mühte
ich mich unter einer Rick-Astley-Bettdecke auf meine Art, der Relevanz
des historischen Ereignisses gerecht zu werden. Es war der abgeklärteste
Sex meines Lebens. Auf Grundlage der ersten freien Volkskammerwahl im
März beschlossen. Ein halbes Jahr vorbereitet. Im Oktober schließlich plan-
konform ausgeführt. Ich drang als Bürger der Deutschen Demokratischen
Republik in Katja ein. Und als ich mich neben sie rollte, war ich Bürger der
Bundesrepublik Deutschland.

Ich bin Katja noch heute dankbar dafür, dass sie meine Inszenierung nicht
versaut hat, indem sie die Nacht mit ihren Freundinnen in einem dieser
gottlosen Trinkzelte verbrachte, die als Rahmen von Schwarz-Rot-Geil-
Saufgelagen in jeden Winkel der Stadt gezimmert worden waren. Die
deutsche Wiedervereinigung hatte Besseres verdient. Etwas von höherer
Symbolkraft. Etwas, das die Erinnerung zuverlässig gegen das Verblassen
imprägnierte. Etwas, das sich um das großartige Ereignis wie eine Versiege-

lung legt, wie um den ersten Kuss und das erste Mal. Sollten sie sich in den Zelten ruhig den Verstand wegsaufen. Die Körper in Deutschland-Hemden vom Fidschi-Markt gesteckt, benebelt von der Eruption aus purem Jetzt, den Westschlagern, dem Westbier, den Westschnäpsen, dem Westgeld, dem Westgefühl. Ich wollte es schwerelos, beschwingt, sinnlich. Vier Jahrzehnte lang war Deutschland geteilt gewesen. Und nun, einfach so im Liegen, in Stimmung gebracht mit einer Flasche Erdbeerschaumwein für Zweineunundneunzig: Deutschland, einig Vaterland!

Es war lausiger Sex. Proformafummelei zur festgelegten Zeit. Ich hätte mich schämen sollen dafür. Der einleitend absolvierte Zungenkuss schmeckte mechanisch, routiniert, kein bisschen nach Gier. Ich spürte keine Erregung bei Katja. Nicht in ihrer Zunge. Nicht in ihrem Atem. Ich hörte kein Keuchen, kein Stöhnen. Ich hörte nur das grauenvolle »... But Seriously«-Album, das ich in Vorbereitung des Abends in dem festen Glauben von einer Originalkassette meines Vaters überspielt hatte, Phil Collins könnte mir die Arbeit des Vorspiels abnehmen. Phil Collins, so war ich mir sicher, würde Katja mit seinem Schmachtgesang aufweichen und gleichzeitig in einen brodelnden Vulkan verwandeln. Ich wusste nicht, dass Phil Collins zuverlässig nur Ersteres bewirkt. Mit jedem Song spürte ich ein beiderseitiges Nachlassen an Leidenschaft. Als »Another Day in Paradise« kam, waren wir endlich nackt genug. Zwei Lieder später wären wir wahrscheinlich eingeschlafen. Ich kletterte zwischen Katjas Schenkel, zog die Rick-Astley-Bettdecke über unsere Körper, schloss die Augen und dachte an Babette Köhler, die Barfrau vom »Kunterbunt« mit dem sensationell geformten Körper, während Katja Ekstase simulierte. Der Sex war nicht halb so aufregend wie ein Kreuzworträtsel.

Ich war nicht verliebt in Katja und sie nicht verliebt in mich. Jedenfalls nicht mehr so wie vor 14 Monaten, als wir uns bei einer Diskoveranstaltung im Waldbad das erste Mal nähergekommen waren. Sie stand allein neben der Tanzfläche. Ich trug Krempeljeans zu Arbeitsschuhen mit neongrünen Schnürsenkeln und spürte die rebellische Kraft meiner spraygestützten The-Cure-Frisur. Der DJ begann im richtigen Moment mit der Kuschelrunde. Ich schmeckte, dass sie Pfefferminzlikör getrunken hatte. Ab diesem Moment waren wir zusammen. Ein Tag, an dessen Details ich mich heute weniger erinnern kann als an die Nacht der deutschen Wiedervereinigung.

Phil Collins war ruhig. Ich hatte das Album auf eine 90er-Kassette über-spielt. Die A-Seite war durch und ich war froh, dass Katjas RFT-Kassetten-rekorder nicht über die Funktion »Auto Reverse« verfügte, wie die ganzen neuen Westgeräte, die es seit ein paar Wochen überall zu kaufen gab. Phil Collins klang nach Stricken und Staubwischen. Er klang nach Pärchentanz und Elternsex. Die Stille klang hervorragend.

Ich lag unter Rick Astley und hörte die Raketen explodieren, die Kat-jas Zimmer noch Minuten nach der Stunde null im Grüngelbrot-Verlauf färbten. Ich spürte das Absterben meines Armes. Ansonsten spürte ich gar nichts. Es war in jeder Hinsicht die Stunde null.

Es war nicht Katjas Schuld. Es war diesmal auch nicht der Alltag, der das Kribbelgefühl weggeschubbert hatte. Es war das Jetzt, das sich immer schneller zu drehen begann. Ich war 18 Jahre alt und spürte, dass die Welt da draußen auf mich wartete. Ich spürte, dass alles möglich war mit Westgeld und ohne Grenzen. Ich spürte, dass ich nicht abendelang im Kinderzimmer von Katja herumsitzen sollte, das immer noch deckenhoch mit »Bravo«-Postern und Westverpackungen tapeziert war und in dem eine Garnitur Rick-Astley-Bettwäsche das ihrer Meinung nach optische Highlight bildete – bezahlt am Nachmittag des 11. November 1989 vom bundesdeutschen Steuerzahler in Form von Begrüßungsgeld. Ich hatte keine Lust mehr, mich beim Petting unter Rick Astley zu verstecken, aus Angst vor Katjas prü-der Mutter, die auf ihren regelmäßigen Patrouillengängen Apfelmost und Kuchenstücke ins Zimmer trug. Genau genommen hatte ich nicht einmal mehr Lust auf Katjas Nähe. Ich spürte, dass mein Leben jetzt erst richtig an-fing. Die DDR war mausetot. Ich war Bürger der Bundesrepublik Deutsch-land. Ich besaß ein nagelneues Mountainbike mit 21 Gängen. Ich hatte 248 D-Mark auf dem Konto. Ich fühlte mich wie Gott.

Die DDR war weg. Ich konnte jetzt alles tun. Ein Fitnessstudio eröffnen. Eine Kneipe. Türsteher werden. Animateur auf Mallorca. Oder einfach mit dem Mountainbike um die Welt fahren. Die Beerdigung des Staates, der meine Heimat gewesen war, stellte das größtmögliche Glück für mich dar. Ein paar Monate zuvor hatte dieses Land mein Leben zerstört. Dass es nun plötzlich nicht mehr da war, dass es innerhalb von wenigen Monaten dem Territorium der Bundesrepublik angegliedert wurde, kam mir selbst in der Nacht der Wiedervereinigung noch unbegreiflich vor.

Mein Leben hatte so begonnen, wie es die Sozialistische Einheitspartei Deutschlands vorgesehen hatte. Kindergrippe. Kindergarten. Polytechnische Oberschule. Ein geregeltes Hineinwachsen in eine geregelte Zukunft, die durch nichts anderes gefährdet war, als durch den imperialistischen Aggressor USA und seinen Verbündeten, die BRD. Der Aggressor nämlich wollte uns und unsere sozialistischen Bruderstaaten hinterrücks überfallen und seine grausamen Atombomben auf uns werfen, wie er es schon in Hiroshima und Nagasaki getan hatte. Um uns dann dazu zu zwingen, sein kapitalistisches Ausbeutersystem gut zu finden, in dem es nur Armut, Unterdrückung und Obdachlose gab. Jedenfalls wurde uns das so von der Partei gesagt. Und die sollte es ja wissen.

Mein Vater arbeitete als Schlosser in einem volkseigenen VEB-Kombinat. Meine Mutter war Facharbeiterin für Schreibtechnik, also Sekretärin. Auch sie arbeitete in einem volkseigenen VEB-Kombinat. Wir waren eine ziemlich durchschnittliche DDR-Durchschnittsfamilie, die sich von anderen durchschnittlichen Durchschnittsfamilien eigentlich nur dadurch unterschied, dass wir »Westkontakt« hatten. Das Wort Westkontakt klang konspirativ und gefährlich. Es schwang der Nebel des Verbotenen mit. Dabei beschrieb es etwas völlig Harmloses. Meine Mutter schrieb sich Nichtigkeiten mit einer Brieffreundin in Hamburg, die sie über den im Westen lebenden Bruder meines Großvaters kennengelernt hatte. Das war offiziell nicht verboten und hatte auch weiter keinen Einfluss auf unseren Alltag. Die Hamburger Brieffreundin mistete hin und wieder ihren Kleiderschrank aus, und statt die abgetragenen Klamotten in die Altkleidertonne zu stecken, trug sie den Kram eben zur Post und schickte ihn zu uns. Meine Mutter bekam vor Aufregung jedes Mal fast einen Nervenzusammenbruch, weil sie im sozialistischen Warenangebot nichts Passendes zum Zurückschicken fand. Ab und an ging dann handgeschnitzte Erzgebirgskunst, die mit viel Aufwand und finanziellem Einsatz besorgt wurde, auf die Reise nach Hamburg, wo der Plunder vermutlich umgehend in den Tiefen eines Kellers verschwand. Und das war es auch schon.

Die Westpakete allerdings waren immer eine große Freude. Man bekam eine Benachrichtigung in den Briefkasten und musste die Sendung dann von der Post abholen. Meist kam die ganze Familie mit. Der Anlass war zu feierlich. Wir hätten eine Schatztruhe nicht anders nach Hause getragen. Das Öffnen wurde zelebriert. Wir standen im Halbkreis um das Paket herum und bekamen vor Ungeduld fast Herzrhythmusstörungen, weil jedes Teil einzeln ausgepackt und erst einmal lange bestaunt wurde. Einmal blieben nach dem Auspacken vier braune Fellmurmeln übrig, die in einer weißen Kunststoffschale eingeschweißt waren und laut Beipackzettel »Kiwis« sein sollten. Niemand von uns hatte so etwas vorher schon mal gesehen. Die Erklärung in Meyers Lexikon ließ die Gesichtszüge meiner Mutter entgleisen. Kiwi = Australischer Strandvogel. Der Kopf und die Beine schienen schon entfernt worden zu sein. Musste man die Innereien also noch herausnehmen? Und wie verzehrte man die Dinger? Roh, gekocht, gebraten? Wieso schickten die uns so etwas und nicht Kinder-Schokolade und Mars? Tote Vögel! Wie ekelig! Es dauerte ein paar Tage, bis sich ein Freiwilliger für einen Probeschnitt mit dem Messer fand.

Mein Leben schien vorgezeichnet. Ich würde die polytechnische Oberschule abschließen, meinen Wehrdienst bei der Nationalen Volksarmee ableisten und mich dann bis zur Rente als Facharbeiter in einem Betrieb für die Planerfüllung aufarbeiten. Bei einer Heirat würde ich auf die Zuweisung einer Wohnung hoffen können, alle fünf Jahre auf einen Urlaubsplatz in einem FDGB-Bungalow in Ostseenähe und nach einer Wartezeit von zehn Jahren eventuell sogar auf die Auslieferung des irgendwann einmal bestellten Trabis.

Es gab nur einen Weg, dem zu entfliehen. Er war sogar relativ simpel. Man musste nur Olympiasieger werden. Sportler genossen in der DDR das höchste Ansehen aller Berufsgruppen, auch wenn sie offiziell den Amateurstatus trugen. Weil die staatseigene Wirtschaft international gesehen eher für Hohn und Spott sorgte, versuchte sich die DDR mit Medaillen Anerkennung zu verschaffen. Das Fördersystem war beispiellos und führend in der Welt. Kein Talent durfte unentdeckt bleiben. Und so grasten die Sichtungsleute aller Sportarten Schulklasse für Schulklasse ab.

Einmal kam beispielsweise der Trainer des Boxvereins in unsere Klasse und unterbrach den Matheunterricht. Er teilte die Jungs paarweise auf und ließ sie auf dem Schulhof mit Boxhandschuhen aufeinander losgehen. Ich bekam Dirk Oschkenat zugeteilt. Ein wunderbarer Zufall, denn ich konnte

Dirk Oschkenat und seine streberhafte Art nicht ausstehen. Dirk Oschkenat war der Sohn eines ranghohen NVA-Offiziers, der jeden Morgen von einem Chauffeur mit einem schwarzen Wolga von zu Hause abgeholt wurde, was sein Angebersohn natürlich stets wortreich ausschmückte, um sich damit zu profilieren. Zwei Wochen zuvor hatte ich bereits eine Schlägerei mit Dirk Oschkenat für mich entschieden. Es ging um die Klärung der Frage, wer in Daniela Kuppka verliebt sein durfte. Die Heulsuse petzte. Ich bekam von der Klassenlehrerin einen Eintrag ins Hausaufgabenheft und von meinen Eltern eine Woche Radioverbot. Jetzt konnte ich mich dafür rächen. Vor den Augen von Daniela Kuppka! Ich zog die Handschuhe über und schlug Dirk Oschkenat mit voller Kraft auf die Nasenspitze. Blut tropfte, Dirk Oschkenat heulte, die Klassenlehrerin schnappte geschockt nach Luft. Diesmal bekam ich keinen Eintrag. Diesmal bekam ich einen lobenden Schulterklopfer vom Sichtungsmann und eine Einladung zum Boxtraining. Ich ging nicht hin. Das Boxtraining war Montag. Montags aber kam auf ARD die Sendung »Spaß am Montag« mit Zini. Und das durfte ich auf gar keinen Fall verpassen, Boxkarriere hin oder her. Die Radsportler trainierten am Dienstag. Das passte besser.

Ich fing an den Sport zu lieben. War das Training im Verein zu Ende, fuhr ich dieselbe Runde noch einmal. Kam ich nach Hause, putzte ich Speiche für Speiche meines metallicblauen Diamant-Rennrades mit Elsterglanz-Politur. Schmutz musste dafür nicht vorhanden sein. Putzen war für mich eine Form der Liebkosung. Mit zwölf Jahren begann ich meine Beine zu rasieren, so wie es mein großes Vorbild tat, Friedensfahrer Uwe Ampler. Mein Altersgenosse Thomas Becker rasierte sich sogar dieselben Geheimratsecken wie Uwe Ampler in den Haaransatz. Das ging mir dann aber doch zu weit. Die Erfolge ließen nicht lange auf sich warten. Im Sommer 1985 wurde ich auf die Kinder- und Jugendsportschule Ernst Thälmann nach Leipzig delegiert, direkt angegliedert an die Weltmeisterschmiede DHfK, die Deutsche Hochschule für Körperkultur und Sport. Ein Aufstieg, der nach heutigen Maßstäben gleichzusetzen ist mit der Berufung eines Nachwuchsfußballspielers aus der Provinz zum FC Bayern München. Am 4. Juli 1985 schrieb mir der Vorsitzende des örtlichen Turn- und Sportbundes einen persönlichen Brief: »Ich bin überzeugt, dass Du auch zukünftig durch vorbildliche Leistungen in der Schule und im Sport einen aktiven Beitrag zur weiteren Stärkung unserer sozialistischen Heimat und damit zur Sicherung des Friedens leisten wirst.« Ich war 13 Jahre alt.

Ich ging nach Leipzig ins Internat und wurde den Bahnsprintern zugeteilt. Umfangreiche Testserien hatten ergeben, dass meine motorischen Fähigkeiten dazu geeignet waren, ein Fahrrad in ein paar Jahren schneller und explosiver zu beschleunigen als jeder andere Mensch auf der Welt. Das Leistungsziel hieß: Barcelona 1992, die Olympiade. Der Tag bestand aus viel Training, etwas Schulunterricht und wenig Freizeit. Die Muskeln schwollen mit jedem Monat mehr an. Mit 14 Jahren wog ich 86 Kilogramm bei einer Körpergröße von 179 Zentimetern und einem Fettanteil von gerade mal sechs Prozent. Ich schaffte es, auf dem Rücken liegend, eine 135 Kilogramm schwere Eisenhantel mit den Armen nach oben zu stemmen, wenn ich sie vorher auf meiner Brust abgelegt hatte. 190 Kilogramm konnte die Hantel wiegen, wenn ich sie auf die Schultern legte, damit in die Hocke ging und wieder aufstand. Die Bindehaut riss auf dem Rücken, weil sie sich nicht so schnell dehnen konnte, wie meine Muskeln wuchsen. Trat ich in die Pedale, entsprach das einer Kraft von 270 Kilogramm. Ich wurde mit Lederriemen an einem Radergometer festgebunden, dessen Kurbeln mit einem Motor bis auf 280 Umdrehungen pro Minute beschleunigt wurden. Der Reiz sollte in meine Muskulatur einprogrammiert werden wie in einen Roboter. Mein Blut wurde über eine Kanüle in einen Apparat geleitet, dort UV-bestrahlt und mir wieder zugeführt, um mögliche Krankheitserreger abzutöten, bevor sie meiner mühsam antrainierten Form etwas anhaben konnten. Die Schwimmerinnen, so wurde im Internat gemunkelt, würden künstlich befruchtet, damit sich auf natürliche Weise die Anzahl der männlichen Hormone erhöht. Die Abtreibung erfolge kurz vor dem Wettkampf.

Ich war 15 Jahre jung. Ich vertraute meinem Trainer. Ich wollte Olympiasieger werden. Ich war im Auswahlkader für die Junioren-Weltmeisterschaft. Ich trug dasselbe Trikot wie Uwe Ampler. Ich aß die Oral-Turinabol-Tabletten, die mir mein Trainer gegen meine Rückenschmerzen gegeben hatte. Ich aß Oral Turinabol wie Bonbons. Ich wusste nicht, was Oral Turinabol war. Ich glaubte die Sache mit den künstlichen Befruchtungen nicht.

Die Schocknachricht überbrachten mir meine Eltern am Nachmittag des 26. Mai 1988. Am Tag zuvor waren sie von meinem Trainer telefonisch nach Leipzig bestellt worden. »Die haben dich rausgeschmissen«, würgte mein Vater nach der Zusammenkunft mit mehreren Sportfunktionären an den Worten und kämpfte mit den Tränen. Derart aufgelöst und getroffen hatte ich ihn noch nie gesehen. Angeblich sei ich am Ende meiner sportlichen Entwicklung. Doch mein Vater war sich sicher: Sie hatten mich entsorgt, weil er und meine Mutter nicht in der Partei waren. Sie hatten die Notbremse gezogen, weil meine Mutter eine Brieffreundin im Westen hatte. Sie konnten mit mir nichts mehr anfangen, weil sie mich niemals ins Ausland reisen lassen würden. Das Loch, das sich unter mir auftat, war bodenlos. Ich wurde nicht mehr gebraucht. Weder zum Siegen. Noch zur Sicherung des Friedens. Trotz einer Zeit von 11,6 Sekunden für die 200 Meter mit fliegendem Start. Sie hatten mich aussortiert wie eine Blattlaus aus der Salatschüssel. Das Rad und sämtliche Sportklamotten musste ich innerhalb einer Woche abgeben. Ich heulte nächtelang. Ich dachte daran mich umzubringen. Ich hatte keine Ahnung wie das geht.

Ich bekam einen abgegriffenen Lederkoffer voller Grobwerkzeug und musste auf den Bau. Meine Aufgabe war ab sofort nicht mehr das Brechen von Rekorden, sondern mit einem weißen, albernen Schutzhelm auf dem Kopf Ziegelsteinwände aufzustemmen, damit vieradrige, 2,5 Millimeter dicke Aluleitungen in den Schlitzen verlegt werden konnten, die den Strom vom zentralen Verteilerkasten in die Wohnungen brachten. Die Berufsbezeichnung Elektromonteur kam mir absurd vor. Meine Hauptarbeitsmittel waren nicht Seitenschneider und Schraubenzieher, sondern ein zerkratzter Meißel, ein Hammer, eine Gummischale, ein Spachtel und Gipspulver, das bei der kleinsten Berührung trockene, raue Hände machte. Ich begann meine Heimat zu hassen. Die Gipspampe, wegen der ich um halb sechs Uhr morgens aufstehen musste. Die Ziegelsteine, die nur unwillig dem Meißel nachgaben und schuld waren an den schmerzenden Handgelenken. Die Drecksstädte, die zugekleistert waren mit dämlichen Parteiphrasen. Die Autos, die aussahen wie von Dreijährigen gezeichnet. Die Mangelwirtschaft mit ihren ganzen Mängelprodukten. Und selbstverständlich den Stasitypen, der mir seit meinem Rausschmiss ständig auf der Pelle hing.

Ich träumte vom Westen. Was genau das war? Ich wusste es nicht. Ich kannte »Die Schwarzwaldklinik« und wusste, dass die Krankenhäuser aussehen wie Schlösser. Ich kannte »Aktenzeichen XY«, doch das unterstrich nur das Bild, das unser Staatsbürgerkundelehrer vom Westen malte. Leute werden abgemurkst und ausgeraubt und vergewaltigt. In der DDR wurde niemand abgemurkst und ausgeraubt und vergewaltigt. Jedenfalls hatte ich von so was noch nie gehört. Trotzdem musste es im Westen besser sein, als dieser Horror hier, der nichts anderes darstellte, als ein nur nach oben hin offenes Menschengehege. Warum sonst war die Brieffreundin meiner Mutter jedes Mal nach ihren DDR-Besuchen wieder zurück nach Hamburg gefahren? Zurück in den »faulenden, sterbenden Kapitalismus«, der ohnehin bald zusammenbrechen würde, wie in unseren Staatsbürgerkundebüchern stand. Obwohl sie doch immer so begeistert war, wie billig man sich in der DDR eine Kaltwelle machen lassen konnte.

Es war eine Art Reflex, dass ich an einem Sonntag nach der Disko einem Typen in den Versammlungsraum der Kirchengemeinde folgte, in dem die Gesamtsituation im Land angeprangert wurde. Menschen in alternativer Kleidung und mit ernsten Mienen verteilten Zettel, auf denen von einem Neuen Forum die Rede war und davon, dass man was tun müsse gegen die Betonköpfe, und vor allem zusammenhalten. Das war so unwirklich und aufregend, dass ich es erst gar nicht glauben konnte. Wo man doch sonst schon Ärger riskierte, wenn man am 1. Mai keine rote Fahne aus dem Fenster hängte. Als wir den Raum verließen, wurden wir von Polizei empfangen. Mit Hunden hatten sie sich vor der Tür aufgebaut und wirkten gar nicht mal so unfreundlich, wie es der Anlass hätte erwarten lassen. Die Ausweisdaten wurden notiert. Wer keinen Ausweis dabeihatte, musste kurz mit auf das Revier. Dann durften wir gehen. Kein Knast, keine Handschellen, keine Gummiknüppelschläge, keine Erniedrigung. Ich war fast ein wenig enttäuscht. Dass es anderswo unfreundlicher zuging, war in den folgenden Wochen öfter im Westfernsehen zu sehen.

Der Moment, in dem die Freiheit in mein Leben kam, war ein Donnerstag. Er hat sich an mir vorbeigeschlichen wie ein pirschender Indianer. Ich habe ihn nicht bemerkt in meinem Rausch, den ich mir nach dem Hallenfußball mit ein paar Kumpels in einem Bierstübchen eingefangen hatte. »Jetzt kannst du in den Westen«, sagte mein Vater, als ich am nächsten Tag zerknirscht zum Frühstück schlurfte. So beiläufig und unaufgeregt wie ein ›gib mir mal die Butter‹. Ich schaltete den Fernseher an und war fassungslos. Sie standen in Wisent-Jeans auf der Mauer und meißelten Stücke raus, so wie ich auf der Baustelle aus den Ziegelsteinwänden. In die Kanäle hätten nicht nur vieradrige, 2,5 Millimeter dicke Aluleitungen gepasst, sondern ganze Überlandkabel. Sie schunkelten eingehakt, Ost- und Westdeutsche, und riefen nach deutscher Einheit. Die »Bild-Zeitung« textete: Glücklicher Wussow – Ich heirate meine Yvonne. So war es im telemedialen Pressespiegel zu erfahren. Die Meldung vom größten Ereignis der deutschen Nachkriegsgeschichte hatten die Bild-Redakteure eilig daruntergequetscht. Das Unfassbare kam für alle unerwartet.

Wir fuhren mit dem Trabi nach Hamburg, wo ich mir vom Begrüßungsgeld ein T-Shirt mit dem Aufdruck »Böhse Onkelz« kaufte, dessen Motiv einen erigierten Penis zeigte, der einem weiblichen Geschlechtsteil auf Beinen hinterherrannte. Dass es sich bei den Onkelz um eine umstrittene Musikgruppe handelte, die angeblich »rechts« sein sollte, war mir nicht bewusst. Ich wusste noch nicht einmal, was der Begriff »rechts« im Zusammenhang mit Musik bedeutete. Ich lernte, dass die netten Damen auf der Reeperbahn nicht meinem Anblick erlagen, sondern einem Beruf nachgingen, der sich Nutte nennt. Ich lernte, dass es CD-Player gibt und Kästen, in denen das Essen von allein warm wird, sobald man es reinstellt und einen bestimmten Knopf drückt. Ich lernte, dass es keinen Sinn hat, im Musikkaufhaus bei der Suche nach einer Platte der Abstürzenden Brieftauben jedes Regal einzeln Platte für Platte durchzusehen, weil das gesuchte Stück ja doch bei »Deutschpunk« und dort wiederum unter »A« steckt. Ich wäre gern nach Amerika geflogen, doch ich begriff, dass Reisefreiheit ohne Geld auch nichts anderes ist als ein Wort mit 13 Buchstaben.

Mit der Freiheit begann der Lernprozess. Das DDR-Wissen war unnütz geworden. Es galt, alles neu zu lernen. Das Riechen. Das Anziehen. Das Schmecken. Das Gutfinden. Das Schlechtfinden. Das Weggehen. Alle Sinnesorgane, alle Handlungsabläufe, alle Denkprozesse mussten neu kalibriert werden. Nein, ein Prospekt vom Massa-Markt ist keine Zeitung, die man bezahlen muss. Nein, Weißbier trinkt man nicht aus der Flasche, weil es sonst aus der Nase wieder herausspritzt. Nein, Lammfelldecken schützen nicht vor einer Krebserkrankung, selbst dann nicht, wenn das ein Mann mit Bundfaltenhose in einem Landgasthof erzählt und 900 Mark dafür kassiert. Nein, man hat den Wasserhahn einer öffentlichen Toilette nicht kaputt gemacht, nur weil er weder beim Drehen an den Armaturen noch bei Schlägen aufhört, Wasser zu spucken. Er funktioniert einfach mit einem automatischen Ausschalter. Vielleicht wusste ja Bärbel Boley, wie das alles funktionierte, mit der Welt, dem Westen, dem Zusammengehen, dem Schwarzrotgoldsein. Ich wusste gar nichts. Ich war ein Schwarzrotgoldwelpe.

Es war mir nie so vorgekommen, aber nun zeigten die Fernsehdokus, wie erbärmlich und menschenverachtend das Leben in der DDR gewesen war. Schonungslos zerrten die Reporter die »Wahrheit« über die »echte DDR« ins Kameralicht, als wäre gerade ein neuer Planet entdeckt worden oder eine finstere Galaxie. Warum die Reporter dabei auf Strahlenschutzanzüge verzichteten, ist fast schon ein Rätsel. Es sah wirklich nicht einladend aus, was da über meine Heimat in die Wohnzimmer flimmerte. Asbestverseuchte Plattenbaugettos, vor denen kantige Autos aus gepressten Spänen parkten, die aussahen wie Umzugskisten auf Rädern. Mit schimmliger Feuchtigkeit vollgesogene Altbauten in den Innenstädten, trist, grau und zerfallen, als handele es sich nicht um menschlichen Lebensraum, sondern um Überbleibsel einer Kriegsfilmkulisse. Und erst die volkseigenen Kombinate und Fabriken, technische Museen mit einst staatlich garantierter Vollbeschäftigung; brodelnde, qualmende, zischende, stinkende, Leben zersetzende Giftküchen, abgehängt und stehen gelassen vom Fortschritt. Im ökologischen Katastrophengebiet Bitterfeld filmten aufgeregte Kameramenschen einen Gartenzwerg, dessen Nase einfach abgefallen war, so wie zu Staub zerfallenes Kochgeschirr – auf dem Schrebergartentisch vergessen und kurz darauf in der toxischen Luft zerbröselt. Ein zugeschalteter Pfarrer steuerte einen passenden O-Ton bei. Die Bleiverglasung seiner Kirche! Aufgelöst! In nichts!

Selbst der Palast der Republik: ein Haufen Giftmüll!

Es schien mehr und mehr ein Wunder, dass wir DDR-Bürger das alles überleben konnten.

Ich hatte keine Zeit mich darüber aufzuregen und erst recht keine, darüber nachzudenken. Sintflutartig ergoss sich das neue Leben über das alte. Nichts blieb wie es war, nichts wurde konserviert in jenen Monaten, noch nicht einmal die Erinnerung. Erst kamen die Reklameschilder, dann die Autos, die Getränkemärkte, die Satellitenschüsseln, die Versicherungsvertreter. Irgendwann ergoss sich ein kolossaler Schwall Farbe, Beton und Asphalt über dem Osten Deutschlands. Der Aufbau Ost war die wahrscheinlich größte Renovierungsaktion, die es bis dahin gegeben hatte. Die Konten wurden in D-Mark umgewandelt. 4000 Mark zum Kurs von 1:1, der Rest zum Kurs 1:2. Das war hocherfreulich. Mein Vater packte sein Geld auf mein Konto, weil es gänzlich ohne Guthaben war und er sich so eine höhere Rendite der Währungsunion erhoffte.

Sofort am erstmöglichen Tag hob ich 1100 D-Mark ab und kaufte mir für 1059 D-Mark ein Winora High Power. Ein Mountainbike, bestückt mit 21 Gängen, das mit seinen dicken Stollenreifen durch nichts aufzuhalten war. Mein Mobil der Freiheit. Das es im rechtlichen Sinne eigentlich meinem Vater gehörte, war mir im Gegensatz zu ihm egal. Alles war möglich. Wir guckten Pornos auf VHS und aßen Kartoffelchips dazu, als wären es Spielfilme. Wir waren aufrichtig enttäuscht über die flache Handlung. Mein alter Trainer, so wollte es meine Mutter gesehen haben, stand jetzt am Hauptbahnhof und verkaufte Cola-Dosen. Dafür war André Kowalski aus meiner ehemaligen Schule jetzt Besitzer einer Diskothek und lud mit einem beeindruckend tiefbreiten Mercedes bergeweise neidbedingten Hass auf sich. Ein halbes Jahr später verreckte er zerquetscht vom Motorblock der Protzkarre an einem Alleebaum, so wie viele andere Neumotorisierte auch in jener Zeit. Fast täglich zerschellten asphaltnahe Kleinwagen, technogetrieben.

Mein Kumpel Lehmi war Teilbesitzer eines teilfinanzierten Suzuki Samurai geworden, der die Blicke mit bunten, aufgeklebten Drei- und Vierecken und einem Dach zum Aufknöpfen auf sich zog. Mit dem Wissen von heute die peinlichste Art überhaupt, am Straßenverkehr teilzunehmen. Auch das mussten wir erst lernen. Wir warfen den Nutten in Teplice im Vorbeifahren D-Mark-Münzen zu, damit sie ihre T-Shirts hochhoben, und sie hoben die T-Shirts hoch. Wir parkten den Samurai vor der Prager Nobeldisko Astra, in die uns der Türsteher in den Jahren zuvor nie reingelassen hatte. Diesmal kamen wir rein. Der Türsteher schob sogar die wartenden Tschechen zur Seite, nachdem Lehmi mit einem Zehnmarkschein gewunken hatte. Treibende Beats stampften aus den Boxen. Vor der halb geöffneten Fensterfront schummerte warm das Nachtlicht des Wenzelsplatzes, das sich aus Neonreklamen, Straßenlaternen und vorbeihuschenden Taxischeinwerfern mischte. Wir tranken den Sekt aus der Flasche, und die Mädchen kamen und lachten und lehnten sich an uns. Ich hatte zwei Arme und legte jeden um eine feste Hüfte. Wäre ich ein Krake mit acht Armen gewesen, wäre auch das kein Problem gewesen. Ich dachte nicht an Katja. Ich dachte an die Kronen im Gegenwert von 100 D-Mark, die eine beachtliche Beule in meine Westjeanshosentasche drückten. Es war die Beule der Macht. Mit einer Beule wie dieser schien alles möglich. Lehmi kotzte neben die Astra-Theke. Wir waren die größten Arschgeigen auf Gottes Erden. Wir waren die Könige von Prag.

Das wiedervereinigte Deutschland war noch keine zwei Stunden alt, als ich mit meinem 21-Gang-Mountainbike nach Hause fuhr. Ich hatte keine Lust, am Morgen mit Katja aufzuwachen. Ihre Mutter hatte ihr Jungsübernachtungen strikt verboten. Das war ein guter Vorwand, um zu gehen. Es war mein letzter Besuch bei Katja. Wir saßen uns noch zwei-, dreimal ratlos gegenüber. Geküsst haben wir uns nie wieder.

Die Nacht vom 2. auf den 3. Oktober war lau und sanft, sie kam mir vor wie eine zu früh gefeierte Silvesternacht. Die Stadt lag halb wach im gelben Licht der Straßenlaternen. Aus einem Wohnungsfenster drang Flaschenklirren in die Stille. Ein Mann ging den Fußweg entlang. Ein Schatten nur, farblos, ohne Kontur. In der Ferne, ganz weit weg, bohrte sich der helle Laserstrahl einer dieser neu eröffneten Großraumdiskotheken in den Himmel. Ich fuhr nicht schnell. Ich wollte nicht nach Hause. Ich hatte eine Richtung, aber kein Ziel. Die Stollenreifen summten auf dem Asphalt. Ich spürte es tief in mir: Die Revolution war vorbei. Die Party auch. Nun würde der Ernst des Lebens beginnen.

&

2.

Keine Lust auf Ibiza

Der Rucksack muss reichen. In Deutschland geht man mit Ehen und Aktienfonds vor die Hunde. Aber nicht mit einem Rucksack.

Der Rucksack lehnt an einer blauen Regalbox mit Schmiermittelkanistern. Er sieht nicht wirklich groß aus im Vergleich zu den Fünfliterkanistern, auf deren Etiketten rätselhafte Zahlencodes stehen. Der Rucksack hat die Farbe »Fire/Titan«, was nach deutschem Action-Zweiteiler klingt, in Wirklichkeit aber nur in Marketingsprache den Farbton einer halb verputzten Backsteinwand beschreibt. Das sogenannte Fassungsvolumen beträgt 20 Liter, so war es zumindest in der Produktinfo des Internetversandhauses zu lesen. 20 Liter klingen viel. 20 Liter sind in Wirklichkeit nur eine Unterhose, zwei Paar Socken, eine Regenjacke, ein T-Shirt, ein Pullover, eine Jogginghose, ein paar Badeschlappen und ein ultraknautschbarer Schlafsack. 20 Liter reichen nicht für eine Isomatte. Sie ist außen mit einem Schnellverschluss befestigt. Ich bin mir nicht sicher, ob 20 Liter reichen. Ob eine Unterhose reicht und zwei Paar Socken. Wenn nicht, habe ich immer noch mein Handy und die EC-Karte dabei. In

Deutschland geht man mit Anschaffungskrediten und Wohnungsfinanzierungen vor die Hunde. Aber nicht mit einem aufgeladenen Handy und einer EC-Karte.

Die vierspurige Ausfallstraße pumpt geräuschvoll den Individualverkehr an mir vorbei, der zu dieser Tageszeit noch flüssig von einer Ampel zur nächsten huscht. Es ist die Ruhephase zwischen den Infarkten, zwischen dem am Morgen und dem am Nachmittag. Vom ersten hat sich die Stadt gerade erholt. Friedlich und beinahe verlassen wirkt sie nun, nur weil der Verkehr ausnahmsweise rollt statt steht. In zwei bis drei Stunden wird sich das Blatt wenden. Dann wird der Traum von der mobilen Hochleistungsgesellschaft wieder stinkend und lärmend in sich zusammenbrechen. Dann werden die Staulustigen aus ihren Arbeitsstätten zurück in ihre Wohnstätten drängen, alle zur gleichen Zeit. Sie werden hinter ihrer Wärmeschutzverglasung gefangen auf die Bremslichter vor sich gucken und nach Luft schnappen. Sie werden fluchen über ihresgleichen und auf ihre Multifunktionslenkräder einschlagen, Herzfrequenz und Blutdruck im besorgniserregenden Grenzbereich. Chill-out-Sampler, Ayurveda-Tees und kreislaufberuhigende Aromalampen werden für einen quälend langen Augenblick nicht mehr ganz so sinnlos erscheinen wie noch Minuten zuvor, als das Großstadttempo nicht vom physikalischen Prinzip der Verdrängung, sondern von der Straßenverkehrsordnung geregelt wurde. Alles wird sich auf Kutschengeschwindigkeit verlangsamen und der Begriff Feierabend absurd festlich wirken angesichts des Horrorszenarios. Doch da werde ich längst weg sein. Ich und der Rucksack. »Bike 1« hat der Hersteller in das Frontfach eingestickt.

Die Kälte der Verbundpflastersteine dringt durch das Sitzpolster meiner Lycrahose. Die Sonne glüht auf voller Heizstufe auf die blau eingefasste Wellblechüberdachung über mir. Das Metall isoliert die Mittagswärme konsequent vom Zapfsäulenensemble, vor dem ich sitze. Die Tankstelle liegt direkt neben einer Kreuzung an einer der nördlichen Ausfallstraßen der Stadt. Seit ich hier sitze, umspült mich dezente Hektik. Autos kommen und fahren. Dazwischen stecken Menschen Zapfpistolen in Tanköffnungen, während sie gleichzeitig diverse Nebentätigkeiten in Einklang

zu bringen versuchen: Portemonnaiesuche, Mobiltelefonate, Hosenstall-
überprüfung, Scheibensäuberung. Um dann eilig, aber erst nach dem Zen-
tralverriegeln per Funkfernbedienung, durch die automatisch zur Seite
summende Schiebetür in den Kassenraum zu hetzen und wieder heraus.
Funkzentrales Entriegeln. Anschnallen. Zündschlüssel drehen. Schulter-
blick. Gang einlegen. Auch das möglichst gleichzeitig. Dann hat sie wieder
das Großstadtleben geschluckt, das inzwischen schon den nächsten Hekti-
ker unters Wellblechdach gespuckt hat. So geht das Tag für Tag, 24 Stunden lang. Ein Kommen und Gehen. Ein Auffüllen ohne zu verweilen. Ich mit
meiner Zeit und meiner Lycrahose passe absolut nicht hierher.

Ich bin zu früh. Das ist besser als zu spät. Punkt 14 Uhr, hat Uwe gesagt.
Und so wie er das Wort Punkt ausgesprochen hat, war das ein unmiss-
verständlicher Befehl. Er hat es minimal lauter gesagt. Es ist aufgezuckt
aus der Masse der Worte, mit denen er mir Anweisungen erteilt hat. Eine
Tankstelle ist ein praktischer Treffpunkt. Ihr Neonlicht strahlt leuchttur-
martig aus dem Dickicht des Verkehrsnetzes. Sie hält Parkflächen bereit.
Und nicht zu vergessen die Regale mit dem potenziellen Reiseproviant.
Tankstellen sind gastronomisch ergänzte Gemischtwarenhäuser mit ange-
schlossenem Spritfachverkauf. Eine Tankstelle hält das Leben am Laufen,
wenn es ins Stocken zu geraten droht. Sie ist ein verlässlicher Partner, wenn
es darum geht seinem Bauchgefühl zu folgen. Supermärkte erfordern eine
langfristige Planung. Ein Supermarkt will bis spätestens 20 Uhr wissen,
ob man beim späteren Fernsehen Lust auf ein Bier verspürt oder vielleicht
doch eher auf ein Fruchtsaftgetränk. Ob man sich mit der Lektüre eines
bestimmten Presseproduktes in den Schlaf lesen will. Oder ob man in der
Kneipe eine nette Frau treffen wird, sodass für die Fortsetzung des Kennen-
lernprozesses auf heimischer Ebene eine Flasche Sekt benötigt wird. Eine
Tankstelle interessiert das alles nicht. Die lässt die Entscheidung offen. Sie
ist immer da, wenn man sie braucht. Egal an welchem Tag, egal zu welcher
Uhrzeit.
    Tankstellen sind die romantischsten Orte der Welt. Wie viele Liebes-
beziehungen sind wohl schon entstanden, weil im niemals erlöschenden
Neonlicht der Treibstoff für das Herzklopfen bereitstand? Piccolo, Knabberkram, ja sogar die Best-of-CD eines Schmusesängers.

Dass ich in einer Lycrahose vor einer Tankstelle sitze, hat pragmatische Gründe. Sobald mich Uwe an der Autobahnraststätte Frankenwald ausgeladen hat, werde ich auf das Fahrrad angewiesen sein. Ich habe keine Lust dazu, mich an einer Autobahnraststätte umzuziehen. Unter einer Radhose trägt man nichts. Keine Unterhose. Gar nichts. Es wäre unmöglich, sich vor einer Autobahnraststätte umzuziehen, ohne splitterfasernackt gaffenden Blicken ausgeliefert zu sein. Die Raststättentoilette scheidet als Umkleideraum aus. Ich kann mein Mountainbike nicht einfach unbeobachtet irgendwo draußen stehen lassen. Schon gar nicht an einer Raststätte, die bevölkert ist von fadenscheinigen Billiglohntruckern. Mein Mountainbike kostet mehr als eine Rolex Oyster Perpetuel Submariner. Ein Schloss wäre die Lösung, wiegt aber zu viel. Außerdem hätte es auch gar nicht mehr in den Rucksack gepasst. Eine Unterhose, zwei Socken und ein Schlafsack sind mir definitiv wichtiger als ein Schloss.

Ich kenne Uwe nicht. Nur seine Stimme. Die Frisur, die er trägt. Das Auto, das er fährt. Und das dazugehörige Kennzeichen. Wie Tageszeitungen, Warenhäuser und Flohmärkte sind inzwischen auch Mitfahrzentralen digitalisiert. Man tippt Wunschstrecke und Wunschabfahrtszeit in die Suchmaske der Internetseite, fügt seine Telefonnummer dazu und hofft, dass das Telefon irgendwann klingelt. Hat man Glück, sitzt man wenig später wie ich am vereinbarten Treffpunkt und hält Ausschau nach einem »blonden Bürstenschnitt« und einem »tornadoroten Ibiza« mit »Delitzscher Kennzeichen«. Direkter Kontakt ist bis zu diesem Zeitpunkt nicht erforderlich. Mit MP3-Musik hat es angefangen. Jetzt löst sich alles in digitaler Luft auf. Atlanten. Bücher. Partnervermittlungen. CD-Regale. Videotheken. Banken. Menschen. Alltage. Sex. Haustiere. Kontostände. Fotoalben. Ja, sogar ganze Staatshaushalte. Nichts ist mehr wirklich da. Nichts kann man mehr anfassen, nichts mehr umblättern. Es gibt keine Knöpfe zum Drehen mehr. Man drückt nur noch Tasten, geht zum Flirten ins Internet, angelt in virtuellen Seen, downloadet, twittert, updatet. Alles verkümmert zu Zahlenkolonnen, Daten, Pixeln. Irgendwann werden wir alle selbst nur noch Megabites sein. Statt Organen werden wir Arbeitsspeicher haben, statt Körpern stoßdichte PVC-Gehäuse. Wir werden keine Vitamine zu uns nehmen, sondern per Infrarot gefütterte Virenschutzprogramme. Augen, Nase und Ohren werden durch USB-Buchsen ersetzt. Die Updates erfolgen wireless. Halb tote Tamagotchizombies werden wir dann sein und hinter Displayscheiben winseln, dass uns irgendwer oder irgendwas die zur Aufrechterhaltung der Lebensfunktionen wichtigen Bauchtasten drückt. Es ist zum Heulen.

Frankenwald liegt an der A 9. Direkt an der ehemaligen Grenze. Man muss da lang, wenn man von München aus nach Delitzsch fährt. Uwe muss nur kurz anhalten. Er wird zwölf Euro von mir bekommen. Die Deutsche Bahn würde für ihre schnellste Verbindung 69 Euro verlangen, mich einmal umsteigen lassen und nicht einmal mein Mountainbike mitnehmen. Die Variante mit dem tornadoroten Ibiza ist ein fairer Deal. Uwe und ich werden ein bisschen in die Landschaft schauen, ein paar Lebensweisheiten austauschen und auf mittlerer Lautstärke Unterhaltungsmusik hören. Nach drei Stunden werden wir die Raststätte Frankenwald erreichen. Er wird den Ibiza weiter nach Delitzsch steuern. Ich mein Mountainbike an die Ostsee. Und das war auch schon die ganze Aufregung.

Im Moment ist es noch über eine halbe Stunde vor der vereinbarten Zeit. Ich bin hier. Uwe noch nicht. So habe ich es geplant. Jetzt kann nichts mehr schiefgehen. So wie Uwe am Telefon geklungen hat, würde er auf keinen Fall auf mich warten. Typen mit Bürstenschnitt warten nie. Ein Bürstenschnitt passt eigentlich nicht zu einem tornadoroten Ibiza. Dolph Lundgren trug einen Bürstenschnitt, als er in »Rocky 4« den fiesen Russen Ivan Drago spielte.

Ich beobachte die Radfahrer, die an diesem sonnenverwöhnten Tag besonders zahlreich durch die Stadt hecheln. Den ganzen Winter über sieht man keinen von ihnen. Doch kaum erreichen die Temperaturen zweistellige Werte, stapfen sie runter in den Fahrradkeller, pumpen Luft in die müden Reifen und kommen sich öko vor. Es gibt die Sparradler, die zu geizig sind für eine Monatskarte und ihre Wege verbissen mit ankorrodierten Uralt-Möhren erledigen. Nie würden sie auf die Idee kommen, sich auch nur einen Kilometer aus Genussgründen anzutun. Am Wochenende an einen See zu fahren beispielsweise. Oder einfach nur durch den Wald. Das würden schon die zahlreichen mitgeschleppten Bügelschlösser vereiteln, von denen jedes bestimmt mindestens fünf Kilo wiegt. Als ob jemand ein ernsthaftes Interesse daran haben könnte, sich ihren schäbigen Klapperhaufen unter den Nagel zu reißen.

Trekkingbiker radeln zu Seen und auch durch den Wald. Sie bilden die andere Fraktion der Innenstadtradler und sind mir keinen Deut sympathischer. Unangenehm streberhaft wirkt das, wie sie sich da StVO-konform mit Schutzblechen, Klingel und Speichenreflektoren den Ordnungshütern anbiedern, geplante Richtungsänderungen brav mit rechtwinkelig ausgestrecktem Arm andeutend. Die Rahmen glänzen rauchsilbermetallic, sind aber der letzte Baumarktschrott. Das ist Deutschland. Für Autos werden Jahresbruttolöhne ausgegeben. Für Fahrräder haben die meisten Leute weniger Geld übrig als für einen Wochenendeinkauf. Jede einzelne Ampelphase spült alle Arten von Luxuslimousinen durch die Stadt. Gleichzeitig müsste man Stunden hier sitzen, um einen von Hand gelöteten Stahlrahmen zu sehen. Und Tage wahrscheinlich, um das wunderbare Klackern eines Chris-King-Freilaufs zu hören. Eher läuft ein rosa Löwe vorbei.

Ich kann mir nicht vorstellen, dass die Innenstadtradler große Strecken zurücklegen. Fast alle verzichten auf den Vorteil von Funktionskleidung. Die Alltagshosen sind aus Angst vor Kettenschmiere antriebsseitig nach oben gekrempelt oder eng zusammengeklammert. Das Ziel der Innenstadtradler dürfte nicht mehr als ein Büro, ein Café oder ein Einkaufsladen sein. Die mitgeführten Rucksäcke jedoch sehen nach Tibet aus. Übertrieben riesige Dinger mit Reflektorstreifen und jeder Menge Schnallen schaukeln träge auf den Rücken hin und her. Deutlich ambitionierter bepackt als meiner. Dabei werden zwischen Abfahrt und Ankunft bei meiner Reise mindestens zwei Wochen liegen. Hoffentlich reichen 20 Liter. Ich bin mir nicht mehr so sicher. Eine Unterhose und zwei paar Socken reichen sicher nicht.

»Frankenwald?«, reißt mich eine feste Stimme aus den Gedanken. Ein vertrauter Dialekt. Das A als ein Mix aus A und O ausgesprochen. Heimatmelodie. Ich blicke nach oben. Vor mir steht ein Hüne in einer blauen Arbeitslatzhose. Aus dem grauen T-Shirt, dessen Ärmel einfach abgerissen sind, wachsen zwei wuchtige, sonnenverbrannte Bauarbeiterarme, von denen der rechte mit einem massiven, goldenen Panzergliederarmband behängt ist. Das Schmuckkonzept wird am Ohrläppchen der gleichen Körperseite fortgeführt. Eine goldene Creole rückt den Mann in die optische Nähe eines österreichischen Beachvolleyballspielers. Die blonden Resthaare stehen in Bügeleisenformation nach oben und sind bestens mit Spray versteift. Es ist ein Blond, wie es nur in Tuben zu haben ist. Nicht so ein weiches Saharablond, wie es die Mädchen auf den Coldplay-Konzerten tragen, sondern ein hartes, künstliches Mayonnaiseblond. Die Achselhöhlen sind billig angesprüht. Der stechende Duft eines Supermarktdeos steigt mir in die Nase.

Das muss Uwe sein. Es ist Uwe. Ich habe ihn nicht kommen sehen. Der Ibiza parkt hinten in der Bucht, in der die Spießer ihre septischen Autoinnenräume mit elefantenrüsseldicken Schlauchsaugern einmal wöchentlich von Staubatomen befreien.

»Ja, Frankenwald«, bestätige ich das Reiseziel und folge Uwe mit Rucksack und Mountainbike zum Ibiza, was den streng frisierten Sachsen sichtlich irritiert.

»Wie, soll das Ding auch mit?«, fragt Uwe mit Fingerzeig auf mein Mountainbike. Er wirkt unzufrieden. Er hat Ding gesagt. Er mag keine Mountainbikes. Menschen, die Mountainbikes mögen, sagen nicht Ding zu einem Mountainbike. Menschen, die Mountainbikes mögen, sagen Pferdchen oder sprechen das Mountainbike beim Markennamen an.

»Das habe ich doch gesagt, mit dem Fahrrad, als wir vorgestern telefoniert haben«, erwidere ich, meinerseits nun auch etwas verunsichert.

Uwe bleibt stehen.

»Ach, Kacke!« Mehr sagt er nicht. Er sagt es mehr zu sich selbst als zu mir. Genervt zieht er einen Kubikmeter Luft durch die Nase. Die blonde Haarbürste erinnert tatsächlich an Dolph Lundgren, auch wenn Uwe deutlich fülliger und vatimäßiger daherkommt. Eine »Bob der Baumeister«-Version von Ivan Drago. Wahrscheinlich hat er sich die Frisur im Jugendalter zugelegt und einfach vergessen, sie der aktuellen Haarmodenentwicklung anzupassen. Irgendwann fing der Haarausfall an. Und jetzt trägt er eben eine Bürstenruine auf dem Kopf spazieren.

Ich weiß immer noch nicht, was eigentlich los ist. Selbstverständlich hatte ich die Fahrradmitnahme angekündigt. Schon beim Ausfüllen der Datenmaske. Aber das sollte ja auch kein Problem sein. Selbst bei einem Ibiza.

»Jetzt haben wir ein Problem«, fasst Uwe die Situation aus seiner Sicht zusammen, die Hände tief in die Arbeitslatzhose gegraben, und schlendert weiter Richtung Ibiza. Langsam, ganz langsam. »Ich habe den Dicken mit, meinen Arbeitskollegen. Und gestern habe ich noch so einer Tussi zugesagt, die sacken wir vorne bei Esso ein. Ich habe da nicht mehr dran gedacht, dass da ein Fahrrad mitsoll. So 'ne Scheiße aber auch.« Er spricht das Problem nicht im Wortlaut aus, aber es schwingt deutlich zwischen den Zeilen mit. Der Dicke ist gesetzt, es ist sein Kollege. Die Tussi wird eingesackt, denn blondierte Bürstenfrisurtypen mit Deowolke lassen nun einmal keine Tussi stehen. Nicht an einer Esso-Tankstelle. Nirgends. Ich wäre mit meinem »Ding« das potenzielle Opfer im Falle eines Platzproblems. Mein einziger Trumpf sind die zwölf Euro. Und Uwe braucht die zwölf Euro, sonst würde er gemütlich nach Hause fahren und sich den Ibiza nicht mit wildfremden Menschen vollladen.

»Das Rad können wir auseinanderbauen, kein Thema!«, versuche ich im Rennen und damit im Ibiza zu bleiben. Heute ist Mittwoch. Mittwoch ist der schwächste Buchungstag bei Mitfahrzentralen. Nach meiner Internetanfrage musste ich eine Woche warten, bis sich Uwe bei mir gemeldet hat. Keine Chance, heute noch eine andere Mitfahrmöglichkeit zu finden. Und morgen wahrscheinlich auch nicht. Pendlertag ist Freitag. Doch da will ich schon durch die Röhn radeln.

»Was willst du eigentlich mit dem Bock?«, fragt Uwe und beabsichtigt offenbar, mich zum Dalassen des Sperrgepäcks zu bewegen.

Keine Chance.

Wir gehen zum Ibiza. Auf der Rückbank sitzt der Dicke. Der Spitzname basiert tatsächlich auf Staturmerkmalen. Die Schultern scheinen auf die Hüfte gerutscht, das Kinn ist gleich in mehrfacher Ausführung vorhanden. Der Dicke trägt eine Bluejeansjacke, von der ich bisher dachte, dass es sie nur noch in Wachsfigurenkabinetten in Zusammenhang mit der Geschichte des Woodstock-Festivals gibt. Der Typ sitzt einfach da und hat eine Bierbüchse auf dem rechten Knie geparkt, die von seiner umklammernden Hand gegen Umkippen gesichert ist. Es ist ein kurzes, kaum wahrnehmbares Nicken, das mir der Dicke als Reaktion auf meine Begrüßung entgegenbringt. Dann verharrt er wieder in seiner Dasitzpose und trinkt sich weiter die Gedanken schön.

Der Ibiza muss Uwes Frau gehören. »Magic Nails« steht in gelber Schrift auf der Heckscheibe. Darunter eine Festnetznummer. Uwes Fingernägel sehen nicht magic aus. Es sei denn, es geht um schwarze Magie.

Der Kofferraum ist schon gut gefüllt. Neben zwei großen Reisetaschen, mehreren Werkzeugkoffern und einem Bohrhammer ist der Platz mit diversen Paletten »Apfelmus – aus ausgewählten Sorten« gefüllt.

»Souvenir vom Tengelmann, den wir gerade umbauen. Das Datum ist abgelaufen. Kann man aber noch essen, den Dreck«, sagt Uwe und rückt den Kofferrauminhalt so um, dass man sich die Zuladung eines demontierten Mountainbikes zumindest theoretisch vorstellen kann. Ich kann ein Fahrrad mit einem kaugummischachtelkleinen Miniwerkzeug innerhalb von 20 Minuten in alle wesentlichen Einzelteile zerlegen. Laufräder, Pedale und Sattelstütze sind schon ab. Das Rad passt immer noch nicht rein. Ich schraube den Gepäckträger für das Zelt ab, den ich gestern in mühevoller Feinarbeit in der idealen Stellung positioniert habe. Jetzt passt es, aber nur fast.

»Was ist mit dem Scheiß hier, geht das auch ab?«, fragt Uwe und zeigt ungeduldig auf das Schaltwerk, das das Einpassen des Rahmens in den Kofferraum um Zentimeter verhindert. Das Schaltwerk geht ab. Natürlich. Auch die Gabel, für deren Ausbau allerdings die Demontage der vorderen Scheibenbremse nötig ist. Nach einer Viertelstunde liegt mein Mountainbike in Einzelteilen zwischen den Apfelmusgläsern. Eine der beiden Reisetaschen steht jetzt neben dem Dicken auf der Rücksitzbank. Den Rucksack muss ich mit nach vorn nehmen. Die Heckklappe geht zu. Glück gehabt.

»Sorry«, brummt Uwe versöhnlich, während er die Zieladresse in das an der Frontscheibe klebende Navigationsgerät eingibt, »wir sind heute noch zum Essen eingeladen. Das muss schnurren heute, sonst macht mir die Olle Feuer unterm Strumpf.« Die Zahlen auf dem Display lassen Uwes Gesichtszüge weicher werden. Zurückzulegende Strecke: 438 Kilometer. Ankunftszeit in Delitzsch: 18:42 Uhr. Das Essen ist um 20 Uhr. Na also. Passt doch.

Ich sitze vorn. Die Radklamotten müssen seltsam auf Uwe wirken. Eigentlich ist es gar keine richtige Bekleidung. Mehr eine Haut aus atmungsaktiven Fasern, die sich eng an meinen Körper schmiegt. Yeti steht auf meiner Brust. Im Grunde genommen bin ich nackt.

»Ich fahre die ehemalige innerdeutsche Grenze mit dem Mountainbike ab. Nachher geht es direkt los«, versuche ich ein Gespräch in Gang zu bringen und gleichzeitig mein Outfit zu rechtfertigen.

»Hmm«, brummt Uwe ohne weiteres Interesse. Hinter der nächsten Ampel leuchtet schon gelb die Esso-Tankstelle. Dort wartet die Tussi.

»Von Hof bis Travemünde, zwei Wochen«, erzähle ich weiter.

»Mit dem Fahrrad? Ach du Scheiße. Da müsste mir ja was fehlen. Stimmt's, Dicker? Da müsste uns ja was fehlen!«, winkt Uwe ab, lacht authentisch und schert in die Tankstelleneinfahrt. Der Dicke hinter mir grunzt ein Lachen. Das Thema scheint damit erledigt.

Die Tussi winkt uns entgegen. Sie heißt Madeleine, ist irgendwas zwischen an- und ausgezogen und reicht uns freundlich die feuchtigkeitscremegepflegte Hand. Madeleine ist höchstens 20 Jahre alt. Ihre Haut ist dermatologisch einwandfrei und selbst für diese Jahreszeit etwas sehr gebräunt. Die Bräune stammt aus Münz-Mallorca. Die wenige Kleidung ist ähnlich körperbetont wie meine, was sich Madeleine mehr leisten kann als ich. Das Dekolleté ist aussagekräftig, die Jeans sitzt hauteng. In einer Zeitschrift wurde unlängst die weibliche Popologie erklärt. Soweit ich das erkennen kann, hat Madeleine den typischen Erdbeerpo, oben prall, nach unten hin schmaler. Angeblich ein Merkmal für gefühlvolle, verletzbare Frauen. So kommt mir Madeleine mit ihrer offensiven, kumpelhaften Art eigentlich nicht vor. Sie wirkt eher wie ein billiges Früchtchen, mit einer unverkrampften Einstellung sexuellen Dingen gegenüber. Wahrscheinlich arbeitet sie in einer Spielothek, die »Las Vegas« heißt. Oder an der Kasse einer H&M-Filiale. Schlecht sieht sie nicht aus. Billig eben. Aber genau richtig billig. Die schulterlangen Haare sind in den Farben von Eintracht Frankfurt gefärbt. Pechschwarz mit ein paar Strähnen Feuerrot. Kajal betont übereffektvoll die Augenkontur. Der Oberkörper wird von einem weißen Spaghettiträger-Oberteil umspannt. Was diese Madeleine dazu bewogen hat, ihr Schulterblatt mit dem Kopf eines Schäferhundes bebildern zu lassen, werde ich sie später fragen. So viel Reizüberschuss muss ich erst mal verarbeiten.

»Okay, dann gehst du hinter, oder?«, sagt Uwe in einem Ton, der jede
Widerrede ausschließt. Er hat es als Frage ausgesprochen. Doch ich habe
verstanden. Klar, Madeleine soll natürlich neben ihm sitzen, damit er ihr
die ganze Fahrt lang auf die Anatomie gucken kann. Was soll ich da diskutieren? Ich habe weder einen Erdbeerpo noch schulterlange Eintracht-
Frankfurt-Haare. Ich bin nur der Typ mit dem sperrigen Ding, wegen dem
es jetzt noch enger im Ibiza ist als ohnehin schon. Ich quetsche mich mit
meinem Rucksack neben den Dicken. Offenbar rechnet der mit einer län-
geren Dürreperiode. Im Fußraum steht eine Tüte mit weiteren Büchsenge-
tränken. Vom Dicken selbst sehe ich nur den obersten Teil der Langhaar-
frisur. Zwischen uns stapeln sich die Reisetasche aus dem Kofferraum,
die Tasche von Madeleine und mein Rucksack. Uwe hält Madeleine ganz
Gentleman die Tür auf. »Bitte sehr, die Lady!«, gurgelt er zugewandt mit
weichgespülter Heiratsschwindlerstimme. »Geht's so?«, dreht sich Madeleine zum Dicken, nachdem sie ihren Sitz zum Anschlag nach hinten gegen dessen Knie geschoben hat. »Klar, für mich ist es bequem!«, haucht der
Dicke. Albern, diese Hormone.

Wir biegen zurück auf die Ausfallstraße, die nach wenigen Kilometern in
die A 9 übergeht. Ich kenne diese Straße wie keine zweite. Wochen, ach
was, Monate meines Lebens habe ich auf ihr verbracht. Jeder einzelne Kilometer ihrer estrichglatten, rundum sanierten und sechsspurig verbrei-
terten Asphaltdecke ist mir vertraut. Bis zum Kreuz München-Süd auf der
linken Spur bleiben, weil auf die rechten Spuren der Fahrzeugstrom vom
Autobahnring Ost drängt. Dann bis zum Dreieck Holledau passiv im garantiert dichten Verkehr mitschwimmen. Vor Ingolstadt auf den Blitzer
achten (120!) und noch viel mehr auf den vor Greding (80!). Staugefahr zwischen Nürnberg Feucht bis Lauf/Hersbruck. In Frankenwald (Osten!) eine
Kaffeepause einlegen (Rabattkarte abstempeln lassen! Jeder elfte Kaffee
gratis!). Bis zum Hermsdorfer Kreuz nur zwei Spuren und weitere Blitzer,
also schön entspannt bleiben. Dann aber, ab Eisenberg, Vollgas bis Leipzig
Schkeuditzer Kreuz. Hunderte Male bin ich diese Strecke gefahren. Eine
Hassliebe, mit der ich staubedingte Nervenzusammenbrüche und Heimat-
gefühle gleichzeitig verbinde. Meine damalige Freundin Katrin war im Mai
1995 nach München gezogen. Sie hatte eine PTA-Stelle in einer Apotheke

bekommen, nachdem sie bei uns im Ort monatelang vergeblich einen Job gesucht hatte. Viele Firmen und Läden im Osten hatten erkannt, dass sie Azubis als billige Arbeitskräfte einsetzen konnten. Eine Lehrstelle zu finden war einfach, eine feste Stelle zu bekommen geradezu aussichtslos. Sobald die Ausbildung beendet war, kamen die nächsten Azubis. In München war das anders. Dort konnte man sich die Stelle beinahe frei aussuchen.

Ich ging mit nach München und bekam einen Job in einer Event-Agentur. Mal war ein Kinderfest zu organisieren, mal ein Volkslauf, mal eine Promotion in einem Möbelhaus. Kleine, lokale, piefige Sachen, die in kostenlosen Stadtteilanzeigern beworben wurden. Ich war zuständig für den Transport der Bühnentechnik. Kisten schleppen, Kabel verlegen, Kleintransporter bepacken. Eine Drecksarbeit, von der man Rückenschmerzen, schlechte Laune und dünnen Stuhlgang bekam, weil man sich fast ausschließlich von Fast Food ernährte. Aber ich durfte mich Projekt-Manager nennen, so wie sich fast alle in der Agentur Manager nannten, um ihre langweiligen Helferjobs mit einem aufregenden Anstrich schön zu schminken. Je abstrakter eine Bezeichnung, desto wichtiger schien sie. Alltäglichkeiten wie Nachdenken und Zusammensetzen klangen als Brainstorming oder Meeting getarnt sogar hochkomplex. Anfangs hieß die Agentur auch noch Veranstaltungs GmbH. Später wurde sie zur Event Company veredelt. Ein paar Tastendrucke. Schon klang der Firmenname nicht mehr nach Augsburg, Karlsruhe, Füssen, sondern nach London, New York, Paris.

Ich ein Manager! Daheim konnten sie meinen kometenhaften Aufstieg kaum glauben. Meine Mutter erzählte es in der ganzen Nachbarschaft herum.

Die Wiedervereinigung war damals knapp fünf Jahre her, und die Menschen im Osten begriffen langsam, dass es mit den blühenden Landschaften wohl nichts werden würde. Mit jahreszeitlich bedingten vielleicht. Aber nicht mit denen, die Helmut Kohl im Wahlkampf 1990 versprochen hatte. Noch gab es ein kleines bisschen Hoffnung. Noch bemühte sich die Treuhand offenbar ernsthaft um Investoren für brachliegende Ex-VEB-Kombinate. Ganze Betriebe, Gutshöfe und sogar Schlösser wurden für eine einzige D-Mark angeboten, inklusive millionenschwerer Förderpakete. Da musste doch jemand zu finden sein. Noch fuhr man zwar in den Westen zum Arbeiten. Die Heimat aber, das Zuhause, der Identifikationspunkt, das war unverändert der Osten. Soziale Infrastrukturen lassen sich nicht einfach umtopfen. Katrin und ich hatten uns eine kleine Wohnung in einem schäbigen Wohnklotz in Stadtrandlage genommen, die für uns nichts anderes darstellte als ein Pensionszimmer. Eine Zwischenlösung mit Secondhandsofa und Billigstbett. Wir sparten das Geld für die Einrichtung und investierten es stattdessen in Sprit. Anfangs fuhren wir wöchentlich. Freitags nach Hause. Sonntags nach München zur Arbeit. Immer im Stau. Wir fuhren von der A 9 direkt in die Disko und vom sonntäglichen Kaffeetrinken wieder zurück auf die A 9. Im Laufe der Jahre ließ die Reiselust nach. Bei jeder Heimfahrt schienen die Kneipen leerer. Die Rockbar in der Soundfactory, mit der die einzige Disko im Ort parallel zur jungen Techno-Zielgruppe das ältere Publikum bediente, machte dicht. Bald lichtete sich auch der Techno-Bereich. Irgendwann war die Soundfactory ganz geschlossen. Es gab keine Disko mehr. Es gab keine Jugend mehr. Es gab nur immer mehr Seniorenheime. Die Heimat blutete aus. Wollte man alte Kumpels treffen, musste man fortan nach Hannover, Stuttgart oder Kassel fahren. Ich spürte immer weniger Heimatgefühl. Heimat, wo war das? In Sachsen? In Bayern? Auf der A 9? Es gibt Menschen, die behaupten, ihre Heimat sei die Welt. Diese Menschen tragen lange Bärte, haben Lederhaut und können mit Zweigen ein Feuer entfachen. So ein Mensch bin ich nicht.

Madeleine hat es sich in der Poleposition gemütlich gemacht. Uwe hat seinen linken Ellenbogen bestens gelaunt auf den schmalen Kunststoffsims des Seitenfensters gelegt. Wir bewegen uns vorwärts. Doch das Navigationssystem hat das nahende Grauen bereits erkannt. Mit jedem Kilometer, den der Ibiza im zähflüssigen Verkehr bezwingt, korrigiert das Display die vorausgesagte Ankunftszeit ein paar Minuten nach hinten. Die Interpretation fällt mir nicht schwer. Ich habe die Auswirkungen dieses Phänomens schon hundertfach miterlebt. Durchlitten, das ist das treffendere Wort. Das Verdrängungsprinzip hat schon wieder damit begonnen, die Kontrolle zu übernehmen. Es stockt und wir haben noch nicht einmal das Dreieck Holledau erreicht. Der weitere Ablauf lässt sich präzise voraussagen. Spätestens vor Ingolstadt wird der Verkehr jämmerlich zusammenbrechen. Dann wird sich der Kreis aus Blech um uns herum schließen. Dann wird alles stehen. Dann wird die Zeitangabe auf dem Display nach hinten rasen. Dann werden wir Hitzewallungen bekommen und Kopfschmerzen. Es wird nichts zu trinken geben außer dem lauwarmen Büchsenbier des Dicken. Und nichts zu essen außer dem abgelaufenen Tengelmann-Apfelmus. Die Olle von Uwe wird Schaum vor den Lippen bekommen und ihrem Gatten Feuer unter den Strümpfen machen. Ich werde mitten in der Nacht in Frankenwald stranden und keinen Pedaltritt mehr weiterkommen, weil ich kein Licht dabeihabe. Nichts anderes als das bedeuten die Zahlen im Navigationssystem. Noch ist diese Wirklichkeit virtuell. Aber sie wird real. Ich weiß das.

»Du hast ja einen voll üblen Sonnenbrand«, sagt Madeleine zu Uwe, der verlegen auf seine krebsroten Arme schaut. Er sagt nichts. Er lächelt. Der besorgte Ton in Madeleines Stimme scheint ihm zu schmeicheln.

»Nimmst du keine Sonnenschutzprodukte? 80 Prozent aller sichtbaren Anzeichen von Hautalterung sind durch UV-Strahlen verursacht. Ich kann das jetzt nicht genau biochemisch erklären, aber irgendwie geht da die DNA kaputt, weil Zytokinen freigesetzt werden, und Krebs kann man auch bekommen. Voll böse!«, überspielt Madeleine ihr Halbwissen in Uwes Creolen-Ohr und wirft ihre Eintracht-Frankfurt-Haare über die Kopfstütze. »Das hatten wir nämlich gerade in der Berufsschule. Wenn man jeden Tag 20 Minuten in der Sonne ist, dann macht das im Jahr 120 Stunden aus. Überleg mal!«

»Muss ich mal ausprobieren mit so 'ner Creme«, antwortet Uwe nur noch mit einem schwachen Gurgelrest in der Stimme, während er in den dritten Gang zurückschaltet und besorgt die Zahlen auf dem Navigationssystem zur Kenntnis nimmt.

Die virtuelle Wirklichkeit wird schneller real, als ich erwartet hätte. Bremslichter. Schrittgeschwindigkeit. Stop and go. Stillstand. Wir müssen irgendwo vor Ingolstadt stehen. Das Navigationssystem zeigt in Fahrtrichtung einen Abzweig Langenbruck an. Ich stand schon viel auf der A 9. Aber hier noch nie. Wahrscheinlich eine Baustelle im Rahmen des Konjunkturpakets. Milliarden Euro als Medizin gegen die Wirtschaftskrise. Irgendwelche Bankenheinis haben Mist gebaut, und nun wird eben gebaut. Es ist zwar nichts kaputt. Und niemand braucht noch mehr Autos. Ganz im Gegenteil. Aber solange gebaggert, geteert und gestaut wird, solange Hamburger Bier nach München und Münchner Bier nach Hamburg gekarrt wird und die Menschen nicht gemütlich zu Hause sitzen, kann vielleicht doch noch die Inflation abgewendet werden. Die Massenarbeitslosigkeit. Oder das Rentendesaster.

Ein Stau bei Langenbruck ist ungewöhnlich. Ingolstadt wäre normal, dort gibt es reichlich Nahverkehr. Aber Langenbruck? Wahrscheinlich ein Unfall. Bei einer Baustelle würde sich der Verkehr bewegen. Langsam zwar. Aber immerhin bewegen. Stillstand bedeutet erfahrungsgemäß nichts Gutes. Stillstand bedeutet seelische Qualen. Und körperliche.

»Scheiße! Scheiße! So ein Fuck!«, schreit Uwe so stimmstark und humorschwach, dass sich für einen Moment keiner im Auto etwas zu sagen traut. 18:48, 18:49, 18:50, zählt das Navigationssystem den Delitzsch-Countdown.

Er wird zu spät kommen. Sie wird ihm Feuer unter den Strümpfen machen. Sie wird sich eine Foltermethode für ihn ausdenken, während das Navigationssystem zählt und zählt und er wehrlos auf der A 9 herumsteht. Jetzt ahnt er es. Jetzt reagiert sein Körper. Die Atmung wird schneller. Die Bewegungen sind fahriger, nicht mehr so fließend, wie vorhin beim Türaufhalten. Luft einsaugend schaltet Uwe das Radio an. Keine Verkehrsmeldungen. Stattdessen singt nur eine dieser wichtigtuerischen amerikanischen Popgören ihr abgegriffenes, belangloses Lied. Radiomusik ist mir seit jeher ein Rätsel. Die ganze Welt ist voller Musik. Selbst Musikkaufhäuser mit der Grundfläche eines Fußballplatzes können kaum mehr als die Essenz in ihrem Sortiment anbieten. Allein in meinem Mobiltelefon befinden sich 2155 Musiktitel, von denen ich mich 22 Tage lang berieseln lassen könnte, ohne einen davon zweimal zu hören. Trotzdem spielen sie im Radio immer denselben Schund. Eine immergleiche Endlosschleife aus gefühlten 20 Liedern, die einen nur deshalb wachhält, weil sie einen so furchtbar aufregt.

»Cool, Lady Gaga!«, macht Madeleine eine tanzende Bewegung und dreht den Lautstärkeknopf in die falsche Richtung. Sie hat offenbar nicht die geringste Ahnung, wie nah sie in diesen Sekunden einer Kopfnuss ist. Noch gestattet es mir mein Anstand nicht, mit körperlicher Gewalt auf derartigen Terror zu reagieren. Mit Atemtechnik lässt sich ja so einiges kompensieren.

»Ey, Scheiße, hier muss ein Unfall sein. Hier geht ja gar nichts«, vergiftet Uwe nun endgültig die gute Anfangsstimmung. Der Dicke sagt gar nichts. Er ist quasi nur geruchlich anwesend. Bleiern hängt seine Bierfahne im Ibiza, die sich mit Uwes Deogestank zu einem widerlichen, sauerstofflosen Duftbrei mischt.

Wir stehen seit über einer Viertelstunde. Die blechernen Blutkörper der automobilen Hauptschlagader sind zu Stillstand geronnen, zu einem multikilometerlangen Zwangsparkplatz. Eine Golf-Heckscheibe mit einem »Fickfrosch«-Aufkleber ist das Einzige, was ich beim Blick durch die Seitenscheibe zu sehen bekomme. Wann hat das eigentlich begonnen, dass Geistesblähungen in Autoheckscheiben geklebt wurden? Ich spüre eine Radikalerwärmung meines Blutes. Die Nackenmuskulatur zieht sich zusammen. Ich spüre Ohnmacht. Ich spüre Verzweiflung. Ich kann nichts tun. Ich kann mich nicht einmal bewegen. Ich kann nur eingekeilt zwischen Taschenstapeln, Fahrersitz und Seitenscheibe auf einen Fickfrosch-Aufkleber neben mir starren. So habe ich mir den Start in mein Mountainbike-Abenteuer nicht vorgestellt. Ich will Geschichte erfahren, die Grenze bereisen. Den Todesstreifen, der für mich einmal das Ende der Welt bedeutet hat. Ich will zelten, Einsamkeit spüren, die Gedanken kreisen lassen. Ich will Würste auf Äste spießen und ins Feuer halten. Ich will Regenschauern trotzen und Distanzen und Hitze. Ich will endlich auch mal Angst vor wilden Tieren haben, statt immer nur vor der Nebenkostenabrechnung. Und nun hocke ich hier in Lycraklamotten auf der A 9. Gefangen in einem tornadoroten Ibiza mit »Magic Nails«-Aufkleber, in dem sich zwei seltsame Kerle befinden, ein Mädchen mit miesem Musikgeschmack, viele Gläser Apfelmus und ein Tattoo-Schäferhund. Eine schöne Witzfuhre ist das.

»Ich krieg gleich Falten am Sack! Mann, Mann, Mann! Ich fahre jetzt um die Scheiße rum, ey!«, lässt Uwe einen Gedankenblitz in den Ibiza einschlagen. Immer noch deutlich lauter, als es zum Verstehen nötig wäre. Die Anzeige des Navigationssystems nähert sich bedrohlich der 19:15-Uhr-Marke. Also Blinker setzen, den Standstreifen freihupen, und im oberen Drehzahlbereich raus auf die dicht befahrene Bundesstraße, die uns schließlich in einem Örtchen namens Geisenfeld stecken bleiben lässt, das keine Reise wert ist, soweit ich es aus meinem Taschengefängnis erkennen kann. Ich höre vor mir Uwe fluchen und neben mir den Verschluss einer Bierdose zischen, sehe nur Reihenhäuser, Felder und landwirtschaftliche Nutzgebäude, ertrage den Zustand des Ausgeliefertseins kaum noch, ertrage die Luft im Ibiza kaum noch, ertrage die sich stetig erhöhende Scheiße-Frequenz kaum noch, die sich kurzzeitig noch drastischer erhöht, als der Dicke einen »Boxenstopp« erbittet, der ganze Ibiza ist schon verbal zugekotet. Ich werde niemals nach Ibiza fliegen, das schwöre ich. Ich will mich bewegen, kann mich nicht bewegen, schöpfe aber Hoffnung, als wir Geisenfeld hinter uns lassen, lese das Wort »Keltisches Oppidum«, frage mich, was das wohl ist, ein Keltisches Oppidum, könnte Madeleine erwürgen, die einen Vortragsmonolog zum Thema Sonnenschutzprodukte hält, weiß jetzt, warum der Innenraum von Autos Fahrgastzelle genannt wird, und erkenne irgendwann endlich das herrliche blaue Autobahnhinweisschild, hinter dem der Verkehr tatsächlich fließt, als wir uns bei Manching wieder auf dem grauen Endlosband einreihen. Uwe lächelt zufrieden. Ein Zwischenerfolg. Doch Delitzsch ist in weite Ferne gerückt.

Ich bewundere diese Pendler. Nicht auf die Art, wie man einen Künstler bewundert. Sondern auf die Art, wie man einen Menschen bewundert, der drei Ultra-Triathlons hintereinander absolviert hat. Im Winter. Ohne Pause. In der Ukraine. Ich könnte mir diesen Stress nicht antun. Ein Haus im Osten abbezahlen und wochentags in einem grundausgestatteten WG-Zimmer dahinvegetieren. Mich alle zwei Wochen nach Hause zu stauen, mit etwas Glück am Mittwoch, weil ich mit nächtlichen Überstunden zwei Tage herausarbeiten konnte. Daheim dann dem Besuchsterror von Verwandten ausgeliefert sein, die sich alle mächtig freuen, einen mal wieder zu sehen. Ein Menü an Pflichten. Pendeln, damit man das Gefühl hat, am Leben zu sein und keine Aktennummer, weil der heimische Arbeitsmarkt bestens ohne einen auskommt. Madeleine hat wahrscheinlich noch einen Freund daheim. Oder zumindest den Schäferhund. Jetzt fährt sie ein paar Mal. Und dann wird sie genervt von Staus, Fahrtkosten und Eifersuchtsgezeter aufhören damit und sich einen Freund in München suchen. Die jungen Mädchen gehen doch alle. Es gibt sogar eine Statistik. Der Osten leidet an Frauenmangel. Schon jetzt: 25 Prozent Frauenmangel! Oder 25 Prozent

Männerüberschuss. Wie man das sehen will. Solche Verhältnisse gibt es sonst nur in Polarregionen. Das hat sogar das ZDF dazu veranlasst, einen Bus voller frustrierter Westfrauen auf Kosten der Gebührenzahler in die neuen Bundesländer zu schicken, um sie dort mit Ostmännern zu verkuppeln. Angeblich seien Ostmänner aufmerksamer, netter und lockerer. Vielleicht sollten die Westfrauen nicht im ZDF-Bus, sondern mit Uwe im Ibiza ins vermeintliche Männerparadies reisen. Könnte ja sein, dass sich dabei interessante, neue Aspekte hinsichtlich des Klischees ergeben.

»Haben wir saugeil umfahren, den bescheuerten Stau«, lobt sich Uwe und wirkt versöhnt. Ich muss ihm ja nicht die Geschichte zum Golf zwei Fahrzeuge vor uns verraten, auf dessen Heckscheibe »Fickfrosch« steht. Das Fahrzeug bremst. Alle Fahrzeuge bremsen. Es ist nicht zu fassen.

Kurz vor 20 Uhr rollt der Ibiza schließlich über die »Brücke der Deutschen Einheit«, auf der eine Hinweistafel den Verlauf der ehemaligen Staatsgrenze markiert. Hier entstand ein Großteil der Jubelbilder, mit denen heute deutsche Geschichtsbücher ausgeschmückt sind. Tausende Trabis, aufgestaut in Richtung West. Sekt. Menschen, die vor Freude weinen.

Uwe entlässt mich an der Raststation Frankenwald in die Freiheit. Das Navigationssystem hat die Ankunft in Delitzsch auf 21:35 Uhr berechnet. Ich reiche Uwe das Geld. Er winkt ab. Sekunden später stehe ich allein auf dem Parkplatz. Mein Mountainbike liegt in Einzelteilen vor mir. Ich werde es zusammenbauen und mir dann einen Platz zum Schlafen suchen. Das Motel der Raststätte bietet Einzelzimmer für 39 Euro an. Wenn ich das Rad mit hochnehmen darf, werde ich ein Zimmer nehmen. Wenn nicht, schlafe ich eben auf der Isomatte auf einer Wiese. Mein Rucksack lehnt am Hinterrad eines geparkten Kleintransporters. Der Rucksack wird reichen. Zwanzig Liter. Damit kann nichts passieren. In Deutschland geht man auf Straßen zugrunde. Aber nicht mit einem Rucksack.

☙

3.

Narbe der Freiheit

Die Mauer ist weg, die Grenze ist geblieben. Das kann man Kuriosum nennen. Oder Ironie.

Breitbeinig, die Hände in die Taschen seiner betonfarbenen Baumwollhose vergraben, steht Klaus Grünzner in der Vormittagssonne und schaut Richtung »Zum Grenzgänger«, wo ein Rentnergrüppchen den absolvierten Kurzausflug in den »Todesstreifen« gerade mit original Thüringer Rostbratwürsten abrundet. Nur 50 Menschen leben in Mödlareuth, und nur 50 Meter sind es von Bürgermeister Grünzner bis zum Grill. Doch was dort unter der Dunstwolke passiert, fällt nicht in seinen Zuständigkeitsbereich.

»Anderes Bundesland, anderer Bürgermeister, andere Postleitzahl, anderes Autokennzeichen, anderer Dialekt«, fasst Grünzner zusammen und zeigt auf den Tannbach, der an seinen braunen Lederhalbschuhen vorbei das Dorf durchplätschert.

Es ist ein schmales, kraftloses Rinnsal. Knöcheltief, wenn überhaupt. Hüpft man drüber, steht man in Thüringen. Hüpft man zurück, ist man in Bayern.

Eine Grenzlinie, jetzt noch, zwei Jahrzehnte nach dem Mauerfall. Doch was ist das schon im Vergleich zu dem, was dieses Bächlein bis zum Abend des 9. November 1989 war? Der Frontverlauf zwischen Deutschland-Ost und Deutschland-West nämlich, die Kerbe zwischen Sozialismus und Kapitalismus, zwischen der Atommacht Russland und der Atommacht Amerika, zwischen zwei Welten. Oben von den Hügeln, die sich auf bayerischer Seite besonders üppig aus der Wald- und Wiesenlandschaft wölben, hatte man einen unverbauten Blick auf den Todesstreifen, der das Dorf durchschnitt. Staatsgäste der Bundesregierung wurden per Helikopter nach Mödlareuth geflogen, um sie vom real existierenden Wahnsinn zu überzeugen, und gaben vor dem Stacheldraht pathosschwangere Interviews. Westdeutsche Schulklassen reisten zu Exkursionen an den Tannbach. An den Wochenenden belagerten Schaulustige die bayerische Dorfhälfte. Mödlareuth, das Dorf mit der Mauer, war eine schaurige Sensation. Der östliche Teil war strengstens abgeschirmt. Tabuzone für Ortsfremde. Schutzstreifen. Sperrgebiet.

»Ich habe den Fall der Mauer vom Fernsehsessel aus verfolgt. Ich war damals Leiter einer JVA und kam gerade von der Arbeit, als ich wie jeden Abend die Nachrichten einschaltete. Ich sah die Bilder und habe gedacht, die Öffnung würde nur Berlin betreffen. Niemand hier hatte geglaubt, dass man jemals wieder von einer Dorfhälfte zur anderen spazieren könnte«, sagt Grünzner und verharrt in andächtigem Schweigen.

Es ist ein unwirklicher Ort, dieses Mödlareuth, nur sieben Kilometer entfernt von der Autobahnraststätte Frankenwald gelegen. Mödlareuth ist kein Dorf im eigentlichen Sinne, auch wenn die Menschen in ihren Gärten Wäsche aufhängen und die Blumenbeete wässern. Mödlareuth ist ein Gefühl. Ein bewohntes Museum, in dem der Schrecken daueranwesend ist, als Hintergrundrauschen, Tag und Nacht. Eine Permanentsimulation des Gestern, die gegen das Vergessen mahnt. Jeder Stein, jede Holzlatte, jedes Hinweisschild ist durchtränkt mit Symbolik, beklemmend und fröhlich zugleich. Die gewaltigen Stachelwälle, vor denen sich zwischen neun und 18 Uhr die Tagestouristen zum Schnappschuss aufbauen. Der abgeklemmte, saftlose Elektrozaun mit den Bewegungsmeldern, der zum Nervenkitzel trotzdem alle paar Minuten betätschelt wird, ängstlich und aufgeregt, als würden so die Überlebenschancen steigen. Die Straßensperre »Igel« mit ihren gemeinen, angespitzten, dolchartigen Stacheln, geschweißt aus schwerem Profileisen, um sich in Fluchtfahrzeuge zu bohren. Der Wachturm vom Typ »BT 6«, der auf »BT 3« gestutzt werden musste, aus Versicherungsgründen, denn ein Abrutschen aus sechs Metern Höhe kann nun mal höhere Behandlungskosten verursachen als aus drei Metern Höhe. »Die gefährlichsten Mauern sind die Mauern in den Köpfen!«, hat jemand mit Filzstift an die Innenwand geschrieben. Und erst dieser gruselige Russenpanzer »T34/85« am Ortseingang. Vom Rost zernagt und 1992 zum Anschaffungspreis von einer D-Mark vom Pößnecker »Haus der jungen Pioniere« nach Mödlareuth gekarrt, um die Schauerwirkung an diesem Ort bloß nicht zu gering ausfallen zu lassen. Das Kanonenrohr zielt auf die bayerische Dorfhälfte. Jemand hat Löwenzahn in die Mündung gesteckt. Ein Ensemble des Schreckens, von der DDR-Führung »Antiimperialistischer Schutzwall« genannt. Dabei ist es offensichtlich: Sperrgräben, Selbstschussanlagen, Hundekorridore, Minenfelder – alles ausschließlich nach innen gewandt, gegen das eigene Volk. Gegen die Menschen, zu denen auch ich gehörte.

»Wo sind Sie denn aufgewachsen, wenn ich mal fragen darf?«, möchte Grünzner wissen und schwenkt seinen massigen Kopf in meine Richtung. Ein Schnauzer füllt den Platz zwischen Oberlippe und Nase. Die grauen Haare sind so akkurat geschnitten wie die Hecken im Ort, die Zierrasen, die Sträucher. Auf der Brusttasche seines blauen Hemdes zeichnen sich die Konturen eines Handys ab. Grünzner stand zufällig an der Durchgangsstraße, als ich in Mödlareuth einrollte.

»Osten«, antworte ich maximal knapp. Fragen nach meiner Herkunft sind mir im Laufe der Jahre suspekt geworden. Zu oft bilden sie den Ausgangspunkt für endlose, inhaltsflache Klischeediskussionen. Als wenn ich was dafür könnte, dass Menschen in Stuttgart oder Starnberg im Steuersparwahn geglaubt haben, eine Zweizimmerwohnung in einem teilsanierten Hoyerswerdaer Plattenbau sei eine prima Wertanlage. Und jetzt stehen die Buden leer, die sie Immobilie nennen, und Soli müssen sie auch noch zahlen. Schuld bin ich, der Ossi, denn ich musste ja unbedingt die Mauer einreißen. Wie ich solche Gespräche hasse. Doch Grünzner macht nicht den Eindruck, als wäre er an derlei Flachsinn interessiert. Er trägt praktische Lederhalbschuhe, wie sie in Innenstadtgeschäften angeboten werden, und hat ein Handy in der Hemdtasche, das viel zu kantig ist für heutige Verhältnisse. Typen wie Grünzner fahren zum Wandern nach Südtirol. Sie kaufen keine teilsanierten Zweizimmerwohnungen in Hoyerswerda.

»Osten also«, sagt Grünzner und lässt den Blick zurück in Richtung Grenzgänger schweifen. Ein weicher Film hat sich auf seine Stimmbänder gelegt: »Dann muss ich Ihnen ja nichts erzählen.«

Acht Jahre habe er als BGS-Beamter an der Grenze gestanden, sagt Grünzner, Auge in Auge, mit dem Gewehr über der Schulter, genau hier, am Tannbach auf der westlichen Seite von Mödlareuth. Er habe gesehen, wie Wohnhäuser im östlichen Teil, die nahe an der Grenze standen, gesprengt wurden, geschliffen – so der Fachjargon. Er habe die Baumaschinen gehört, wenn wieder neue Sperranlagen errichtet wurden. Er habe manchmal die Menschen gesehen, die normalen Mödlareuther, wie sie mit Milchkannen durch das Dorf gingen oder die Hühner fütterten. Die Menschen hätten wie fremde Wesen gewirkt zwischen all den Grenzsoldaten in ihren Uniformen. Wirklich mitbekommen, was hinter der Mauer passierte, habe er aber nicht. Alles sei hermetisch abgeriegelt gewesen. Er selbst habe keine Verwandtschaft drüben gehabt. Das sei eine andere Welt gewesen. Nur ein einziger geglückter Fluchtversuch sei von diesem Grenzabschnitt bekannt. Ein Mann mit einem Kleinbus, darin eine Leiter. Der Mann habe eine Sondergenehmigung zum Betreten des Schutzstreifens gehabt. Er habe großes Glück gehabt. Alles sei sehr schnell gegangen. Sie hätten ihn erschießen können.

Grünzner verstummt. Auf der Dorfstraße summt ein Mopedfahrer vorbei. Ein Hund bellt angriffslustig hinterher.

»Wie war das, an dieser Grenze zu stehen?«, hake ich nach.

»Naja«, überlegt Grünzner einen langen Moment, »das war eben so. Das war normal. Man war ja mit dieser Mauer groß geworden.«

»Und wie ist das jetzt, hier an derselben Stelle, ohne Grenzanlage?«

Grünzner überlegt, senkt den Blick zum Boden, kratzt mit der Spitze seines rechten Schuhs einen Kreis in den Kies.

»Ich habe keine negative Einstellung denen da drüben gegenüber, wenn Sie das meinen. Absolut nicht. Als die Grenze aufging, habe ich eigentlich nur Leute kennengelernt, die völlig offen waren. Das war alles so menschlich. Mit Herbert Hammerschmidt zum Beispiel verbindet mich heute noch eine enge Freundschaft. Der war eine Zeit lang Bürgermeister der Ostseite. Ein prima Mensch!«, sagt Grünzner und schlendert ein paar Meter in Richtung der kleinen Holzbrücke, die Thüringen mit Bayern verbindet. Am Gebäude neben der Brücke ist eine riesige Hinweistafel angebracht, schwarz-rot-gold umrandet:

»Sie stehen hier im geteilten Dorf Mödlareuth unmittelbar an der Grenze zur DDR vor der ca. 700 m langen Beton-Sperrmauer. Mödlareuth, einst ein Dorf, geschützt im Tannbachgrund gelegen, jetzt ein Beispiel für die Teilung Deutschlands. Aber diese Grenze ist keine Grenze. Wir sind mitten in Deutschland!«

»Warum wird der Ort eigentlich nicht wiedervereinigt, also richtig mit allem Pipapo?«, frage ich.

Ein zartes Lächeln arbeitet sich in Grünzners Gesicht.

»Das wäre im Zuge eines Gebietsaustausches theoretisch möglich. Aber, ach ...«, winkt er ab. »Ändern würde sich dadurch gar nichts. Von der Öffnung profitieren beide Seiten. Wir in Bayern haben ja auch an einer Mauer gelebt. Da war nach einer Seite alles dicht. Jetzt gibt es Infrastruktur und Gewerbe. Nein, in Mödlareuth gibt es keine Ost-West-Mentalität. Wir sind froh, dass diese schreckliche Mauer endlich weg ist.« Grünzner denkt nach. Es dauert eine Weile, bis er den nächsten Satz auf seiner Zunge aufgebaut hat. Er kommt tief aus seinem Herzen: »Der Traum von Freiheit ist das Größte, das kann kein Regime unterdrücken.«

Ich nicke stumm. Dass um mein Leben ein Zaun gebaut war, wusste ich schon zu DDR-Zeiten. Es war ein theoretisches Wissen. Es basierte auf Erzählungen. Niemand aus meiner Familie, keiner meiner Bekannten und schon gar nicht ich hatten diese Grenze je zu Gesicht bekommen. Fünf Kilometer vor dem eigentlichen Zaun begann das streng abgeschirmte Sperrgebiet. Zugänglich nur für die wenigen Menschen, die darin arbeiteten und wohnten. Weiter als bis 500 Meter kamen auch diese Menschen nicht an den Grenzzaun. Dort begann der Schutzstreifen, der Todesstreifen, wie er aus gutem Grund in die Geschichtsbücher eingegangen ist. Wer versucht hätte ihn zu überqueren, wäre entweder von einem der abgerichteten Köter in den Hundelaufanlagen zerfleischt, von der Gewehrkugel eines Grenzsoldaten durchbohrt oder wahlweise von einer Tretmine oder einer Splitterbombe zerfetzt worden. Die Grenze war für mich nichts weiter als ein roter Strich im Schulatlas. Sie war da, andererseits aber auch nicht. Sie sollte uns vor dem imperialistischen Aggressor schützen, der ja angeblich nichts anderes im Sinn hatte, als sich unser hoch entwickeltes Land mit den schönen, modernen Fabriken und den herrlichen Landschaften unter den Nagel zu reißen. Vor diesem Hintergrund hatte ich durchaus Verständnis für die Grenze. Ich fühlte mich nicht eingesperrt. Ich fühlte mich frei. Frei in Grenzen. Usedom war mein Mallorca.

Natürlich kenne ich die Fernsehbilder. Natürlich habe ich die Reportagen gelesen. Doch erst hier, in Mödlareuth, 20 Jahre nach der Öffnung der Grenze, wird mir das ganze Ausmaß der Tragödie bewusst: Ich war ein Inhaftierter in einem nur nach oben hin offenen Menschengehege, dicht nach vorne, nach hinten, zur Seite. Nicht beschützt. Sondern bewacht.

Das Scharfmachen gegen den Klassenfeind erfolgte subtil, bereits während der Schulzeit. Sie gipfelte in der sogenannten Zivilverteidigung, dem alljährlichen Wehrlager, dem wir Schüler bereits Wochen zuvor mit außerordentlicher Vorfreude entgegensahen, weil an den jeweiligen Tagen der Unterricht ausfiel. Zuständig für die Durchführung war die GST, die Gesellschaft für Sport und Technik, eine paramilitärische Jugendorganisation, die sich nach außen hin alle Mühe gab, als harmlose Sport- und Bastel-AG wahrgenommen zu werden. Das Logo der GST bildeten ein Anker, ein Propeller und ein Gewehr, die ähnlich wie das Staatswappen in einen Ährenkranz eingebettet waren. Ziel der GST war es, den Nachwuchs auf unterschwellige Art für eine Militärlaufbahn zu begeistern. Als Lockmittel dienten exklusive Sportarten wie Segelfliegen, Tauchen und Schießen, die nur bei der GST legal ausgeübt werden durften. Zunächst ging es tatsächlich nur um Sport und den spielerischen Umgang mit Technik. Die Halbwüchsigen pflügten mit leistungsstarken Motorrädern durch den Wald, funkten Quatsch durch die Gegend oder gingen sich bei der NVA Panzer angucken.

Irgendwann knöpften sich die Ausbilder dann psychologisch geschickt die Jugendlichen vor, von denen sich tatsächlich viele zum »Dienst an der Waffe« überreden ließen. Obwohl sie doch ursprünglich nur aus einem einzigen Grund Mitglied in der GST geworden waren: wegen des erfreulichen Zusammenspiels eines mickrigen Jahresbeitrags mit der Möglichkeit, bereits mit 17 Jahren einen Lkw-Führerschein für kaum erwähnenswerte 120 Mark zu erlangen.

Die jährliche Zivilverteidigung war für jeden Schüler Pflicht, egal ob polytechnische Oberschule, EOS, Berufsschule oder Studium, egal ob Mitglied in der GST oder nicht. Der amerikanische Aggressor konnte schließlich jeden Augenblick über uns herfallen. Und da mussten wir natürlich gewappnet sein. Weil es in der Zeit schulfrei gab, nahm man auch den peinlichen Umstand in Kauf, die ganze Zeit in einer Art Armeeuniform herumlaufen zu müssen. Die Uniformen sahen dämlich aus, waren viel zu groß oder viel zu eng und außerdem gebraucht. Sie waren das Schlimmste, was man sich als junger, auf Außenwirkung bedachter Mensch vorstellen kann, der die Frisur von Robert Smith kopiert, um die rebellische Kraft von getrockneter Seife im Haar zu spüren. Der ideologische Hintergrund der Wehrlager spielte im Grunde genommen nur für unsere Lehrer eine Rolle, die in Tarnuniformen krude Geschichten über den angeblichen Klassenfeind erzählten und sich mit Stechschritt lächerlich machten. Die Propaganda war feinste Realsatire. Herr Schröder, der in der Berufsschule normalerweise die Grundlagen der Elektrotechnik unterrichtete, stand vorn an der Tafel und versuchte, uns gegen die USA aufzuhetzen. Die aufgelisteten Argumente waren derart fantasiereich, dass sie wahrscheinlich nicht mal Erich Mielke eingefallen wären. Die USA würden ihren Nationalsportlern Stierblut spritzen, damit sie im internationalen Wettstreit mit sozialistischen Athleten aggressiver würden, sagte Herr Schröder und guckte wichtig. »Imperialismus – die Gefahr für Frieden und Sozialismus!«, stand mit Kreide an die Tafel geschrieben.

»So ein Quatsch!«, parierte ich den Lügenmonolog, denn von einem derartigen medizinischen Wunder hatte ich erstens noch nie gehört und zweitens musste er mir als frisch entsorgtem Kaderradsportler nun wirklich nichts von Blutspritzen erzählen. Herr Schröder guckte wie nach zehn

Rückwärtsfahrten im Kettenkarussell, verzichtete aber auf eine weitere Vertiefung des Themas und ließ uns auf dem Schulhof antreten. Nächster Tagesordnungspunkt war nämlich das Schießen mit echter Munition, das auf dem Gelände der GST stattfinden sollte. Zehn Gehminuten von der Berufsschule entfernt. »Ein Lied, zwo, drei, vier!«, schrie Herr Schröder im Stil eines russischen Feldwebels. Oben am Fenster kicherten die Mädchen der »Facharbeiter für Schreibtechnik«-Klasse, zu der auch die sensationelle Cornelia Hellwig gehörte. Cornelia Hellwig hatte Beine bis zum Kinn und eine doppelt so große Oberweite wie der Rest ihrer Klasse. Alle in meiner Klasse waren schwer in sie verliebt. Ich hatte mich in reichlich alkoholisiertem Zustand immerhin schon mal getraut, sie in der Disko zum Engtanz aufzufordern, »The Power of Love« von Jennifer Rush, woran ich mich leider nicht mehr in allen Facetten erinnern konnte. Dass Cornelia Hellwig jetzt zusah, wie wir als schlecht gekleidete Zinnsoldaten vom Schulhof marschierten, war so uncool, dass uns die Verteidigung unseres sozialistischen Vaterlandes in diesem Moment sowas von egal war. Nie wieder würde Cornelia Hellwig mit einem von uns tanzen beziehungsweise sich zu weiterführenden Dingen bewegen lassen. Sie würde uns als Hampelmänner abstempeln, sich bei nächster Gelegenheit den DJ der Kreiskulturhaus-Disko angeln, der wahrscheinlich einen amerikanischen Künstlernamen trug, und mit ihm eine Familie gründen. Es gab nur eine Möglichkeit, um das zu verhindern. Wir winkten nach oben und sangen »Eisgekühlter Bommerlunder« von den Toten Hosen.

Am Ende der Woche sollten wir mit Holzgewehren einen Angriff der imperialistischen Militärstreitkräfte abwehren, der angeblich just in diesen Sekunden über uns stattfand. »Feindlicher Fliegerangriff!«, schrie Herr Schröder und warf sich Schutz suchend auf den Boden, woraufhin Torsten Jaug seine Hose runterließ, einen müden Pinkelstrahl auf die vermuteten Kampfjets richtete und mit dem Mund das Knattergeräusch eines Maschinengewehrs imitierte. Vielleicht hätte ihm irgendein Parteifunktionär später mal eine Bulgarienreise verweigert. Vielleicht hätte er zwei Jahre länger auf den Trabi warten müssen, also nicht zehn, sondern zwölf Jahre. Vielleicht hätten sie ihm aus Rache einen Trabi in der Farbe Ocker geliefert statt im bestellten Pastellblau. In jenem Moment aber hatte das Herumblödeln absolut keine Konsequenz. Ich glaube nicht, dass wir verlässliche Grenzschützer gewesen wären.

Es ist kurz nach elf Uhr. Bürgermeister Grünzner muss weiter. Rüber zum geplanten Caravanstellplatz, der demnächst als Übernachtungsmöglichkeit für Touristen fertiggestellt werden soll. Grünzner reicht mir die Hand, wünscht mir alles Gute und tippt eine Nummer in das Handy. Dann läuft er telefonierend zum Auto.

Warm ist es. Die Sonne spiegelt sich im Stacheldraht, lässt den Mauerrest in hartem Weiß erstrahlen. »Landesgrenze«, »Schutzstreifen« und »Sperrzone« steht auf Schildern. Dazwischen liegen rot-weiße Panzersperren. Omas einer holländischen Seniorenreisegruppe ruckeln mit Rollatoren zum Wachturm, um in dessen schmalem Schatten Schutz vor der Sonne zu suchen, die an diesem Donnerstag etwas zu übereifrig auf Mödlareuth drückt.

»Nur wer die Vergangenheit kennt, wird die Gegenwart verstehen!«, steht an der Gedenktafel am Dorfteich. Still ist es im Dorf. Doch die Stille vibriert.

Ich gehe über die kleine Holzbrücke hinüber in den östlichen Teil von Mödlareuth. Unter der Brücke rauscht friedlich der Tannbach. Genau hier wurde am 9. Dezember 1989 der Grenzübergang eröffnet, der das endgültige Ende der Trennung bedeutete. Es war eiskalt an diesem Tag. Politiker sprachen in Mikrofone. Blitzlicht zuckte. Eine Blaskapelle marschierte zur Melodie von »Ja, mir san mit 'm Radl da« durch die schmale Maueröffnung. Es gab Bratwurst und Schnaps. Die Frisuren waren gepudert von Schnee. Man gedachte der Hunderte, die an der Grenze ums Leben gekommen waren. Dann kam ein Bagger und schubste die Mauer einfach um.

Mein erster Grenzübertritt erfolgte am frühen Morgen des 11. November, am Westberliner Übergang Invalidenstraße. Die Nachricht von der Grenzöffnung am Abend des 9. November hatte am Tag zuvor das gesamte öffentliche Leben in der DDR zum Erliegen gebracht. An Schule und Arbeit war nicht zu denken. In der Stadt herrschte Chaos. Die ganze Stadt war gefüllt mit Plaudergrüppchen, die das Unfassbare diskutierten. Torsten Jaug, so wurde in der Berufsschule berichtet, sei in der Nacht mit der MZ nach Westberlin abgehauen. Mit vorher geschriebenem Abschiedsbrief an seine Eltern. Sie bräuchten sich keinen Kopf zu machen, hatte er geschrieben, er werde irgendwann zu Besuch kommen. Offenbar hatte er wenig Vertrauen in das Versprechen des Staatsratsvorsitzenden Egon Krenz, die Grenze würde dauerhaft offen bleiben. Schon am Nachmittag siedelte er mit der MZ zurück in die DDR und musste sich einigen Spott wegen seiner Paranoia gefallen lassen. Ich hatte mich sofort nach dem Frühstück zusammen mit Katja in die Hunderte Meter lange Schlange vor der Volkspolizeidienststelle angestellt, in der das Einreisevisum für die BRD ausgestellt wurde. Die Schlange führte vom Kellergeschoss einmal durch das gesamte Gebäude und draußen noch einmal fast komplett um das Gebäude herum. Wir standen Stunden. Es ging nur äußerst zäh voran, was mir unlogisch vorkam, da schließlich absolut jeder ein Visum erhalten sollte, so hieß es in den Fernsehnachrichten. Wieso also benötigte man einen Stempel, der die Reiseberechtigten von den Nicht-Reiseberechtigten unterscheiden sollte, wenn doch ohnehin jeder über die Grenze durfte? Es war bereits dunkel, als wir den begehrten Stempel endlich im Personalausweis hatten. Ein unspektakuläres Ding, auf die Seite gedrückt wie das Bienchen, das man in den unteren Klassenstufen für gut erledigte Hausaufgaben bekam.

Wir fuhren mit den Fahrrädern in die Dorfdisko, wie immer an einem Freitag, tranken ausgedehnt und nahmen am nächsten Morgen den ersten Zug nach Leipzig, wo wir Teil einer unfassbaren Menschenmenge wurden. Der Bahnhof war dramatisch überfüllt. Niemand schien das Chaos unter Kontrolle zu haben. Sobald ein Zug mit einem westlichen Fahrziel einfuhr, wurden die Türen gestürmt, noch bevor er zum Halten gekommen war. Es waren die Stunden, in denen sich die Sehnsucht von Jahrzehnten entlud. Flutwellenartig ergoss sich die angestaute Reiselust gen Westen. Mehr als 28 Jahre lang war die Berliner Mauer der Staudamm von Sehnsucht gewesen. Nun wurde geflutet. Nach mehreren Versuchen schafften wir es schließlich in einen Zug. Dass er nach Berlin fuhr, war reiner Zufall. Katja war von den Massen in irgendein Abteil gespült worden, ich stand im Gang mit der Nase an den Wildlederjackenärmel meines Nebenmannes gequetscht. Wildleder riecht ekelhaft, schoss es mir durch den Kopf. Wildleder ist ein übler Geruchsschwamm, der vom Zigarettenqualm bis zum Bratfett alles in seinen

Mikrohärchen speichert. Ein fremder, stinkender Wildledermantel war genau das, was ich früh um sechs Uhr in meinem verkaterten Zustand nun wirklich nicht vor meiner Nase gebrauchen konnte.

In Berlin angekommen liefen wir einfach den Menschen hinterher, die offenbar genau wussten, wo es in den Westen ging. Von den Grenzern interessierte sich nicht einer für unsere mühsam besorgten Visumstempel. Wie Wachsfiguren standen sie da, ließen sich von übermütigen Mauertouristen die Mützen von den Köpfen pflücken und lächelten schüchtern in Fotokameras. Deswegen die ganze Aufregung all die Jahre? Deswegen der rote Strich im Atlas? Deswegen die Mauer mit dem ganzen Stacheldraht und den Beobachtungstürmen? Deshalb der Rausschmiss aus dem Nationalkader? Deshalb diese bescheuerten Wehrlager? Das war doch alles ein großer, ein gewaltiger Witz.

Wir gingen durch eine Schleuse vorbei an diversen Flachgebäuden, die nach Rektaluntersuchung und Verhör aussahen. Dann lag der Westen geputzt und fehlerfrei vor uns. Alles war so sauber, so strukturiert, so ordentlich, so hochwertig. Kein Kopfsteinpflaster wie in Ostberlin. Sondern glatter, tartanartiger Asphalt. Keine krummen Gehwegplatten. Sondern gleichmäßiges Gehwegpflaster. Keine zementfarbenen Einheitsfassaden. Sondern frisches, lebendiges Multigrau und facettenreiche Gelbtönungen, durchbrochen von werbendem Neonbunt. Westautos. Westfahrräder. Westlaternen. Westbäume. Westgras. Sattgrünes, gemähtes, gesundes Westgras. Ich hatte so etwas noch nie gesehen. Das erste Westschaufenster meines Lebens gehörte zu einer Apotheke. Ich stand fasziniert davor. Die Leuchtschrift! Die bunten Verpackungen! Die ausgeschilderten Preise in D-Mark! »Rennie – räumt den Magen auf«, begrüßte mich in Großbuchstaben der Westen.

Wir stellten uns an einer Filiale der Deutschen Bank an, wo wir vier Stunden später einen 100-D-Mark-Schein geschenkt bekamen. Jeder! Einen ganzen. Einfach so. Als Begrüßungsgeld. So waren wir noch nie begrüßt worden. 100 D-Mark waren aus meiner naiven Sicht vergleichbar mit einem Lottogewinn und wirtschaftlicher Unabhängigkeit. Mit 100 D-Mark würde mir das Leben nichts mehr anhaben können. Der Schein war größer als sein DDR-Pendant. Er sah amtlicher aus mit seinem Adlerwappen. Deutlich amtlicher als der DDR-Schein mit Karl Marx. Karl Marx sah nach Trabant aus. Der Adler sah nach Mercedes aus. Der Westschein fühlte sich auch besser an. Ich hatte bis dahin zweimal in meinem Leben jeweils zehn D-Mark besessen, die ich zum Kurs von 1:10 auf dem Schwarzmarkt getauscht hatte, um im Intershop einkaufen zu gehen. Intershops waren für die DDR eine Devisenquelle. Eigentlich für Westreisende konzipiert, durften auch DDR-Bürger darin einkaufen. Natürlich nur mit Westgeld, das vorher in Warengutscheine getauscht werden musste, die sich Forum-Schecks nannten. Intershops waren die Schaufenster meiner Sehnsucht. Sie rochen nach eine Melange aus Seife, Tabak und 4711. Ein Duft, intensiv, anregend und einzigartig, den ich mir heute als Deodorant kaufen würde. Der Duft starb mit der Wende aus. Ich habe ihn nie mehr gerochen.

Für zehn D-Mark bekam man in einem Intershop ein Axe-Spray (Moschus), eine BASF Chromdioxid-Kassette (90 Minuten), eine Tüte Goldbären und eine Büchse Coca Cola (0,33 Liter). Und nun besaß ich das Zehnfache, 100 D-Mark! Der 11. November 1989 war der erste Tag in meinen Leben, an dem ich so etwas wie Geiz gespürt habe. Ich legte meine Hand schützend über den Geldschein in meiner Hosentasche, damit ihn mir niemand rausfischen konnte. Auf Aktenzeichen XY hatte ich ja gesehen, dass so etwas im Westen schnell passieren konnte. Um uns herum verkauften sie Kassettenrekorder von Lkw-Ladeflächen. Doppelkassettendeck. Stereo. Für 99 D-Mark. Und Jeanshosen. Levis. Röhrenschnitt. Ebenfalls für 99 D-Mark. Und Turnschuhe. Drei Streifen. Leder. Auch 99 D-Mark. Die Menschen schoben und drängelten vor den Lkws, streckten dem Verkaufspersonal die Hunderter entgegen und zerrten die Beute davon. Mich würde brennend interessieren, was die Leute mit der letzten D-Mark angestellt haben. Katja kaufte eine Garnitur Bettwäsche, auf der ein bestens gelaunter, fotorealistisch aufgedruckter Rick Astley Zähne und Yeah-Daumen zeigt. Für 64,99 D-Mark. Ein Vermögen. Fand ich. Fand Katja auch. Doch Rick Astley war in ihren Augen nun mal ein prima Sänger. An diesem Tag hätte Rick Astley fast unsere Beziehung zerstört. 64,99 D-Mark! Aber es war ja nicht mein Geld.

Ich kaufte mir nichts an diesem Tag. 100 D-Mark waren mir definitiv zu schade, um sie auszugeben. Mehr noch. Ich fand es völlig absurd, Westgeld überhaupt auszugeben. Ostgeld konnte man ausgeben. Darum war es nicht schade. Aber Westgeld? Nie im Leben. Wir staunten uns noch durch ein paar Kaufhäuser, waren aber zunehmend unfähig, die ganzen Eindrücke aufzunehmen. Ich bekam Kopfschmerzen von den ganzen Farben, Blinkreklamen, Möglichkeiten, Angeboten, Optionen. Ich hatte mich noch nie so kaputt gefühlt. Heute bereue ich es, mich nicht wenigstens einmal auf die Mauer gestellt zu haben.

Die folgenden Wochen waren bestimmt von einem regen Austausch von Geschichten. Jeder hatte unglaubliche Dinge erlebt. Torsten Jaug zum Beispiel prahlte damit, auf einer Gruftiparty in Kassel Rauschgift genommen und sich im weiteren Verlauf mit einer originalen Westgruftitante »rumgebissen« zu haben. Richtig zugedröhnt sei er gewesen, komplett in einem anderen Kosmos. Das Rauschgift stellte sich später als ein harmloser Zug an einer Haschischzigarette heraus, die bei der Party herumgegeben worden war. In der DDR gab es kein Haschisch. Haschisch war gleichbedeutend mit Heroin.

Unser Lehrer Herr Schröder stürmte mitten im Unterricht mit seinem SED-Parteibuch ins Direktorenzimmer, wo er es theatralisch auf den Tisch knallte. Derselbe Herr Schröder, der Monate zuvor in Tarnuniform den Blutmist erzählt hatte. Er sei nämlich in Bayern gewesen, informierte er uns in epischer Ausführlichkeit. Und eine Familie hätte ihn spontan zum Kaffee eingeladen. Nett seien die gewesen, und der Mann hätte ihm gesagt, dass er im Westen mit seiner Qualifikation 5000 D-Mark verdienen könne. Im Monat. Da habe er gemerkt, dass er all die Jahre von der SED belogen und beschissen worden wäre! Verarscht geradezu! Jawohl!

Für die Schwedin Eija-Riitta Eklöf war der Tag des Mauerfalls der schlimmste Tag in ihrem Leben. Die eigenen Angaben zufolge objektsexuell veranlagte Frau hatte am 17. Juni 1979 die Berliner Mauer geheiratet, weil sie sich vom Betonwall erotisch angezogen fühlte. Eija-Riitta Eklöf hatte für die Hochzeit eigens einen Animisten engagiert, welcher mit der Mauer kommunizierte und für diese das Ja-Wort sprach. Eija-Riitta benutze fortan den Nachnamen Eklöf-Berliner-Mauer. Der 9. November 1989 sei für sie eine Katastrophe gewesen, klagt sie noch immer auf ihrer Internetseite.

Sie hätte im Fernsehen hilflos ansehen müssen, wie wildfremde Menschen ihren Gatten zerrissen hätten. Niemals werde sie den Menschen vergeben, die das getan hätten. Eija-Riitta Eklöf-Berliner-Mauer sieht sich seit dem 9. November als Witwe. Ich könnte mir vorstellen, dass Frau Eklöf-Berliner-Mauer eine riesengroße Meise hat.

Es ist kurz vor zwölf Uhr mittags. Die Sonne drückt immer erbarmungsloser auf Mödlareuth. Wie weit ich heute noch fahren werde, weiß ich noch nicht. Ich werde es von meiner Lust abhängig machen, mir vor der Losfahrt aber noch den Ausstellungsraum des Grenzmuseums anschauen. Der Flachbau oberhalb des Dorfteichs ist gut gefüllt mit Fotos, Infotafeln und Grenzmodellen. Eine braune Ledertasche, die hinter Glas halogenbestrahlt wird, soll laut Begleittext einem gefassten Flüchtling gehört haben. Sie wurde 1990 in einem aufgelösten Kontrollpunkt gefunden. Der ebenfalls halogenbestrahlte Inhalt wirft zahlreiche Fragen hinsichtlich Essgewohnheit des Flüchtlings und seines geplanten Fluchtablaufs auf. Wieso bitteschön flüchtet man mit einer Ledertasche, in der sich eine Packung »Viskose-Schwammtücher – saugfähig und weich«, eine Tüte »Wiener Champignonsuppe«, eine Schachtel Briefklammern, drei Päckchen Vanillepulver, eine Flasche »Nordhäuser Doppelkorn« sowie eine Flasche »Importtraubenwein – Winzers Privileg«, zwei ORWO-Kassetten »K60 low noise« und weiterer exotischer Kleinkram mit Koch- und Backhintergrund befinden?

Ich schaue auf meinen Rucksack, der seitlich über der Schulter hängt. Eine Tüte Champignonsuppe wäre definitiv nicht verkehrt gewesen. Wer weiß, wie hoch die Restaurantdichte entlang des ehemaligen Todesstreifens ist? Vielleicht wäre eine Tüte Champignonsuppe wichtiger als eine frische Unterhose. Egal, jetzt fahre ich erst einmal los.

4.

Die Kraft der zwei Beine

Der Aufstieg ist ein Säurebad für die Beine. Der erste schon, von geschätzten Hunderten, die sich mir in den nächsten Tagen noch in den Weg stellen werden. Als Deutschland in Besatzungszonen zerstückelt wurde, geschah das offenbar weder mit Rücksicht auf Ortschaften, noch mit Blick auf eine eventuelle Befahrbarkeit mit Fährrädern.

Steil und schnurstracks stemmt sich der Panzerplattenweg in den Berg, stur dem Teilungsverlauf folgend. Der Fahrstreifen diente den DDR-Grenztruppen als befestigter Untergrund für ihre Trabipatrouillen. Dass die schwachbrüstigen Kunststoffautos die Steigungen hinaufkamen, erscheint schon als Wunder. Für müslibetriebene Fahrzeuge wie mein Mountainbike ist das Terrain jedoch eine echte Herausforderung, obwohl das Rad ja eigentlich genau dafür konzipiert ist. Der kleinste Gang ist eine Untersetzung und filtert die Härte zumindest ein Stück weit aus der Topographie. Man muss nach ganz vorne auf die Sattelspitze rutschen und das Gewicht des Oberkörpers über den Lenker verlagern. So weit, dass die Sattelspitze gegen den Hintern piekst und die vorgebeugte Haltung die Atmung abschnürt. Sonst würde sich das Mountainbike wie ein Mustang aufbäumen und mich nach hinten abwerfen. Mühsam und zeitraubend ist es, so jeden einzelnen Meter der Strecke abzuringen. Der Rücken beginnt zu schmerzen, die Schläfen hämmern, Blutgeschmack schießt in den Mund. Das Trikot klebt verschwitzt auf der Haut, dafür bin ich umso atmungsaktiver. Die Muskeln benötigen unter diesen Arbeitsbedingungen mehr Sauerstoff, als mein Blut in der Lage ist durch den Körper zu spülen. Gleich werden die Muskelfasern damit beginnen, das Defizit durch Milchsäuregärung auszugleichen. Das Blut wird sich immer zähflüssiger durch die Venen quälen und einen ekligen Schmerz in den Beinen auslösen. Ein paar Minuten wird die Psyche dagegenhalten. Dann werde ich absteigen müssen.

Das Konstruktionsprinzip der Betonplatten tut sein Übriges. Es stimmt eins zu eins mit dem von Fahrradständern überein. Eine handtuchbreite Gitterstruktur mit schneidbrettgroßen Aussparungen, zweispurig verlegt, die das Mountainbike störrisch unter einem zucken lässt, als wäre es eine Bull-Riding-Maschine. Das Fahrwerk gibt sein Bestes, zeigt sich aber auf jämmerliche Weise mit der Aufgabe überfordert. Die Abfahrten gelingen kaum zügiger. Jede Schneidbrettritze stellt ein potenzielles Sturzrisiko dar. Der Maschinenraum der Psyche arbeitet auf Hochtouren. Zwar beinhaltet mein mitgeführtes Schweizer Allzweckmesser auch Nadel und Faden. Doch körperliche Wehwehchen kann ich jetzt wirklich nicht gebrauchen. Völlig absurd: Da trinkt man jeden Morgen überteuerten, frisch gepressten Orangensaft, um sich gegen niedliche, kleine Erkältungsviren zu präparieren, und dann riskiert man auf einem solchen Knochenschüttler Kopf und Kragen. Ich sollte das mit dem frisch gepressten Orangensaft lassen.

Ich kann nur hoffen, dass der Weg demnächst sanftere Züge annimmt. Sonst sehe ich schwarz für meinen Zeitplan, der mich in zwei Wochen an der Ostsee sieht.

Es ist nun wirklich nicht so, dass ich körperliche Anstrengung verabscheue. Auch heute noch, mehr als 20 Jahre nach dem Rauswurf aus dem Nationalkader, fühle ich mich mit ganzem Herzen als Radsportler. Ich habe vieles ausprobiert, nichts davon hat mich glücklich gemacht. Schwimmen im öffentlichen Hallenbad – verzweifeltes Pflügen in Bakterienschorle. Joggen im Stadtpark – unterschwellige Verbrüderung mit überernährten, powerwalkenden Hausfrauen. Spinning im Fitnessstudio – hecheln zur festgelegten Zeit. Es gibt nun mal nichts Besseres, als sich im Fahrtwind auszulüften. Die Alltagsschlacke zu spüren, die durch die Schweißporen den Körper verlässt, während die nass rasierten Beine im 90er-Trittfrequenzbereich auf- und niederwirbeln. Im Ohr das Reifensurren eines präzise funktionierenden Rades aus Alutitancarbon, das so sehr eins ist mit einem, als wäre es eine natürliche Ausstülpung von Steißbein, Füßen und Handballen. Um sich herum Natur, Weite, Sauerstoff. Und weiter nichts. Radsport ist das unmittelbare Erleben von Freiheit. Uwe Ampler war mein Radsportheld, weil er im DDR-Nationaltrikot dreimal in Folge die Friedensfahrt gewann. Uwe Ampler verklagte 1996 das Team Telekom, das ihn angeblich ohne sein Wissen gedopt hatte. Ampler wirkte täuschend echt empört, um sich dann drei Jahre später selbst beim Doping erwischen zu lassen. Radsport braucht keine Helden. Radsport braucht nur Asphalt. Mountainbiken noch nicht einmal das.

Ich habe einmal grob überschlagen, dass ich seit dem Winora High Power, das ich mir am Tag der Währungsunion gekauft habe, etwa 80 000 Euro für Radfahren ausgegeben habe. Für Rennräder, Mountainbikes, Veredlungszubehör, Funktionsklamotten, Jedermann-Rennen, Reisen. Das muss so ähnlich sein wie mit dem Heißhunger der Nachkriegsgeneration. Jahrelang gab es nichts zu beißen. Und nach dem Krieg aßen sie eben, was die Kaumuskeln hergaben. In der DDR gab es kein Rennradangebot. Nur Verkäufer in blauen Kitteln, die in halb leeren, gefliesten, toxisch nach Gummi riechenden Zweiradfachgeschäften Dynamos, Satteltaschen und ballonbereifte Zumutungen verwalteten. Mein erstes eigenes Rennrad entstand aus einem verbogenen, exhumierten Tourenrahmen vom Schrottplatz, den mein Vater kunstvoll zurechtgebogen, umgeschweißt und rot angestrichen hatte. Einen seiner Arbeitskollegen trieb die Verzweiflung über den Angebotsmangel sogar dazu, eine geborgte Shimano-Gangschaltung in wochenlanger Handarbeit originalgetreu zu kopieren, inklusive selbst gebogener Stahlfedern. Um als Privatmensch an taugliches Material zu kommen, hatte man überhaupt nur eine Chance. Man musste in einem Ort namens Döbernitz bei einem gewissen Hans-Dieter Pforte klingeln. Hansi, wie er unter Eingeweihten genannt wurde, hatte Kontakte in ganz Europa aufgebaut und verschacherte unter der Hand alles, was Radsportler gebrauchen konnten. Man musste das Glück haben ihn anzutreffen. Hansi arbeitete bei der Deutschen Reichsbahn und war häufig unterwegs. Manchmal wartete mein Vater mit mir stundenlang in Döbernitz, weil er einen Sattel für mich kaufen wollte, oder eine Schaltung. Ich konnte es jedes Mal kaum erwarten, den Hinterraum mit den vielen Laufrädern und Rahmen zu betreten. Vor allem deshalb, weil dessen Wand ein Poster zierte, dessen Motiv dem Cover der Queen-Platte »Bicycle Race« entstammte. Das Bild zeigte 65 splitternackte Frauen an der Startlinie eines Radrennens. Keine von ihnen trug eine Sturzkappe, was ich als äußerst leichtsinnig empfand, schließlich gehörten Stürze bei Radrennen zur Tagesordnung. Eine der Frauen hatte im Kontrast zu ihrem gebräunten Körper einen käseweißen Po und trug kniehohe Ringelsocken in den Farben Blau und Weiß. Ich stellte mir vor wie es wohl wäre, nackt mit einem Rennrad zu fahren. Wahrscheinlich würde der Fahrwind im Schritt kitzeln. Ganz sicher aber würde der Sattel den Hintern wund reiben. Auf jeden Fall aber würde man aufpassen müssen, nicht von einem der Mädels aus der Klasse gesehen zu werden. Ich wollte nicht nackt mit einem Rennrad fahren. Ich hätte mich zu Tode geschämt. Doch das Poster allein war schon Grund genug, regelmäßig nach Döbernitz zu fahren.

War Hansi da, sagte man, was man brauchte. Ein paar Wochen später fuhr man wieder hin und bekam die Ware. Manchmal boten polnische Nationalfahrer auf der Rückreise von Auslandsrennen ihre Westrennräder bei Hansi an. Räder im Wert von 4000 D-Mark. Hansi musste innerhalb von Stunden einen Käufer finden. Das war kein Problem. Die Leute legten die geforderten 30 000 Mark auf den Tisch. Für DDR-Verhältnisse unvorstellbar viel Geld. Erst recht für ein Fahrrad. Ein gebrauchter Trabant kostete die Hälfte, ein fabrikneuer sogar nur ein Drittel. Preisaufschläge für Gebrauchtwaren basierten auf dem Vorteil der sofortigen Verfügbarkeit. Angebot und Nachfrage. Das Grundgesetz der Marktwirtschaft. Mein Vater fragte Hansi einmal, ob er nicht Angst vor der Stasi hätte. Ach, winkte der ab, die seien doch selbst froh, eine Materialquelle zu haben.

80 000 Euro in 20 Jahren finde ich keineswegs übertrieben. 80 000 Euro sind standesgemäß. 80 000 Euro kostet in meinem Heimatort ein ruhig gelegenes Gartengrundstück samt voll ausgestattetem Einfamilienhaus. 80 000 Euro kostet in München eine 35 Quadratmeter winzige Apartment-

Höhle in einem zweifelhaften Wohngetto, dessen größter Standortvorteil die direkte Anbindung ans Autobahnnetz darstellt. 80 000 Euro kosten drei Füller der Montblanc-Serie »Pjotr I. Tschaikowsky«, die Striche auf Papier machen können und sonst nichts. 80 000 Euro sind in Fahrradmaterial bestens angelegt. Ich bereue keinen einzigen Cent.

Die Zeit im Radsportverein gehört zu meinen schönsten Kindheitserinnerungen. Durch die Friedensfahrt, die einen ähnlichen Stellenwert wie die Olympiade hatte, genoss der Radsport in der DDR enorme Popularität. Es war selbstverständlich, dass in den Orten, durch die eine Etappe führte, die Produktion angehalten wurde, damit die Werktätigen an der Strecke die Fahrer bejubeln konnten. Jeden Tag nach dem Sandmännchen lief im Fernsehen die Tageszusammenfassung. Sie begann mit der Friedensfahrt-Fanfare, einer Hymne, die mir mehr unter die Haut ging als die Hymne der DDR, der »Captain Future«-Soundtrack oder sonst eine Melodie, die ich je gehört habe. Unglaublich emotionale Fernsehmomente waren das. Wie elegant sich die Fahrer über ihren funkelnden Rennrädern duckten. Wie explosiv sie antraten. Wie die Muskelfasern gegen die dünne Haut spannten. Wie die Menschen an der Strecke in Ekstase gerieten. Die Jungs aus unserem Wohngebiet drehten die Lenker ihrer MIFA-Klappfahrräder nach unten und spielten jeden Nachmittag Friedensfahrt. Es wurde unerbittlich gestritten um die Frage, wer »Täve« Schur sein durfte, wer Bernd Drogan, oder wer Falk Boden. Ich war Olaf Ludwig und konnte mit einem echten Seidentrikot auftrumpfen, welches einst mein Vater getragen hatte. Selbstverständlich wollte auch ich ein echter Friedensfahrer werden. Das Problem: Ich war erst sieben Jahre alt. Das Mindestalter für Radsportler aber betrug zehn Jahre. Ich zählte ungeduldig den Countdown und meldete mich 1981 bei der BSG Lokomotive Torgau an. Zweimal in der Woche war Hallentraining. Wir rannten zehn Runden um die Turnhalle, pumpten uns Liegestütze in die Arme und sprangen bis zur finalen Erschöpfung über Bänke. Die Rennräder stellte der Verein. Es waren einfache, schaltungslose Diamant-Räder, mit denen wir Dienstag und Donnerstag über die Dörfer strampelten. An den Ortseingangsschildern sprinteten wir auf Trainerkommando um den Sieg. Die offiziellen Radrennen, die an Sonntagen ausgetragen wurden, waren stets umweht von feierlicher Aufregung. Ich kannte jedes Wort aus dem »Handbuch Radsport« auswendig und wusste genau, wie und wann ich zu taktieren hatte. Zwar kam auch dieses Buch nicht ohne die obligatorische Politspritze aus – als Punkt Nummer eins der »Leistungsbestimmenden Faktoren eines Straßenradsportlers« wurde allen Ernstes das politische Auftreten aufgelistet –, doch es machte aus uns Zehnjährigen ausgebuffte Radsportasse. Wir sprachen wie Friedensfahrer. Wir aßen wie Friedensfahrer. Wir dachten wie Friedensfahrer. Wir übten auf den Löschblättern unserer Schulhefte Autogramme zu schreiben wie Friedensfahrer. Mein Trainer gab mir vor einem Rennen ein rohes Eigelb zu essen, das angeblich die Leistung explodieren lassen sollte, das hatte er von irgendjemandem gehört. Jedes Detail war wichtig. Die Explosion fand leider im Magen statt. Ich kotzte das gesamte Frühstück auf die Startlinie und gewann trotzdem »Rund um Nerchau«. Beim nächsten Rennen rührte der Trainer ein rohes Eigelb mit Traubenzucker und einem Schuss Rotwein zusammen. Auch das sollte irgendwas bringen, hatte er von irgendjemandem gehört. Diesmal wurde mir nur ganz normal schlecht. Ich fand es großartig, ein Ziel zu haben. Ich fand es heldenhaft, bei Minus vier Grad nicht auf der Couch zu sitzen, sondern beim G1-Training die nackten Füße in den zugeschneiten Straßengraben zu stecken, damit die Zehen wieder besser durchbluteten und ich noch eine Runde mehr fahren konnte. Ich fand es erfüllend, beim Zielsprint das letzte Kraftatom aus meinen Beinen zu ringen. Jeder in meinem Alter war in irgendeinem Sportverein. Selbst die dicke Evelyn Arend hatte ihren Spaß beim Schwimmtraining. Heute wollen Kinder werden wie Heidi Klum und Hits mit Dieter Bohlen aufnehmen. Armes Land.

Hirschberg befindet sich nur vier Kilometer von Mödlareuth entfernt. In mir kocht das ungute Gefühl hoch, die Marschroute vielleicht etwas zu optimistisch eingeschätzt zu haben. Was auf der Karte wie ein Katzensprung aussieht, dürfte in Wirklichkeit die Länge eines Marathons haben. Egal, ich habe Zeit. Die Agentur hat mir zwei Monate unbezahlten Urlaub genehmigt, nachdem die Stellenauslastung im Zuge der Wirtschaftskrise besorgniserregende Ausmaße angenommen hat. In früheren Jahren hätte ich niemals zwei Monate unbezahlten Urlaub bekommen. Gut möglich, dass ich demnächst ganz von der Gehaltsliste gestrichen werde, wenn die Firmen nicht ganz schnell wieder anfangen, Events und Partys in Auftrag zu geben. In der Zeit des IT-Booms war das herrlich. Die kleinsten Klitschen schmissen mit Geld herum und wollten rauschende Firmenfeste mit Pyrotechnik und Peter Schilling als Stargast. Steile Aktienerfolgskurven mit unfassbaren Jahresgewinnen wurden unter johlendem Applaus an Leinwände gebeamt, dazu Hektoliter Schampus gesoffen. Irgendwann machten die Menschen vor lauter Ekstase Striptease. Schlipsknoten wurden gelockert und Sakkos ausgezogen. Stirnglatzige, schwitzende Kotzbrocken knöpften enthemmt ihre Ralph-Lauren-Polohemden auf, reckten ihre teuren Breitling-Arme zu Drum 'n Bass-Geschepper den Lichttraversen entgegen und suhlten sich in primitiverem Verhalten. Um ihre alkohollahmen Zungen schließlich an glossierten Lippen vorbei in die Münder von jungen, gleichmäßigen, mit Gucci-Taschen behängten Luderfrauen zu stecken, die das alles überhaupt nicht komisch fanden. Am Ende des »Events« bekam man vom geschäftsführenden Schlipsmenschen einen Fünfhunderter zugesteckt. Der IT-Rausch pulverisierte über Nacht die jahrhundertealte Vorstellung, Erfolg und Wohlstand müsste fleißige Arbeit zugrunde liegen. Am Ende pulverisierte sich der IT-Boom selbst. Nach zwei, drei Jahren war alles vorbei. Auch so eine geplatzte Fruchtblase des globalen Digitalzeitalters. Schwangerschaft ohne Niederkunft.

Ich rolle die steile Teerstraße in den Ort und versuche die Atmung unter Kontrolle zu bekommen. Es ist nicht mein Ziel, jeden einzelnen Zacken der offiziellen 1378 Kilometer nachzufahren. Aber so zehrend habe ich mir das Fahren entlang des Grenzstreifens nicht vorgestellt. Ich muss auch erst einmal dringend den Rucksack umpacken. Ein hartes Irgendwas drückt mir auf die rechte Niere. Außerdem ist die Isomatte zu weit oben befestigt und schiebt mir ständig den Helm ins Gesicht.

Die Ortsdurchfahrt bringt Ernüchterung hinsichtlich des Freizeitwertes von Hirschberg. Keine Menschenseele weit und breit. Nur eine Katze, die ein paar Flöhe aus ihrem räudigen Pelz an eine Rauputzwand reibt. Die Häuserspaliere erinnern an Zahnarzt. An Kariesgebisse. Die Reihe der noch nicht allzu lange getünchten Fassaden wird immer wieder von gerade noch so stehendem Bauschutt unterbrochen. Jedes x-te Haus ist entweder ein

Sanierungsfall, oder es gammelt bereits gänzlich entkernt von Leben, Hoffnung und Marktwert seinem Ende entgegen. Ein paar Kleinhandelsgeschäfte, ein bisschen Schnitzelgastronomie. Mehr Anknüpfpunkte für Ortsfremde sind nicht zu entdecken. Ein urban bebender Touristenmagnet sieht anders aus. Es ist einer dieser vielen Orte, die sich im Zuge von Wiedervereinigung und Globalisierung als weniger attraktiv herausgestellt haben als andere. Eine Viertelmillion Menschen wollen in den nächsten zehn Jahren nach München ziehen, weil es dort noch einen halbwegs funktionierenden Arbeitsmarkt gibt. Wo heute noch Wiese ist, droht grausame Massenmenschenhaltung. Zusammenballung, zum Leidwesen der Münchner – und von Orten wie diesem. Ich rolle über einen Kopfsteinpflasterteppich auf den Marktplatz, der verlassen in der Mittagssonne döst. Rücken dehnen, Rucksack optimieren. Das störende Ding ist die Luftpumpe.

»Tach!«, reißt mich eine Stimme nach ein paar Minuten aus den Gedanken. Auf mich zu rollt ein junger Erwachsener auf einem Mountainbike. Er kommt aus derselben Richtung wie ich. Der Typ reißt gekonnt das Vorderrad hoch, fährt auf dem Hinterrad einen Kreis um mich und lässt das Vorderrad Zentimeter vor mir auf die Pflastersteine klappen. Die Federung schmatzt schüchtern. Dann streckt mir der Typ die Hand entgegen. Ich bin mir nicht ganz sicher. Aber irgendwo habe ich den schon mal gesehen. Unter einem lückenlos beklebten Kugelhelm gucken rattanblonde Haarspitzen hervor. Die Augen strahlen blau und lebendig, die Haut schmiegt sich sonnengebräunt an die Wangenknochen. Das Alter ist schlecht zu schätzen. 30 vielleicht. Vielleicht auch jünger.

Die Klamotten spiegeln Risikobereitschaft. Das Material ist nach funktionellen Kriterien ausgewählt. Schmutzbeständig, strapazierfähig, abriebfest. Hose und Trikot sind weit geschnitten. Wahrscheinlich fremd bezahlt von all den Namen, mit denen die Klamotten vollgeschrieben sind. Alles passt farblich zusammen. Die Kleidung. Das Mountainbike. Der Helm. Sogar die Socken. Freundliches Cyan, dramatisch abgesetzt mit Gewitterwolkenblau.

»Wo geht's hin?«, fragt der Typ und stellt sich als Frank vor. Sein Handdruck ist beträchtlich. Der Typ ist Sportler, melden die Rezeptoren meiner Hand. Ein richtiger. Wahrscheinlich sogar einer, der nach dem Aufstehen

Fünfzigerserien Liegestütze macht und sein Essen nach Inhaltsstoffen aus-
wählt. Die Beine haben die Kantigkeit, die nur bei lang anhaltenden Qualen
im Grundlagen-Ausdauer-Bereich reift. Die Beine tragen Narben, sind aber
nicht rasiert. Das lässt einen BMX-Hintergrund vermuten.

»Ich fahre die ehemalige Grenze lang. Und du?«, frage ich zurück. Viel-
leicht kann mir dieser Frank als Ortskundiger ein paar gute Wege zeigen.
Was für ein irrer Zufall. Wie viele Mountainbiker wird es wohl hier in der
Umgebung geben? Und dann kommt zeitgleich mit mir einer auf den
Marktplatz gerauscht.

»Echt, die ganze Grenze?«, fragt Frank und scheint sichtlich beeindruckt. Ich nicke und fasse die Eckdaten meiner Reise kompakt zusammen:
von hier zur Ostsee, zwei, drei Wochen Zeit, pennen wenn möglich im Zelt,
sehen was kommt. Franks Augen werden immer größer. Sein Rad kostet so
viel wie zwei Rolex Oyster Perpetuel Submariner.

»Apropos Grenze. Da kenne ich auch ein paar geile Geschichten. Ein
Bekannter von mir war Grenzsoldat an der Berliner Mauer. Er konnte vom
Wachturm aus auf ein Autokino im Westen gucken und hat ›Der weiße Hai‹
komplett mit dem Fernglas angeschaut.«

»Ich habe den Film zu DDR-Zeiten mal auf Video gesehen. Die Eltern
einer Bekannten hatten einen Videorekorder, das war damals so, als wenn
heute einer ein Raumschiff besitzen würde. Die hatten dann irgendwann
richtig Panik, wenn es an der Tür klingelte, weil immerzu Leute kamen,
die Video schauen wollten. Sie hatten nur eine einzige Videokassette und
darauf war ›Der Weiße Hai‹, selbst aufgenommen vom Westfernsehen in
einer total miesen Qualität«, erzähle ich.

Frank gurgelt ein Lachen aus den Tiefen seines Rachens. Das Thema gefällt ihm.

»Ja, das war schon eine irre Zeit damals. Von einem Bekannten, dessen
Vater bei der Bahn gearbeitet hat, habe ich erfahren, dass sie auf die Güter-
züge vor der Grenzdurchfahrt immer 10 000 Volt gegeben haben, falls einer
dranhängt. Krass, oder?«, sagt Frank. Nach weiterem kurzen Small Talk
schlägt er tatsächlich ein paar gemeinsame Kilometer vor: »Ach super, ich
komme ein Stück mit. Ich muss nach Hohenwarte. Ist quasi auf dem Weg.
Nur falls du nichts dagegen hast.«

Habe ich nicht.

Wir verlassen Hirschberg in westlicher Richtung. Bis Blankenburg, informiert Frank, könnten wir einfach der Saale folgen. Der Fluss markiere exakt den ehemaligen Grenzverlauf.

Der sanfte Kiesweg bietet Gelegenheit für verbalen Austausch.

»Du siehst so professionell aus. Fährst du Rennen oder so was?«, frage ich. Frank schaut kurz zu mir rüber. In seinen Mundwinkeln zuckt ein amüsiertes Lächeln.

»Naja, ein bisschen. Dieses Jahr will ich noch mal bei der Deutschen Downhill-Meisterschaft angreifen. Letztes Jahr hatte ich Pech. Ich hatte die Quali gewonnen und dann im Finale einen Platten gehabt«, sagt er und geht in den Wiegetritt.

Mir fällt es wie Schuppen von den Augen. Angreifen? Deutsche Meisterschaft im Downhill? Quali gewonnen? Frank? Das ist doch jetzt nicht etwa Frank Schneider? Als stark Mountainbike-Interessierter bin ich natürlich ein Stück weit über die Stars der Rennszene informiert. Frank Schneider gehört zu den besten Bergabfahrern im Land. Das weiß jeder, der den Unterschied von Luft- und Ölfederungen kennt. In der Zeitung habe ich sicher schon einmal ein Foto gesehen. Doch die Berufsbekleidung dieser speziellen Mountainbike-Sparte schließt Wiedererkennung zuverlässig aus. Die Fahrer rasen in wulstigen Plastikrüstungen über die Strecke. Auf dem Kopf eine Helmmurmel mit Sehschlitz.

»Du heißt nicht zufällig Frank Schneider?«, frage ich.

»Doch, zufällig ja«, bestätigt Frank, offensichtlich ein klein wenig überrascht darüber, welche Popularität er genießt. Jetzt sehe ich es. Auf dem Rücken steht zwischen diversen Geldgeberschriftzügen gewitterwolkenblau »Schneidi«. Tatsächlich: der echte, leibhaftige Frank Schneider.

»Und du wohnst hier an der ehemaligen Grenze?«, kann ich es noch immer nicht glauben.

»Nicht direkt. Ich bin in Hohenwarte aufgewachsen, Luftlinie zehn Kilometer von der Grenze. Ich wohne erst seit ein paar Monaten wieder da. Ich war längere Zeit unten am Bodensee. Jetzt bin ich wieder zurückgezogen.«

»Warum das?«

»Lange Geschichte.«

»Wieso?«

»Ach, ich wollte da arbeiten und da sind ein paar Sachen blöd gelaufen. Eigentlich wollte ich in einem Sportinstitut ganz woanders anfangen, als Sportassistent, Leistungsdiagnostik und so. Aber dann hat meine Chefin ihre Liebe zu Frauen entdeckt, nach neun Jahren Ehe, und ist zu ihrer Freundin an den Bodensee gezogen. Ich halt hinterher. Doch das neue Institut kam nicht so in die Gänge, wie wir uns das vorgestellt hatten.«

»Verstehe.«

Die Federung erwacht unter mir. Der Untergrund wird ruppiger. Mit der Gemütlichkeit scheint es erst mal wieder vorbei. Ein Stückchen noch. Dann werden die Muskeln wieder voll gefordert sein.

»Wie alt warst du eigentlich, als die Mauer aufging?«, presse ich heraus. Die Steigung hat beträchtlich angezogen und fordert ihren Tribut an Sauerstoff.

»Zehn. So richtig hatte ich nicht mitbekommen, was da genau passierte. Endlich Cornflakes essen und Matchbox kaufen, so habe ich das gesehen. Ziemlich erstaunt waren wir darüber, wie nah wir eigentlich an der Grenze gewohnt haben. Wir durften ja all die Jahre nicht ran, war ja Sperrgebiet«, erzählt Schneider. Flüssig und aussprachesicher, als würde die Steigung seinen Muskelsensoren verborgen bleiben.

Ich bin voll gefordert. Reden geht gerade gar nicht. Der Kiesweg ist wieder in die tückischen Panzerplatten übergegangen.

»Mitte, in der Mitte fahren, zwischen den Platten!«, ruft der Ortskundige seinen hervorragenden Auskennertipp. Der Fahrwind reißt ihm die Worte aus dem Mund.

Wir unterqueren die Brücke der Deutschen Einheit, auf der ich gestern im Ibiza die letzten Meter bis zur Raststätte Frankenwald durchlitten habe. Oben, weit über uns, scheppert sechsspurig der Ost-West-Verkehr. Unten, zwischen den mächtigen Pfeilern, hat es sich die Stille bequem gemacht. Eine fiese Rampe. Dann runter zur Saale, wo der einst ratzekahl gerodete Schutzstreifen inzwischen einem Urwald gleicht. Auch so ein Symbol. Deutschland soll zusammenwachsen, wenigstens im pflanzlichen Sinne. »Grünes Band« heißt der Titel, der den ohnehin schon sentimental überladenen Ort zusätzlich mit Bedeutung zuschaufelt. Ökozone, Gedenkstreifen, Pilgerstätte. Mir soll es recht sein. So bleiben wenigstens diese fast

1400 Kilometer Deutschland von asphaltierten Konsumzonen und Reihen-
haussiedlungen verschont.

»Wo pennst du eigentlich?«, fragt Frank, als wir nach einer Stunde Blan-
kenberg erreichen. Übrigens könne ich ihn ruhig Schneidi nennen.

Die Antwort weiß ich selbst nicht. Es ist Nachmittag, der Himmel hängt
wolkenlos über dem Tag. Theoretisch könnte ich heute beim Wildcampen
ein paar Waldbeeren und erste Abenteuererfahrungen sammeln.

»Wenn du willst, kannst du gerne bei mir schlafen. Wären halt zehn
Kilometer Umweg für dich«, bietet Schneidi an.

Wie wohnt wohl ein Mountainbike-Profi? Zehn Kilometer sind eine halbe Stunde. Eine halbe Stunde würde ich wahrscheinlich brauchen, um im
Wald einen geeigneten Schlafplatz zu finden. Beeren kann ich morgen auch
noch sammeln. Warum also nicht?

Hohenwarte ist wie Hirschberg. Winzig und provinzig. Allerdings idyllisch an einem Stausee gelegen. Und mit einem Wohnungsmarkt, der sich
wegen des ansässigen Pumpspeicher-Kraftwerks höherer Nachfrage als Angebot erfreut. Der Freizeitwert beschränkt sich auf Outdoor-Aktivitäten.

Wir fahren in den Hof eines gelben Wohnblocks. Große Parkfläche, großer Garten. Herzliche Begrüßung von Schneidis Freundin Steffi. Eine natürliche, hübsche Endzwanzigerin. Die Schuhe könne ich ruhig anlassen,
sagt sie und meint genau das Gegenteil. Ich kenne diesen Blick von meiner
Freundin und auch sonst keine Frau, die gerne Schuhtapsen in ihrer Wohnung hat. Steffi führt stolz durch die Räume. Rein in die Ikea-Küche mit
Sitzbereich (»Das Grün an den Wänden ist Apfelgrün, wie Granny Smith,
voll schrill, oder?«), die Treppe hoch in das Obergeschoss (»Das unor-
dentliche Zimmer ist Franks Büro«), rüber ins Gästezimmer (»Wird mal
das Kinderzimmer«), hoch ins rustikale Dachgeschoss (»Franks Kletter-
bereich, da kommen überall noch Klettergriffe hin«). Zurück in der apfel-
grünen Küche schließlich die Zusammenfassung: »550 warm, das ist geschenkt.«

Ich hatte mir eine Downhiller-Wohnung eigentlich ganz anders vorgestellt. Chaotischer, mit verstreuten Fahrradteilen auf dem Fußboden und

einem angeölten Jugendstilsofa (Sperrmüllfundstück!), das zwischen zwei leistungsfähigen Studioboxen steht. Diese Wohnung hier sieht aus wie die Wohnungen in den Katalogen, neben denen die Bestellnummern für Möbel und Ausstattungsdinge abgedruckt sind – abgebildete Dekorationsartikel im Preis nicht inklusive. Ein Prototyp des deutschen Massengeschmacks. Gemütlich, aber ohne Hinweis auf stattgefundenes Leben.

Als Schneidi schließlich bei Schinkennudeln und Bier seine Geschichte erzählt, relativiert sich der Begriff Mountainbike-Profi. Es ist eine der typischen Geschichten, wenn das eigene Lebensgefühl zur Erwerbsquelle erhoben wird und das Lebensgefühl eben nicht Sparkassenberater, sondern Freiheitsliebe heißt. Geschichten wie diese entlarven Dinge wie Arbeitsverträge, vermögenswirksame Leistungen und Urlaubstageregelungen ein Stück weit als Feigheit. Frank Schneider, der Sportler des Jahres 2009 des Landkreises Saalfeld-Rudolstadt, ist nicht feige. Er lebt seinen Traum. Das beschert ihm viele Eindrücke, aber wenig Geld.

Weil er Motocross-Fahrer werden wollte, begann er als Neunjähriger mit BMX. Das Rad hatte ihm sein Vater zusammengeschweißt. Er war gut. Doch so richtig zündete die Sportlust erst 1995, als sein Kumpel Danny Geisler im Wald das legendäre »Kamikaze«-Mountainbike-Rennen von Mammoth Mountain nachspielen wollte, dessen Übertragung er auf Eurosport gesehen hatte. Schneider spielte mit, war begeistert, trainierte besessen für Rennen, holte Erfolge, steckte sich aber beim Herumknutschen mit einer flüchtigen Diskobekanntschaft mit dem Pfeifferschen Drüsenfieber an, wodurch er wegen der verordneten Trainingspause nur bergab fahren konnte. Er entdeckte sein Talent für das Spiel mit Fliehkraft und Geschwindigkeit. Er gewann Rennen, er fand Sponsoren, er wurde Mitglied im Nationalteam. Doch leben konnte er davon nicht. Das Rad bekam er zur Verfügung gestellt, die Klamotten umsonst, die Fahrkosten nur zum Teil erstattet. Downhill-Mountainbiken ist Formel 1 durch Baumgassen und Geländepassagen, die oft nicht mal mit Wanderschuhen begehbar sind. Ein Geschwindigkeitsspektakel mit Sprüngen und gelegentlichem Bodenkontakt, bei dem der kleinste Fehler Knochen splittern lässt. Was spielerisch aussieht, ist Hochleitungssport. Immer akribischer trainierte Schneider. Immer mehr riskierte er bei den Rennen. Immer die Hoffung vor Augen, er könnte irgendwann einen Sponsor finden, der ihm dieses Leben bezahlt. Die Miete für eine kleine Wohnung, die Versicherungskosten, den Sprit, die Lebensmittel, das Fahrrad. Mehr Ansprüche hatte er gar nicht. Er brach sich den Fuß und fuhr mit einer Schraube im Knochen weiter. Er beachtete den Zusammenhang von Leistung und Ernährung. Er balancierte auf Drahtseilen, um die Koordination zu schulen. Er fuhr mit dem Einrad von der Zugspitze runter. Er schaffte es zum Helden seiner Sportart. Doch es fand sich einfach keiner, der seinen Traum finanzieren wollte. Was nicht im Fernsehen stattfindet, ist im Marketingsinne nichts wert. Würde er im Wok statt mit dem Fahrrad den Berg herunterfahren, könnte er wahrscheinlich davon leben.

»Um über die Runden zu kommen, habe ich nebenbei immer irgendwelche Ausbildungen gemacht, für die es BAföG gab. Letztes Jahr den Abschluss zum Sportassistenten. Jetzt werde ich wahrscheinlich noch mal eine Ausbildung zum Technischen Maschinenbauer beginnen«, erzählt Schneidi und wirkt keineswegs resigniert. Auf dem Tisch flackert ein Kerzenstumpen gegen die Dunkelheit an. Steffi hat ihn als Gemütlichkeitsverstärker hingestellt. Im Küchenradio läuft »Heroes« von David Bowie. Schon wieder so ein wunderbarer Zufall.

»Von was lebst du im Moment?«, frage ich.

»Vom Radfahren und meiner Firma. Fifty-fifty. Letztes Jahr habe ich mich selbstständig gemacht. Ich organisiere Fahrtechnikcamps und Einradseminare. Letztens habe ich zum Beispiel am Gymnasium Gorndorf vierzehn Schüler im Einradfahren unterrichtet. Macht Spaß, könnte aber finanziell besser laufen. Und leider fehlt mir deswegen auch oft die Zeit zum Trainieren. Selbstständig heißt ja: Selbst und ständig.«

»Bist du zufrieden?«

»Schon, doch. Auf jeden Fall. Ich habe durch die Rennen viel von der Welt gesehen.«

Der Kerzenstumpen flackert. Steffi will wissen, ob morgen Wäsche gewaschen werden muss. Der Musikredakteur des Radiosenders beweist erneut ein treffsicheres Händchen und spielt Bob Dylans »Lay, Lady, Lay«.

Spät ist es geworden. Ich beschließe, mich dem Verwöhnkomfort des Gästebettes hinzugeben. Morgen geht das Hoch und Runter über Panzerplattenwege weiter. Ich bin beeindruckt von Schneidi. Im Grunde genommen bin ich froh, mein Geld nicht mit Geschwindigkeitsjagden auf Waldwegen verdienen zu müssen, die noch nicht mal Wege sind. Doch ich habe dieses Funkeln in Schneidis Augen gesehen. Es ist genau dieses Funkeln, das viele ihr Leben lang vorbereiten, um irgendwann festzustellen, dass leider selbst der ausbezahlte Rentenfond dieses Funkeln nicht bringt; dass die Glückseligkeit auf den Sparkassenplakaten nur Photoshop-gebastelte Lügen sind; dass man mit 70 wahrscheinlich nicht mehr in Fransenlederjacke über die Route 66 knattern wird, sondern vom Zivi chauffiert zum Blutdruckmessen. Für die meisten Menschen ist das ganze Leben ein einziges Vorspiel. Für einen Moment, der dann doch nicht kommt. Weil es diesen einen Moment nicht gibt, sondern nur die vielen kleineren Gegebenheiten, Gelegenheiten, Möglichkeiten, von denen sämtliche schon vorbeigerauscht sind, ohne dass sie es auch nur gemerkt hätten. Schaffen ihr ganzes Leben lang Dinge an, um sie dann fortwährend auszutauschen. Dem einen Auto folgt das nächste, dem einen Fernseher ein anderer, dem hellbraunen Sofa ein dunkelbraunes. Sie leiden in Büros, zahlen Häuser ab und geben mit Autos an, die ihnen nur prozentual gehören. Zupfen Unkraut aus dem Zierrasen und lassen Fettberge auf sich wachsen. Hausratsversichert, zahnersatzzusatzversichert, risikolebensversichert, rechtsschutzversichert. Nur nicht versichert gegen Frust und Langeweile. Die Frauen lesen Bücher von Hera Lind, die Männer abonnieren die »Auto Bild«. Selbst Kinder werden penibel geplant und schließlich – allein das Wort ist ein Dolchstoß gegen das wundervolle Etwas namens Liebe – angeschafft. Prostituierte schaffen an. Und so kommen sie einem manchmal vor mit ihrem ganzen rückgratlosen Dahingelebe. Krummer Rücken, elastische Ansichten. Meinungsnomaden. Bewunderungsstricher.

Ich hätte auch gerne etwas von Schneidis Mut.

»Sag mal, was hast du dir eigentlich damals vom Begrüßungsgeld gekauft?«, frage ich, schon halb auf der Treppe.

»Oh, da muss ich überlegen«, ruft Schneidi. »Ach, genau. Ein Rückziehauto und einen Satz BMX-Reifen mit Stollen. In Gelb!«

Die Treppe ist steil. Steil und schnurstracks wie ein Panzerplattenweg.

Grenze des Übungsplatz

Widerrechtliches Aneignen von Mun
oder Munitionsteilen
sowie sonstigem Volkseigentum
den Gesetzen der Deutsch
Demokratischen Republik s

Der

5.

Die DDR lebt (ein bisschen noch), Teil 1

Hammer, Zirkel, Pärchentanz

Golden-Hits-CDs, Röhrenjeans, Omas Kochrezepte, Kellermodelleisenbahner, Knöchelturnschuhe, Revival-Bands und Chart-Rückblicke sowieso – alles entspringt ein und demselben Keim. Der gute Geschmack kann es definitiv nicht sein. Es ist die Resignation.

Zeit ist ein harter Gegner. Gnadenlos, treibend, rasend im Lauf. Trotzdem versucht man anfangs noch mitzuhalten. Hechelt der Mode hinterher, der Technik, der Musik. Ein unaufhörliches Aktualisieren von Gutfinden und Handeln bestimmt den Lebensabschnitt zwischen Pubertät und Erwachsenwerden. Doch man hat keine Chance, auch wenn einem das die multimedialen Lifestyle-Prediger immer einreden wollen. Zu schnell dreht sich das Rad, zu launisch wechselt die Richtung, zu oft sind Umstrukturierungen nötig. Und irgendwann, wenn die Begeisterungsfähigkeit mit den immer neuen Flausen der Gegenwart nicht mehr mithalten will, drückt man die

Stopptaste: Dann wird das Gestern trotzig zur Gegenwart erklärt. Haarschnitt. Klamottengeschmack. Einrichtungsstil. Gehörte Musik. Ab diesem Moment ein friedlich dahinschwebendes Zitat an die Zeit, die man fortan als die »gute alte« bezeichnen wird. Und dann steht es da mitten im eigenen Leben, das Gestern, einzementiert und daueranwesend, als Haltepfosten im wogenden Jetzt. Identität, so der schöngeredete Begriff. Und warum auch nicht? Man muss ja nur lange genug stehen und warten. Irgendwann kommt die Gegenwart schon wieder von hinten herangeschwappt. Plötzlich ist hinten wieder vorne, unten wieder oben, out wieder in – Kult nämlich der antizyklisch folgende Gegenspieler des Massengeschmacks. Und dann geht alles wieder von vorne los. Ein ewiger, sich selbst anheizender Kreislauf. So war es bei der Schlaghose. So war es beim Nietengürtel. So war es beim Ahoi-Brausepulver. Doch wer hätte gedacht, dass dieses Phänomen auch für die Puhdys gilt?

Man konnte es unlängst auf der Titelseite einer großen deutschen Tageszeitung nachlesen: »Scorpions – beliebteste Musikgruppe der Deutschen!« Das allein war schon verblüffend, dient deren letzter erwähnenswerter Hit »Wind of Change« doch längst nur noch als bedeutungsschwere Hintergrundbedudelung von Wendedokus. Und dass sich Gerhard Schröder in seiner Kanzlerzeit als Scorpions-Fan zu erkennen gab, spricht auch nicht gerade für die musikalische Brisanz, die irgendwo zwischen Bierzeltrock und Entspannungsmusik rangiert.

Noch verblüffender aber Rang sechs: die Puhdys. Hinter Kraftwerk zwar, aber immerhin vor Rammstein, die ja bekanntlich weltweit die großen Stadien füllen.

Man kann nur eine Kampagne der Super Illu hinter diesem Ergebnis vermuten. Ich meine: Wer bitteschön hört denn heute noch die Puhdys? Eine greise Opatruppe, deren bekanntester Refrain den Charakter einer Drohung hat: »Es ist keine Ente, wir spielen bis zur Rockerrente!« Man mag in diesem Zusammenhang gar nicht an den anderen großen Puhdys-Hit denken: »Alt wie ein Baum möchte ich werden!« Der rindenartigen Haut von Frontmann Dieter »Maschine« Birr nach zu urteilen, steht zumindest dieses Zitat kurz vor seiner Verwirklichung. Pinus Longaeva nennt sich die älteste Baumart der Welt. Die Puhdys sind die Pinus Longaeva des Ostrock.

Seit der Zeit des Mauerfalls kann ich mich nicht erinnern, auch nur einen einzigen Puhdys-Song im Radio gehört zu haben. Dabei konsumiere ich nicht mal kleine Spartensender, was aber vielleicht genau die Ursache sein könnte. Ganz sicher allerdings werden die Zeitungen dem »Phänomen« (Eigenbeschreibung!) demnächst wieder mal ein paar Dreispalter widmen. Nicht im Lokalteil, sondern ausnahmsweise auf der überregionalen Kulturseite. Die Puhdys feiern 40-jähriges Bühnenjubiläum und so etwas ist ja immer einen Rückblick, eine Analyse, einen Kommentar, auf jeden Fall eine Meldung wert. Unglaubliche 33 Alben hat die bekannteste Radaugruppe der DDR in all den Jahren vollgesungen, gerade mal 17 davon vor der Wende. Die Texte sind immer noch eine Schorle aus Stammtischweisheiten, Kalendersprüchen und aufdringlichen Weltrettungsaufrufen. Was Nachrichten und Alltag so hergeben, wird in mitgrölbaren Vierminütern zusammengefasst. Kein Bock zum Onanieren? »Geh zu ihr und lass deinen Drachen steigen, denn du lebst ja nicht vom Moos allein!« Verantwortungsloser Umgang mit Haustieren? »War einmal ein kleines Mädchen, und das wünschte sich so sehr, dass unter dem Tannenbaum ein Meerschweinchen zum Spielen wär.« Inzestdrama in Österreich? »Schänder sind erbarmungslos, so gewaltsam gnadenlos.« Jeder Schlagzeile ihren Reim. Und zwischendrin auch mal griffige Werbehymnen im Auftrag: für Hansa Rostock, Union Berlin, den SC Paderborn 07 oder Berliner Pilsener. Die Liste ist im Internet nachzulesen. Eine stampfende, nicht totzubekommende Ostrock-Maschine im toten Winkel der Musikmedien.

Die Frage lautet: Ist das Ostalgie? Oder nur harmloser Schlagerkram, so wie Pur und Marius Müller-Westernhagen? Angeblich soll das DDR-Fieber ja überall pulsieren, wofür nicht zuletzt die Puhdys verantwortlich gemacht werden. Man muss nur den Fernseher einschalten. Und schon sieht man sie in den Ossi-Shows ausgeteilte DDR-Fähnchen zu eingespielten Ostmusiktakten schwenken: in Reisebussen herangekarrte Statistenclowns in FDJ-Blusen aus wasserabweisendem Polyester. Zwischen der x-ten Werbepause dann die unvermeidlichen Vorzeigeossis Kati Witt, Axel Schulz und Kai Pflaume, zu diesen Gelegenheiten in schöner Regelmäßigkeit vor die Kamera gezerrt und auf die Couch gesetzt. Ostseeurlaub war schön, Karat auch, die Mauer doof, sagen sie dann. Schließlich kauen sie Spreewaldgurken, ein Trabi stinkt ins Studio, der Moderator setzt sich rein, lacht debil in die Kamera und dann ist die Sendung auch schon zu Ende. Und man starrt in den Fernseher, kann es kaum fassen und meint für einen Augenblick wirklich, dass sie in Leipzig die »Jugendmode«-Geschäfte wieder eröffnen. Dass sie die Westklamotten aus den Regalen räumen und mit Schrecklichkeiten vom VEB Strickwarenkombinat befüllen. Dass sie die Diskotheken wieder zur berühmt-berüchtigten Ost-Quote verdonnern: 60 Prozent DDR-Musik, 40 Prozent Westmusik (aber höchstens!). Dass sie den 7. Oktober zurückverwandeln in einen regionalen Feiertag, in den Tag der DDR. Es klingt wie ein Albtraum! Wahrscheinlich ist alles nur erfunden von Oliver Geissen und seinen Helfershelfern, die uns ja den ganzen Tag vollflimmern müssen mit irgendeinem Mist.

In jedem Fall aber, so viel ist klar, besteht eine gewaltige Diskrepanz zwischen durchlebtem TV-Programm und erlebter Wirklichkeit. Von dieser angeblichen Ostalgie habe ich weder in meinem Wohnort München noch bei meinen Heimatbesuchen je irgendetwas mitbekommen. Vom gelegentlichen Kauf von Rotkäppchensekt, Vita-Cola und Knusperflocken einmal abgesehen. Aber deswegen muss man sich ja noch lange nicht im FDJ-Hemd zum Affen machen.

Und was die Puhdys betrifft: Ja, zugegeben, ich habe in früher Jugend mein Taschengeld für zwei Puhdys-Kassetten ausgegeben. Aber nicht, weil ich die Musik so großartig fand, sondern weil mich der Mangel an Alternativen auf brutalste Art und Weise dazu zwang. Das einzige Musikfachgeschäft unserer Stadt hatte die Größe eines Wohnzimmers. Das Angebot war dermaßen dünn, dass die Schallplatten nebeneinander im Regal liegen konnten, mit dem komplett zu sehenden Cover nach oben. Leider war dort nie eine Platte der Bands zu finden, die auf RIAS 2 zu hören war. Nur Karat, City, Silly, Electra, Stern Meisen Combo, Pankow und eben die Puhdys. Fünfzig verschiedene Platten lagen da insgesamt, vielleicht sechzig. Die Hälfte davon Klassik, die Hälfte der anderen Hälfte Märchen-Hörspiele. Kannte man die Verkäuferin, oder zumindest einen guten Bekannten der Verkäuferin, konnte man mit viel Glück alle paar Monate »unter der Hand« eine sogenannte Amiga-Lizenz-Pressung eines Westkünstlers erstehen. Doch auch das war natürlich staatlich vorsortierter Quatsch, den man nicht wirklich haben wollte. Und so befand man sich in der bizarren Situation, dass man als trendbewusster Jugendlicher auf die international angesagten Gruppen wie die Sex Pistols, The Cure, Sisters of Mercy, Die Toten Hosen und The Smith stand, die man aus dem Westradio kannte, gleichzeitig aber fransenlederjackige Altmännerrock-Alben wie »Vun drinne noh drusse« von BAP (Amiga Lizenz!) oder »Live in Sachsen« von den Puhdys hören musste, weil es eben nur diese zu kaufen gab. Man hörte die Sachen einfach so oft, bis das dafür zuständige Immunsystem zusammenbrach und einem der dargebotene Sound tatsächlich einige interessante Aspekte bot. Im Knast sollen sich ja sogar heterosexuelle Männer füreinander erwärmen, nur weil sie keine andere Wahl haben. Ist zwar ein anderes Thema. Aber so ungefähr muss man sich das wohl vorstellen.

Selbstverständlich erzählte man niemandem von den peinlichen Plattenanschaffungen, das hätte das eigene Image zu sehr ramponiert. Im Grunde genommen unterschied sich der Musikgeschmack Ost in keiner Weise vom Musikgeschmack West. Fast jeder konnte Westradio empfangen, fast jeder guckte die Chartsendung »Formel Eins«, die einmal wöchentlich auf ARD lief. Riesige, komischerweise geduldete Eigenbauantennen machten es möglich, auch wenn das empfangene Bild meist eher an abstrakte Kunst erinnerte. Das Fernsehbild sei vom Wetter abhängig, glaubten die Leute. Die Russen würden Störsignale aussenden, sagte mein Vater. Manchmal kam es vor, dass man einen Live-Auftritt von Limahl guckte und hinterher immer noch nicht wusste, wie der Künstler aussah. Damals konnte man ja nicht wissen, dass man im Grunde genommen nichts verpasste.

Die physische und inhaltliche Kluft zwischen Musikangebot und Nachfrage befeuerte den Schwarzmarkt. Eine stinknormale ORWO-Kassette »K 60« vom VEB Chemiefaserwerk Friedrich Engels in Premnitz (EVP: 22 Mark) war mir 130 Mark wert, nur weil jemand die »The Queen Is Dead«-LP von The Smith draufgespielt hatte. In einer miesen, verrauschten Qualität. Wahrscheinlich die hundertste Kopie von einer hundertsten Kopie. Der skrupellose Geldschneider, oder einer der sicher zahlreich vorausgegangenen Schwarzkopierer, hatte sich noch nicht einmal die Mühe gemacht, die Songs der Kassettenlänge anzupassen. Mitten im herzzerreißenden »There is a light that never goes out« war die A-Seite zu Ende. Die B-Seite begann mit dem Rest vom Song. Doch das war egal. Erstens gehörte ich nun zum elitären Kreis derer, die ein aktuelles Westalbum in voller Länge besaßen. Und zweitens konnte ich das investierte Geld durch stetes Weiterkopieren locker vervielfachen. Die DDR war das größte Musikpiratennest der Welt. Heute haben die Plattenläden die Ausmaße von Kaufhäusern. Jede Sparte hat ihren eigenen Gang. Ich wüsste also keinen Grund, warum ich mich im unendlichen Warensortiment des Musikmarktes ausgerechnet für die Puhdys entscheiden sollte. Allerdings könnte man sich dasselbe auch bei den Scorpions fragen.

Es ist später Nachmittag, als ich mich aus südöstlicher Richtung Sonneberg nähere. Auch die Route des heutigen Tages verlief einigermaßen exakt nach Grenzverlauf. Von Hohenwarte aus durch ein Gabe Gottes genanntes Örtchen nach Probstzella, am Flüsschen Tettau durch dichtes Grün an Judenbach vorbei bis nach Buch, und dann auf der B 89 die letzten Kilometer nach Sonneberg. Die Stadt liegt auf der thüringischen Seite des ehemaligen Grenzverlaufs und ist für ihr traditionelles Spielzeugmacherhandwerk bekannt. Eine Kreisstadt, in der sie einen eigenartigen Eingeborenendialekt sprechen, wie mich Frank Schneider vorgewarnt hat. Mehr Informationen habe ich nicht. Ebenfalls habe ich noch keine Ahnung, wo ich diese Nacht schlafen werde. Es ist Teil meines Reisekonzepts, mich von Situationen überraschen zu lassen und mich ihnen anzupassen. Zelt oder Pension? Das soll die Laune entscheiden. Die eng gestapelten Wolkenberge, deren Farbe gerade von Weiß ins Granitgrau wechselt, macht die Entscheidung leicht. Ich werde mich nach einer Herberge umsehen. Sonneberg liegt nahe am berühmten Rennsteig-Wanderweg. Das lässt eine Fülle von Unterkunftsmöglichkeiten vermuten. Doch es ist Freitag und die gemütlichen Innenstadt-Hotels sind somit sicher schon von den Kniestrumpfträgern belegt, von denen es in der Gegend geradezu wimmelt. Horden von Senioren, für alle meteorologischen Eventualitäten ausgerüstet, die ihre Expeditionsrucksäcke von einem Aussichtspunkt zum nächsten schleppen, Thermoskanne und Fotoapparat immer in Griffweite. Die müssen nicht aufs Geld schauen. Die sind hier um zu genießen und haben wahrscheinlich das ganze Wochenende gebucht, inklusive Wellnesspaket. Ich werde an der Hauptstraße schauen, wo sich erfahrungsgemäß die preisleistungsgünstigen Bauarbeiterpensionen in die Riege der Discountmärkte, Tankstellen und Resterampen einreihen. Hier ist man den Nebenwirkungen des Individualverkehrs zwar schutzlos ausgesetzt – Krach, Lärm, Gestank –, dafür dürfte das Bettenangebot am Wochenende aber deutlich größer sein als die Nachfrage. Das lässt auf ein Preisschnäppchen hoffen. Und nicht zu vergessen die Tankstellen, zu denen man spontan hinlaufen kann, wenn einem kurz vor Mitternacht zum Beispiel nach Schokoladeneiscreme ist.

Ich habe kaum das Ortseingangsschild von Sonneberg passiert, als rechtsseitig der Bundesstraße B 89 das Unglaubliche vor meinen Augen auftaucht. »Projekt 801« schreit es von einem Banner, das an eine riesige Stahlbetonhallenfront gedübelt ist. Daneben ein alter, gelber, originaler Zeitungskiosk aus der Zeit des real existierenden Sozialismus, in dem einsam eine DDR-Fahne baumelt. Der Schotterplatz davor ist zugestellt mit Trabis, Wartburgs, W50-Lkw und russischen Autointerpretationen. All die Dinge, die den Zorn auf das System einst mit zur Revolution angeheizt haben. Und nun immer noch nicht abgewrackt, sondern liebevoll hingestellt sind. Preisschilder in den Fahrzeugen sind nicht zu sehen. Und auch der Zustand lässt offen, ob es sich wirklich um einen Gebrauchtwagenhandel für speziell Interessierte oder eventuell doch um einen Schrottplatz handelt. Vielleicht eine Installation zum Thema Statussymbole und Vergänglichkeit eines lokalen Künstlers, finanziert mit öffentlichen Mitteln? Kaum ein Fahrzeug, an dem nicht mindestens ein Karosserieteil fehlt, der Reifendruck, oder zumindest der Glanz. Ich starre fragend in Richtung der Autos. Mindestens ein Dutzend Augenpaare starren fragend zurück. Eine Grillparty, hinten neben der Halle. Zwar kann ich über den Autodächern nur Köpfe und keinen Qualm sehen, doch die Abendluft treibt mir den beißenden Geruch von Anbrennspiritus in die Nase. Ich liebe diesen Geruch. Impliziert er doch seit jeher Feierabend, Entspannung und Geselligkeit.

Wie angeguckt man sich vorkommt, wenn man ohne Einladung einmal diagonal über ein fußballfeldgroßes Gelände auf eine Grillgesellschaft zuläuft. Hinguicken oder den Blick in die Ferne schweifen lassen? Besser schlendern, interessiert in die Autoseitenscheiben gucken, das schafft erst mal Vertrauen. Die Carbonsohlen meiner Mountainbike-Schuhe klappen auf dem Schotter. Die vielen Augenpaare starren mich immer noch an.

Lächeln. Das Rad an einen Trabi lehnen. Neugieriges Klopfen auf die Motorhaube. Plockplock. Tatsächlich: wie ein Selbstbedienungstablett.
»Hallo!«, halte ich dem Typen am Grill meine Hand hin. Ein vielleicht
dreißigjähriger Bursche. In den Ohrläppchen stecken goldene Creolen. Die
mittelgescheitelte Fußballerfrisur hängt gleichgültig auf dem Kopf. Die
untere Körperhälfte steckt in einer signalroten Latzhose, der Oberkörper
in einem früher mal hellgrauen Rippshirt, das offenbar schon einige Male
zum Reinigen von Motorblöcken benutzt wurde.

»Servus. Andi«, wird meine Begrüßung mit einem kräftigen Schlosser-
Händedruck erwidert. Die Augenpaare starren unverändert. Es sind zehn
bis zwölf Leute, die sich hier ganz offensichtlich zu einem gemütlichen
Grillabend zusammengefunden haben. Jetzt muss ich was über mich und
den Grund meiner Anwesenheit erzählen. Da lassen die Blicke keinen Spiel-
raum zu.

Also fasse ich kurz zusammen: Grenztour, Fahrrad, gestern Hohenwarte, heute Sonneberg, nur mal Hallosagen hier, noch kein Hotel, irgendwann Ostsee.

»Boah«, sagt Andi und drückt mir ein Bier in die Hand.

Die Halle sei früher mal der Garagenkomplex der Grenztruppenkompanie gewesen, informiert er stolz, Grenztruppenkompanie 801, deshalb der
Name Projekt 801. Dies hier sei die Werkstatt von ihm und seinem Vater.

»Na ja«, hakt der Vater blitzschnell ein und macht einen Schritt nach
vorne: »Ich habe nebenbei noch einen richtigen Job, einer muss ja das Geld
verdienen.« Andi schaut ertappt. Der Papa lacht. Scherz gelungen. Die
Party geht weiter.

»Komm mal«, winkt Andi, während die Starre langsam aus den Umhersit-
zenden weicht: »Ich zeig dir mal die Halle.« Freundin Jana folgt unauffällig.

Wir durchqueren einen eindrucksvoll verwüsteten Raum zur Hinter-
seite der Halle, wo zwischen einem Dixi-Klo und hoffnungslos runterge-
rockten Autoruinen ein Kombi russischer Herkunft parkt. Die Optik wurde
mit unverkrampfter Einstellung gegenüber TÜV-Richtlinien in die grobe
Richtung eines Ferraris verändert.

»Nicht ganz original. Den bekomme ich niemals zugelassen, aber ich habe ja rote Nummern!«, lacht Andi, führt mich durch eine Hintertür nach draußen, von dort aus einmal um die Halle, vorbei an immer weiteren Fahrzeugleichen, rein in den Werkstattbereich, in dem man sich nicht umschauen soll – »momentan etwas unaufgeräumt!« –, was natürlich eine absurde Weisung ist bei einer Führung. Der ganze Raum ist verstopft mit sogenannten »Projekten«, so heißt das Wort, das den Unterschied macht zwischen Finale und Hoffnung. Und man fragt sich, ob hier vielleicht irgendwann einmal eine Gasleitung geborsten ist, so fließend gehen Werkzeuge, Autokadaver, Mobiliar, Fahrzeugeingeweide und leer getrunkene Flaschen ineinander über. »Ordnung halten!!!«, mahnt ein A4-Ausdruck. Er wirkt wie die flehend gereckte Hand eines Ertrinkenden. Mittendrin im Chaos der Honda von Jana, der »restauriert« werden soll, das war Andis Weihnachtsgeschenk an seinen »Schatzi«, worüber die Beschenkte aber nur halb begeistert gewesen sei, wie sie selbst einwirft, schließlich sei der Wagen tadellos gefahren. Nun welkt die Karre mit amputierten Basisteilen in der Halle vor sich hin.

»Inzwischen habe ich mir ein anderes Auto gekauft«, rollt Jana die Augen in Richtung Hallendecke. Andi grinst.

»So isse, meine Regierung«, sagt er und drückt Jana einen feuchtwarmen Knutscher auf die Lippen.

Draußen schmeißen sie Äste in ein Lagerfeuer. Die Farbe weicht langsam aus dem Tag. Die Wellen des Thüringer Waldes stehen wie ein Scherenschnitt vor dem Horizont. Ein Trabi kommt auf den Hof geknattert. Es riecht nach Rostbratwurst. Aus einem überforderten Radiogerät plärren die immer gleichen Neunzigerhits, vom verantwortlichen Musikredakteur ausgesucht nach dem kleinsten gemeinsamen Nenner der Hauptzielgruppe. Für Jung und Alt. Aber auch: für Sie und Ihn.

Ich müsste mich noch um ein Zimmer kümmern. Ziemlich bald sogar. Bauarbeiterpensionen rangieren im untersten Preissegment, was Personal für durchgängig besetzte Rezeptionen schon vom Konzept her ausschließt. Aber ein paar Minuten kann die Zimmersuche noch warten. Etwas Besseres, als hier und jetzt am Lagerfeuer ein Bier zu trinken, kann ich mir gerade nicht vorstellen. Müde lasse ich mich in einen der Gartenstühle fallen, strecke die Beine von mir und nehme dankend die »Thüringer« entgegen, die mir Andi mit der Grillzange entgegenhält. Ich kann es immer noch nicht fassen. Richtige, echte Ostalgie. Und ich mittendrin. Die Halle, erzählt Andi, sei nebenbei auch die Zentrale vom Trabi-Club.

»Wieso fährt man denn heutzutage noch Trabi?«, frage ich, hungrig in die Wurst beißend.

»Wieso nicht?«, schießt Andis Vater nur gering zeitverzögert die Gegenfrage ab und verschränkt die Arme abwartend vor der Brust. So wie er dasteht, hat er sicher schon eine Menge Pro-Argumente in seinem Mund zurechtgelegt.

Ich zucke die Schultern und zeige entschuldigend auf meinen Mund. Die Wurst hat meine Zunge verbrannt. Hechelnd sauge ich kühlende Abendluft durch meine halb geöffneten Lippen, damit ich wenigstens den Wurstbrei runterschlucken kann. Reden ist gerade unmöglich.

»Ich hatte noch nie ein anderes Auto. Fährt zuverlässig, ist günstig und macht keinen Ärger«, fährt Andis Vater fort und schiebt nach kurzer Pause hinterher: »Nach der Wende haben alle ihre gut erhaltenen Ostautos auf den Schrott gebracht, um sich schrottreife Westautos zu kaufen. Das muss man sich mal vorstellen.«

»Aber das Thema Sicherheit. Da fliegt doch alles auseinander, wenn man irgendwo dagegenfährt«, versuche ich es mit einem Vernunftargument, als ich den Mund wieder frei zum Reden habe.

Andis Vater erwidert mit einem schrillen Lacher: »Auseinanderfliegen, so ein Quatsch! Das federt doch«, sagt er und drückt demonstrativ gegen den Kotflügel eines geparkten Trabis.

Andi nickt zustimmend, wendet die Würstchen auf dem Grillrost und leert zügig seine Flasche Bier.

»Nee, wirklich, die sind sicherer als man denkt«, ergreift nun er das Wort: »Und das Gute ist: Man kann alles selber dran machen. Bei den Trabi-Treffen gibt es einen Wettbewerb: Motorwechsel. Der Rekord liegt bei 17 Minuten mit Gipsarm, ohne Gipsarm bei 13 Minuten.«

»Wieso mit Gipsarm?«

»Nur so, wegen der Gaudi. Ich wollte damit ja auch nur sagen, dass wirklich jeder an so einem Auto schrauben kann«, sagt Andi und beginnt glühend von seiner Trabi-Leidenschaft zu erzählen. Neun Jahre war er alt, als die Mauer fiel. Sein Vater versuchte sein Glück kurz darauf mit einem Schrottplatz, wie gesagt, alle schmissen ja ihre Ostautos weg. Und da hat er eben als Zehnjähriger begonnen, an den entsorgten Autos herumzuschrauben. Besonders gerne an den Trabis. Von denen standen besonders viele auf dem Gelände. Sie waren aufwendiger zu entsorgen als andere Fahrzeuge, »war ja alles Plastezeug«. Irgendwann musste der Schrottplatz schließen, »wegen den teuren Umweltauflagen, war ja nur ne Wiese ohne Ölabscheider und so«. Doch die Zuneigung zu den Ostmobilen blieb. Und nun hortet er eben alles, was noch zu bekommen ist, um es der Nachwelt zu erhalten. Das Arbeitsamt hat sogar schon einmal Arbeitslose geschickt, um Trabis zu restaurieren. Eine Arbeitsbeschaffungsmaßnahme. Und gleichzeitig ein soziales Projekt. Klamme Langzeitarbeitslose sollten die Gelegenheit haben, sich einen der Trabis für ein Vierteljahr kostenlos zu leihen.

»Da hinten«, sagt Andi und zeigt auf einen roten Trabi neben der Kioskbude, »da steht noch so einer.« Das mit dem Leihen sei dann doch nicht so stark nachgefragt worden.

»Hörst du auch Ostmusik, Puhdys und so?«, frage ich, was Andi ein gleichgültiges Schulterzucken abringt, dafür aber Jana veranlasst, mit ihrem Stuhl heranzurücken.

»Also ich finde das cool. Bei der Ossi-Party in Mupperg spielen sie DDR-Mucke«, sagt sie und vermittelt den Eindruck ehrlicher Begeisterung.

Das Wort durchzuckt mich wie ein Stromschlag. Ossi-Party! Also doch!

»Wie, hier gibt es eine Ossi-Party?«, hake ich nach. Wochenlang hatte ich im Vorfeld im Internet recherchiert. Eine Ossi-Party aber, irgendwo entlang der Strecke, hatte ich nicht gefunden.

»Ja, in Mupperg, sechs Kilometer von hier. Wir fahren nachher noch hin. Magst du mit?«, bekomme ich prompt die Einladung.

Es liegt nicht zuletzt am großen Durst, den ich beim gemütlichen Zusammensitzen am Lagerfeuer entwickelt habe, dass ich mich eine Stunde später provisorisch umgezogen in den vollbesetzten Mosquitsch quetsche, den Andi als standesgemäßen Untersatz für den Weg zur Ossi-Party aus seiner Schrottparade ausgesucht und mit einer roten Nummer versehen hat.

»Mossi«, sagt Andi, das Quitsch erledigt die Karre alleine. Sechs Kilometer sind es bis nach Mupperg. Eine gewaltige Distanz, wenn man in einem dreißig Jahre alten Teufelsauto russischer Herkunft gefangen ist, dessen Beleuchtungsanlage bei hundert Sachen auf der Landstraße plötzlich ausfällt.

»Oh«, kommentiert Andi den Havariefall lapidar, haut mit der flachen Hand aufs Armaturenbrett, um es dann seelenruhig mit dem Lichtschalter zu probieren. Auch die anderen wirken unangemessen entspannt. Bier nuckelnd sitzen sie auf der Rückbank, während von vorne aufgeblendete Scheinwerfer auf uns zurasen.

»Kriegen wir hin«, sagt der Typ hinter mir nach einiger Zeit, wobei nicht ganz klar wird, woraus er diese Zuversicht schöpft. Die Scheinwerfer jedenfalls können es nicht sein. Die sind immer noch mausetot.

Ich spüre innere Verkrampfung. Starr vor Entsetzen fokussiere ich die entgegenkommenden Lichter. Der Puls nagelt hochtourig, die Atmung flacht ab. Ich kann es kaum fassen: Da verzichtet man jahrelang auf Süßes, putzt sich zweimal am Tag mit kreisenden Auf- und Abbewegungen die Zähne, kaut Vitamin-C-Kapseln und geht zur Vorsorgeuntersuchung. Und dann verreckt man auf übelste Art und Weise in einem Mosquitsch, nur weil man bei der Ossi-Party in Mupperg zu Puhdys-Schlagern tanzen wollte.

»Sollen wir nicht lieber rechts ranfahren?«, versuche ich die drohende Katastrophe abzuwenden.

»Kriegen wir hin«, wiederholt der Typ hinter mir, nach wie vor völlig unaufgeregt, aber jetzt immerhin schon mal aufrecht sitzend. Die beiden Mädels neben ihm lümmeln adrenalinleer im Kunststoffpolster.

»Komisch, aber ich bin bisher auch noch nie im Dunkeln mit dem Mossi gefahren«, sagt Andi und schlägt jetzt zunehmend beherzter auf das Armaturenbrett ein. Natürlich passiert gar nichts, außer dass nun auch noch die Tachobeleuchtung ausfällt. Man kann es als einen Akt von Gastfreundschaft werten, dass Andi meinem Flehen schließlich nachgibt und den Mossi über abenteuerliche Schleichwege zurück zur Halle manövriert. Wir steigen in einen Trabant um. Der Innenraum ist nur halb so groß. Dafür geht das Licht. Der Startversuch allerdings misslingt aufgrund von Treibstoffmangel. Doch auch das kann Andi nicht aus der Ruhe bringen. Routiniert klappt er die Motorhaube auf, lässt den Inhalt eines Fünfliterkanisters in den Tank gluckern, kippt ein Drittel der Menge an Öl hinterher, packt das Fahrzeug links und rechts am Kotflügel und schüttelt es mit voller Kraft, damit sich die Flüssigkeiten zum vorgeschriebenen Kraftstoffgemisch vereinigen, 1:33, so kenne sogar ich es noch.

Eng ist es. Meine Knie stoßen vorne an, die rechte Schulter drückt gegen das Seitenfenster. Die Sitzlehne ist defekt, rastet nicht mehr ein, wird lediglich von den Beinen des schon wieder hinter mir sitzenden Typen in Position gehalten. Gurte gehören nicht zum Inventar. Doch als ich das bemerke, ist es zu spät. Mit trommelndem Motor setzt sich der Trabi in Bewegung. Und als Andi das mit 23 PS befeuerte Kunststoffauto schließlich auf volle Geschwindigkeit beschleunigt, wünsche ich mich doch wieder zurück in den Geister-Mosquitsch.

»Geil, wie ein Gokart«, kreischt Andi emotional aufgeladen, während die Tachonadel in Richtung 80 zuckt. Ich kralle mich am vorderen Haltebügel fest. Dort, wo sich bei richtigen Autos das Handschuhfach befindet. Ein Gefühl, bedrohlich und pur, als würde man in einer riesigen, heiß laufenden Nähmaschine sitzen, die jemand in die Niagarafälle geschmissen hat. Und darauf musste man damals zehn Jahre warten.

»Da vorne war die Grenze«, schreit Andi gegen den Motorlärm an und zeigt ins Schwarz der Nacht. Ich sehe gar nichts. Einnehmend hängt die Finsternis über der Landschaft. Außerdem habe ich gerade andere Probleme, als mir über den Verlauf der ehemaligen Grenze Gedanken zu machen. Ich bin mir nämlich nicht so sicher, ob die Karosserie wirklich so gut federt, wie Andis Vater vorhin behauptet hat.

»Der nächste Ort ist Heubisch«, beugt sich Jana nach vorne: »Da habe ich früher gewohnt. Das gehörte zum Sperrgebiet. Das einzig Gute war, dass nie ungebetene Gäste an der Tür klingelten. Es durfte ja keiner zu Besuch kommen.«

»Inzestgebiet!«, lacht Andi und kassiert einen Klaps von Jana.

Die Ossi-Party im original belassenen Gemeindehaus fügt sich nahtlos in den Ablauf. Der Saal ist zugeschaufelt mit Retrospektive. Neben der Bretterbühne ein DDR-Altar mit Honecker-Bild, Pionierhalstuch, FDGB-Fahne und Club-Zigaretten. An der rechten Saalseite ein Buffet mit LPG-Kuchen, Wurstschnitten und Soljanka aus einem »Kochstar automat 2500«. An den Tischen sitzen Pärchen der Altersgruppe 40 plus, deren Umgang mit alkoholischen Getränken sich bestens für ein Abschreckvideo zum Thema Komasaufen eignen würde. Die bedienende Kittelschürzen-Oma kommt mit der Anlieferung des Nachschubs kaum hinterher.

»So, jetzt ein weiterer Megasuperhit der Achtziger!«, treibt der DJ an und dreht die Titelmelodie von »Dirty Dancing« auf eine das Grauen noch verstärkende Lautstärke. Wodurch sich einige der schlagseitigen Männer animiert fühlen, ihre angeschickerten Gattinnen eins-zwei-upsalla durch den Saal zu schieben. Einer im Bayern-München-Trikot, den ich gerade noch vor den Eingang habe kotzen sehen, steht knutschend neben der »Cocktail Bar«. Alles will dem Zeitenlauf trotzen. Hammer, Zirkel, Pärchentanz.

»Prost«, sagt Andi und reicht mir ein Bier. Er selbst hält ein riesiges Einliterglas in der Hand, auf dessen Grund ein Schnapsglas dümpelt.

»Kalte Ente«, klärt Andi auf: »eine Mischung aus Bier, Limo und Schnaps. Ab einem bestimmten Trinkwinkel kippt der Schnaps um und mischt sich mit dem Rest. Hier, probier mal«, sagt er und hält mir den Krug mit der Plörre entgegen.

Ich nehme einen vorsichtigen Schluck und spüre einen heiß-kalten Blitz durch meinen Körper fahren. Ein undefinierbares Etwas aus Pappsüß und Bitter überreizt meine Geschmacksnerven und löst eine Schüttelwelle aus, die meinen Körper von oben nach unten durchfährt. Sekunden später schon legt sich das Zeug auf mein Sprachzentrum. Wahrscheinlich löst sich jetzt mein Hirn auf. Da machen sie solch einen Aufriss um das Medikamentengesetz. Und dann gibt es so einen Giftmix rezeptfrei zu kaufen. So etwas gehört zwingend in die Hand eines Anästhesisten.

Das ist sie also, die real existierenden Ostalgie. Ein halb voller Gemeindesaal mit ganz vollen Pärchen, die sich benehmen wie 13-Jährige ohne Elternaufsicht und denken, sie wären Patrick Swayze und Jennifer Grey. Genau so habe ich die Diskothekenkultur in der DDR in Erinnerung. Es waren fast immer Gemeindesäle in abgelegenen Kuhkäffern, in die wir am Wochenende im Fahrradkonvoi zum Tanzen fuhren. Wobei das mit dem Tanzen eher so eine Redewendung war. Denn natürlich ging es in erster Linie darum, sich gepflegt zu besaufen und sich dann primitiven zwischenmenschlichen Dingen hinzugeben. Die Veranstaltungen bildeten den unangefochtenen Wochenhöhepunkt und begannen spätestens um 19 Uhr. Man zog sich in Anbetracht des zu erwartenden Niveaus ein eher nicht so gutes T-Shirt an und reihte sich gegen 16 Uhr in die Menschentraube vor dem entsprechenden Landgaststättensaal ein. Die DJs gingen nach einem starren Muster vor, das machte die Planung des Abends einfach. Der erste Block wurde mit Fancy's »Lady of Ice« eingeleitet und widmete sich den aktuellen Charthits (westlichen!), zu denen sich aber ausschließlich Mädels und fönfrisierte Jungs auf der Tanzfläche schüttelten. Die richtigen Jungs überbrückten die Zeit bis zur entscheidenden »Kuschelrunde« traditionell im Barbereich, um sich möglichst umfassend zu enthemmen. Ein halber Liter Bier kostete 80 Pfennig, ein doppelter Likör 1,20 Mark, was die Sache einfach machte, nicht aber das Geradestehen. Vor der Kuschelrunde läutete der DJ die berühmtberüchtigte »Heavy-Runde« ein. Schon bei den ersten Tönen von »Highway to Hell« wichen die Mädchen und die Fönfrisurjungs erschrocken zurück. Jetzt hatten Typen wie ich die einmalige Chance, sich als hart, wild und unangepasst zu profilieren. Man kniete sich auf den Parkettboden, der getränkt war mit Bier, zum Teil auch schon getrunkenem, bog den Oberkörper nach hinten und spielte Luftgitarre, als wäre man Teufelsklampfer Angus Young höchstpersönlich. Dann wurde es ernst. Kuschelrunde. Natürlich hatte man längst ausgecheckt, welches Mädchen keinen Freund (oder zumindest nur einen kampfunfähig am Tisch schlafenden) im Schlepptau hatte. War man sich seiner Sache verhältnismäßig sicher, ging man zu der Auserwählten, hauchte ihr ein extraschmalziges »Darf ich bitten?« ins Ohr und drehte sich situationsromantisch mit ihr auf der Stelle. Ließ sie zu, dass man die Hände in ihre Gesäßhosentaschen steckte, war eigentlich alles klar. Nun musste man nur noch gegen die Gleichgewichtsstörung ankämpfen. Der Rest ergab sich von selbst. Der DJ betätigte den An- und Ausschalter der beiden als Lichtanlage fungierenden Trabi-Scheinwerfer während der Kuschelrunde langsamer, um den Schummerfaktor bis zum Gehtnichtmehr zu verstärken. Um 23 Uhr flackerte das große Licht im Saal an. Dann fuhr man entweder mit der Kuschelrundentanzpartnerin auf der Fahrradstange nach Hause. Oder nicht.

Mit dem Mauerfall wurde alles kompliziert. Die Diskos begannen plötzlich verquer zum Biorhythmus mitten in der Nacht. Über den Eingängen blinkte mit blauer Neonschrift »Joy«, »Blue« oder »Moonlight«. Drinnen zuckten nervöse Lichtblitze zu schnellen Beats. Die Musik bummerte monothematisch durch die Nacht. Getränke und Eintritt kosteten das Sehrvielfache. Das Schlimmste aber: Es gab keine Kuschelrunde mehr.

Wir versuchten noch eine Weile uns dafür zu begeistern. Veranstalteten Video-Abende, um die Zeit bis zum Einlass zu überbrücken. Gähnten trotzdem beim Rumstehen neben der Tanzfläche. Zogen Klamotten an wie die Menschen auf MTV. Sahen dämlich darin aus. Übten vor dem Spiegel zu zucken für wenigstens ein bisschen Gefühl von Angeschlossensein. Es funktionierte nicht. Das Ende der DDR war für uns das Ende der Diskoromantik.

Ob daran je eine Ossi-Party rütteln wird, ist zu bezweifeln. Man kann seine Zunge in 1000 Münder stecken. Wie beim ersten Mal wird es nie mehr sein. Was will diese Art Ostalgie überhaupt sein? Echtes Lebensgefühl? Oder nur eine neue Episode im Dauer-Revival der Jahrzehnte?

»Und, wie findest du es?«, schreit Andi gegen wummernden Diskobeat an, der nicht besonders ist.

»Lustig«, schreie ich zurück und meine den Begriff Realsatire. Dass der DJ immer noch keinen einzigen Osthit gespielt hat, macht die Party immerhin ein Stück weit authentisch.

»Falls du morgen in Meiningen vorbeikommst: Da ist Trabi-Treffen. Bei uns klappt es leider nicht. Aber vielleicht willst du da ja mal gucken«, schreit Andi und stößt mit seinem Kalte-Ente-Glas prostend gegen meinen Bierkrug. Ich hoffe, dass Jana nachher fährt. Und um ein Hotel habe ich mich immer noch nicht gekümmert.

Es ist zwei Uhr morgens, als ich meinen Schlafsack in einem Ikarus-Bus ausrolle, der auf Andis automobilem Gnadenhof die Funktion einer Gartenlaube erfüllt. Wo früher Sitze waren, stapeln sich Getränkekisten. Ein paar Bodenplatten fehlen. Es riecht beißend nach Öl und Diesel. Egal. Hauptsache liegen. Geschafft schließe ich die Augen. Morgen fahre ich tatsächlich durch Meiningen. Trabi-Treffen? Aufgewärmt bin ich ja jetzt.

6.

Ewig trommelt das
Harz-Baumwoll-Gemisch

Neben dem Bierzelt parkt ein Golf, er gehört dem DJ. »Also nee!« Kopf-schüttelnd, den barocken Leib von einer Pannenhelferweste zusammen-gehalten, stapft der Einlassmann mit rasant ins Bordeauxrot wechselnder Gesichtsfarbe über den Kiesplatz. Der Chef muss her, der Knut, der muss ein Machtwort sprechen, doch der Knut ist gerade mit der »Tussi vom Ta-geblatt zugange«, wie ein anderer Pannenwestenmann zu berichten weiß. Ratloses Schulterzucken, dann Ausschwärmen nach dem DJ. Jedenfalls: »Die Westkarre muss runter vom Platz!«

Es wirkt wie eine Persiflage auf den Kapitalismus und die Abwrackprämie, was sich unter dem Motto »Südthüringer Trabant- und IFA-Treffen« an diesem Wochenende in Meiningen zu einer dreitägigen, ostautomobilen Zombieparade zusammenbraut. Der Veranstaltungsort könnte nicht besser gewählt sein.

Das Gewerbegebiet Dreißigacker thront auf Augenhöhe der umliegenden Bergkuppen, drei Kilometer vom Ortskern Meiningen entfernt. Angelegt im praktischen Ringstraßensystem und vollgebaut mit den immergleichen Autohausquadern, denen die Absatzkrise zunehmend den Hof verstopft. »Abwrackprämie!«, »Null-Prozent-Finanzierung!«, »Mega-Rabatt!«, schreien neongrelle Schilder den Vorbeifahrenden die Verzweiflung über den Verkaufsschwund entgegen. Bettelnd, ja flehend fast schon um wenigstens eine Probefahrt, ein Verkaufsgespräch, eine Kataloganfrage, ein bisschen Interesse. Die Firmenflaggen hängen schlapper als sonst vom Mast. So kommt es einem vor. So ist es wahrscheinlich auch. Die Luft ist raus. Flaute. Schrumpfender Markt. Was man neuerdings in den Zeitungen so lesen muss, tagtäglich. Die Preistafeln, mit dicken Strichen durchkreuzt und plakativ nach unten korrigiert, runden das Trauerbild ab. Es steht nicht gut um die Autoindustrie. Das spürt man in diesem Ensemble auch ohne Wirtschaftswissen.

Ausgerechnet hier, mittig platziert vor den verwaisten Verkaufstresen der Automobilwirtschaft, erhebt sich das einstige Symbol sozialistischer Rückständigkeit zur posthumen Legende. Man kann es kaum glauben: Ein Trabi nach dem anderen durchknattert die Samstagsstille. Hochglanzpoliert, trommelnd im Ton, umspült von der typisch blauen Abgaswolke.

»Herzlich willkommen!«, müht sich das Eingangsbanner um familiäre Atmosphäre, darüber weht die DDR-Fahne. Stolz und feierlich, wie zu ihren besten 1.-Mai-Tagen. Der alles umspannende Metallgitterzaun hat sicher logistische Gründe, passt aber hervorragend zum Motto. Wer gucken will, muss zahlen. Wer zelten will, muss noch mehr zahlen; wer im Westauto rein will, noch viel mehr, allerdings nur sprichwörtliches Lehrgeld. »Nur Autos der Warschauer-Pakt-Staaten!«, belehrt der Pannenwestenmann einen falsch mobilisierten Einreisewilligen.

Ich beschließe einzutauchen in dieses Biotop ostalgischer Befürwortung. Erstens stauen sich gerade dunkle Wolken an der 751 Meter hohen Geba, die ich auf meinem weiteren Weg zu überqueren habe. Zum anderen hat kaum ein anderes Konsumgut meine Kindheit so geprägt wie der Trabant. Angebotsmangel bedingt Wartezeit, Wartezeit heizt Begehren an. Das weiß man heute von Arbeitsuchenden. In der DDR galt das für den Konsumbereich. Es war ein außergewöhnlicher Festtag, als mein Vater endlich das Fahrzeug entgegennehmen konnte, das er bei meiner Geburt zehn Jahre zuvor bestellt hatte. Eigentlich war es nicht wirklich das bestellte Fahrzeug. Statt in der Wunschfarbe Pastellblau stand nun ein Trabi in einer obskuren Ockerfarbe vor der Tür. Nicht Gelb, nicht Braun, nicht Orange. Irgendwas dazwischen, aber irgendwie auch ganz anders. Eine Farbe, wie ich sie erst nach der Wende in einem der neueren China-Restaurants in Form von Curryreis ein zweites Mal gesehen habe. Auch handelte es sich nicht um die gewollte Ausführung »de luxe«, die mit Chromstoßstangen und Kunstledersitzen vom Fehlen technischer Extras ablenkte, sondern um das Standardmodell »601«. Doch wer wollte sich nach einem Jahrzehnt des Wartens an derartigen Kleinigkeiten stören? Ein Trabi bedeutete Freiheit und Aufstieg in einem System, das soziale Hierarchien, offiziell zumindest, ausschloss. Endlich zum Zelten an die Ostsee. Endlich zum Wandern in die Sächsische Schweiz. Endlich zum Einkaufen nach Prag, von wo aus meine Mutter schwitzend vor Angst die Grenzüberfahrt zurück in die DDR durchlitt, weil sie im Kofferraum verbotenerweise Gläser aus Bleikristall versteckt hatte, die »zu gut« waren zum Befüllen und bis heute unbenutzt in der Schrankwand verstauben. Da unser Trabi über kein bordeigenes Radio verfügte, wies mir mein Vater stets den für ihn soundgünstigen Platz auf der Rückbank zu, wo ich mit einem übergewichtigen »Stern-Recorder R 160« auf dem Schoß die Funktion der Fernbedienung übernahm. Auf Kommando musste ich zu bestimmten Liedern spulen, die Kassette umdrehen, den Lautstärkeregler betätigen oder sechs neue R20-Batterien einlegen. Eine Aufgabe, auf der wohl meine ausgeprägte Allergie gegenüber der Gruppe »Manfred Mann's Earth Band« basiert, die mein Vater besonders mochte.

Eine Woche nach dem Mauerfall reihten auch wir uns ein in die Karawane der Trabis, die sich auf überfüllten Autobahnen Richtung Westen staute. An der ersten Raststätte hinter der Grenze warteten unsere Verwandten aus Hamburg, um uns in das Herz ihrer Stadt hineinzuführen, in die Glitzerwelt aus dem Westfernsehen, in den Westen, wie sie es nannten. Ich durfte für die letzten Kilometer auf dem Beifahrersitz ihres Metallautos Platz nehmen. Als ich im dunkelschwarzen Velourssitz des riesigen, geräuschlosen, voll klimatisierten Opel Omega einsank, da wusste ich, dass ich all die Jahre lang gequält und gedemütigt worden war – von dieser hustenden Kunststoffschachtel, die sich Auto nannte. Ich rächte mich wenige Tage nach meiner bestandenen Führerscheinprüfung mit einem Crash in einen unserer Grundstückspfeiler. Kurz darauf wurde unser einstiger Familienstolz entsorgt und durch einen Kadett ersetzt. Natürlich war der Unfall keine Absicht, sondern fahrerisches Unvermögen. Doch so wirklich – glaube ich – hat mir das mein Vater bis heute nicht verziehen. Ein Trabi-Kleinstmodell in seiner Lieblingsfarbe Pastellblau ziert heute die Schrankwand, obwohl er Hinstelldinge eigentlich verachtet.

Zweifünfzig kostet der Eintritt für das Festivalgelände. Es ist früher Nachmittag. Puhdys-Hits drücken mit vehementer Lautstärke aus den Bierzeltboxen. Doch die Festivalstimmung hängt im Tempo noch hinterher, blubbert träge im Leerlauf, wie die Zweitaktmotoren, über die sich Männer in erdfarbenen Blousonjacken beugen, fachmännische Begriffe raunend. Damit die Tagesbesucher nicht ziellos über den Platz stolpern, sind sämtliche Fahrzeuge zu einem »Show-Bereich« zusammenrangiert. Langweilige 08/15-Trabis stehen neben karnevaltauglichen Kampfjet-Interpretationen mit nach allen Seiten abstehenden Kunststoffgeschwüren und schmucken Oldtimern. Dazwischen die nicht ganz so prominenten Quotenhits der Warschauer-Pakt-Staaten: Lada, Skoda, Wartburg.

Die Besitzer hocken auf Klappstühlen vor ihren Vehikeln und suchen den Blickkontakt mit den Umherschreitenden, während sie angestrengt so tun, als würden sie nur ganz zufällig hier sitzen. Wer stehen bleibt, ist auch schon mittendrin in der Präsentation. A4-Faltblatt, Kurzbeschreibung, Visitenkarte, bitte sehr, das Wichtigste noch mal zum Mitnehmen. Und eine Homepage mit allen Infos gebe es selbstverständlich auch. Foto? Aber gerne doch! Hier vielleicht? Oder dort? Ist der Trabi auch gut zu sehen? Der witzige Heckscheibenaufkleber? Die Sandmännchenfigur auf der Hutablage? Und plötzlich ist man sich gar nicht mehr so sicher, was hier eigentlich zur Schau gestellt wird, Fahrzeugtechnik oder von Randgruppeninteresse genährte Eitelkeit? Jedes gemachte Foto scheint den Zeit- und Geldaufwand des Hobbys ein Stück weit zu amortisieren. Anders ist der Mitteilungseifer kaum zu erklären.

»Nee, nee, da ist nichts dran gemacht. Alles original!«, baut sich ein Mann mit D'Artagnan-Schnurrbart zwischen mir und seinem verbastelt wirkenden Frischluft-Trabanten auf. Eine die Auskunft bedingende Frage hatte ich nicht gestellt, aber das haben wohl andere schon allzu häufig getan. Ein neugieriger Blick reicht aus, um eine Visitenkarte entgegengestreckt zu bekommen. »Udo Katzenstein – 1. Vorsitzender Trabi Team Dübener Heide e.V.« steht darauf gedruckt, und als Dachzeile in Kursivbuchstaben, ein trotziges Ausrufezeichen dahintergestellt: »*Die Legende lebt!*«

Einen Trabi wie den von Herrn Katzenstein habe ich noch nie gesehen. Zwar kenne ich die nach oben hin offenen Trabi-Kübel, mit denen bis zur Maueröffnung die Grenzer Patrouille fuhren, doch dieser hier sieht aus wie eine Ulkversion davon. Eine gewaltige Bügelkonstruktion überspannt den sogenannten Fahrgastraum. Links und rechts wachsen riffelblecherne Trittbretter aus den Seiten, wie sie asiatische Sammeltaxibetreiber montieren, um das Platzangebot mit Stehplätzen auszuweiten. Das kaminrote Kunstleder der Sitze harmoniert beim besten Willen kein bisschen mit dem Petrolmetallic der Außenhaut.

»Modell Caro Tramp. Nur 60 Stück!«, informiert Herr Katzenstein. Stolz spiegelt sich in seinem Blick.

Die nächsten Minuten werden nun ihm gehören. Das spürt er, genau deshalb ist er hier. Und dann stupst er auch schon die Metallrandbrille mit der Zeigefingerspitze in Position und beginnt seinen Monolog. Flüssig, ausführlich, mit Betonungen an den entscheidenden Stellen, wie es sonst nur erfahrene Hörbuchsprecher beherrschen. Hundertmal geübt. Kein Detail wird ausgelassen. Wie er kurz nach der Wende bei Saalfeld ausgemusterte Trabis am Straßenrand stehen sah – »zwohundert Stück, mindestens!« Wie er einen davon für 200 Mark erwarb – »wollte keiner mehr haben.« Wie er sich irgendwann auf eine regelrechte Jagd nach einem dieser seltenen Trabi Caro Tramp begab, mit dem »die Marke« 1990 trotz D-Mark und Westautoboom auf ein Überleben in der Marktwirtschaft hoffte – »wurde nichts, aber dafür sind die wenigen Wagen heute auch unbezahlbar!« Wie er seinen Wagen dank Internet an der spanischen »Costa-Irgendwas-Küste«

ausfindig machte, wo er als Strandbuggy an Touristen verliehen wurde –
»der Preispoker zog sich!« Und wie stolz er nun war auf dieses automobile
Relikt, dessen Unterhaltung so viel an Nerven kostet.

»Wer verkauft heute noch einen original Vorschalldämpfer? Früher hatten ja alle Leute einen zweiten Trabi in Form von Ersatzteilen in der Garage liegen, das ist alles auf dem Müll gelandet, darf man gar nicht dran
denken«, sagt Herr Katzenstein und schwingt sich mit einer gekonnten
Schlangenbewegung hinter das Kunststofflenkrad in den Kunstledersitz
seines Kunststoffautos, um den Kommandoarm in Richtung seiner Vereinskollegen zu heben: »Und ab!« Ab zum Angucken lassen Teil zwei, ins
150 Kilometer entfernte Mühlhausen, wo an diesem Wochenende ebenfalls
ein Trabi-Treffen zelebriert wird.

»In wenigen Minuten beginnen die Spiele!«, dröhnt es aus den Bierzeltboxen.

Ich gehe rüber zu den Marktständen. Es sind nur drei an der Zahl. Zwei davon versuchen korrodierte Gebrauchtteile in Umsatz zu transformieren.
Uninteressant für einen wie mich, der nie im Leben mit so einem Trabi
durch die Gegend fahren würde. Mit so einem knatternden Fossil aus Harz
und Baumwolle, für dessen Startvorgang man allein schon eine Spezialausbildung braucht. Reinsetzen, mit voller, aber wirklich mit AB-SO-LUT voller Kraft die Tür zuplautzen, noch mal zuplautzen und noch einmal, weil
das verfluchte Ding immer noch unschlüssig im Türschloss hängt. Dann
Choke-Hebel ziehen (beugen nach ganz unten links!), Benzinhahn aufdrehen (bücken nach ganz unten rechts!), Zündschlüssel betätigen. Mit dem
störrischen, führungslosen Lenkradschaltungsknochen den ersten Gang
reinwürgen (nach vorne unten, aber gefühlvoll kräftig!), dann anfahren,
den Schalthebel dahindrücken, wo man Gang Nummer zwei vermutet (irgendwo vorne oben!), um schließlich dann, wenn das Ruckeln des Motors
nachlässt, den Choke-Hebel nach und nach in die Ausgangsposition zurückzuschieben (laaangsam!). Dabei ein rutschiges Lenkrad in der Hand,
das so dünn ist, als wäre es aus einem Trinkstrohhalm gebogen. Genau
dieses Multitasking war der Grund, warum ich damals in den Gartenzaunpfeiler gerasselt war. Das muss man sich mal vorstellen: Von 1964 bis zum
Mauerfall wurde der Trabant P 601 quasi unverändert produziert. Eine der-

artige Konstanz fällt mir spontan nur in Bezug auf die Rolling Stones und den »Tatort«-Vorspann ein. Dabei wusste ich schon in meiner frühesten Jugend, wie richtige Autos auszusehen hatten. Mein Kumpel Steffen besaß eines dieser wunderbaren Autoquartettspiele. »Top Ass Turbos« hieß die Kartensammlung, die er von einem Westonkel geschickt bekommen hatte. Ich kannte jedes der Autos auswendig. Supertrumpf war der schwarze, windschlüpfige »BMW M1-Turbo« mit einer Spitzengeschwindigkeit von sagenhaften 245 km/h. Pech hatte, wer die Karte mit dem silbernen »Mitsubishi Galant Turbo-Diesel« zog. Die »Versagerkarte«, wie wir sie nannten. Nur 155 km/h! Selbst davon war der Trabant noch Welten entfernt. Dass der Trabant mitten im Digitalzeitalter exhumiert und glorifiziert werden, ja sogar zu Lebensgefühl erblühen konnte, ist für mich im Moment noch das größte Rätsel dieser Veranstaltung. Allein das Material ist schon witterungsbeständig. Der Mythos aber scheint unverrottbar. Superstar Trabant! Wie konnte das passieren? Der Merchandising-Stand, vor dem ich nun stehe, bringt auch keine Erklärung.

»Deo?«, fragt der Mann hinter der Theke, der sich dazu hoffentlich nur aus geschäftlichem Grund veranlasst sieht. Dezent drehe ich meinem Kopf nach unten und nehme eine Duftprobe aus meiner Achselhöhle. Alles okay. Zum Glück. Sonst würde ich mich wahrscheinlich wirklich noch zum Kauf dieser Dose hinreißen lassen, die sich mit ihrem Aufdruck »60 Jahre DDR: Sozialistisches Einheitsdeo« einreiht in die Riege der unsäglichen Quatschwaren, der Scherzartikel, mit denen einem sogenannte Freunde gerne mal die Geburtstagslaune verderben. Von derartigem Kram gibt es hier einiges. Das FDJ-Emblem zum Aufnähen, das DDR-Wappen zum Aufkleben, das Trabi-Logo zum Anziehen, den Hundert-Ostmark-Schein zum Austrinken. Ein unübersichtliches, jeden Winkel des Verkaufsstandes ausfüllendes Sortiment an Seltsamkeiten strapaziert die Wahrnehmung. »Es lebe die Deutsche Demokratische Republik«, steht auf einem Zollstock, dessen zwei Meter locker ausreichen dürften für die Horizontvermessung desjenigen, der dafür fünf Euro auszugeben bereit ist. Das bizarrste Produkt der retrospektiven Ostbejubelung allerdings sehe ich nicht. Irgendwo hatte ich mal gelesen, dass es Trabi-Abgase in der Dose gibt. »Die Luft des Ostens« steht angeblich auf dem Etikett. Oder so ähnlich.

»Entschuldigung, haben Sie Trabi-Duft aus der Dose?«, frage ich.

Der Markthändler schiebt seinen Kopf zwischen aufgehängten Motto-T-Shirts hindurch und schaut mich mit bohrendem Blick an.

»Leider nicht«, sagt er und behält mich argwöhnisch im Visier. Dass ich mit dem Handy Fotos der Auslage mache, scheint ihm nicht zu gefallen.

»Aber so etwas gibt es, oder?«, hake ich nach, froh darüber, eine Hintertür aus dem unterschwelligen Kaufdruck gefunden zu haben, der ja automatisch über einem schwebt, sobald man einen interessierten Blick auf ein Warensortiment geworfen hat. »Trabi-Duft gibt es, ja, aber das macht eine Firma, die das selber vertreibt«, gibt der Händler seinen Informationsstand an mich weiter: »Das riecht aber nicht so gut wie original Trabi-Abgase. Da mischt sich irgendwie der Metallgeruch von der Dose mit rein. Wie wäre es mit einem Duschbad? Hier: Eine Hand wäscht die andere. Der Gag an unseren Sachen sind ja die Sprüche«, preist er eine Pappschachtel in bester Homeshopping-Manier an und liefert das Gegenargument gleich dazu. Die Schachtel mit dem Spruch ist schon grausig und wirkt wie die Sturzgeburt einer durchzechten Nacht. Und der Inhalt soll noch nicht mal damit mithalten?

Ich winke ab und kaufe einen mit Spirituosen gefüllten Forum-Scheck.

Hinten am Zeltplatz haben die Spiele begonnen, tönt es informierend aus den Bierzeltboxen: »Der Sieger erhält so viele Waschmaschinen und Hubschrauber wie er tragen kann!«

Anfeuerungsrufe, Kugelstoßerstöhnen, metallisches Scheppern. Getriebe-Weitwurf ist eine beliebte Tradition bei Trabi-Treffen. Die Regeln sind so simpel wie die verwendete Technik. Wer den ausgebauten Eisenklumpen am weitesten schleudert, hat gewonnen. Ich ziehe den bereitliegenden Schutzhandschuh über die Wurfhand, hebe mir am zu schleudernden Teil fast einen Bruch, werfe trotzdem und habe Glück, dass meine Zehen unbeschadet bleiben. Die Flugphase ist nicht der Rede wert. 3,36 Meter, so das vernichtende Ergebnis.

»Zylinderweitwurf, Zylinderweitwurf, Zylinderweitwurf!«, skandiert die vergnügungssüchtige Meute. Doch der zuständige Pannenhelferwestenmann lässt den Nix-da-Finger pendeln: »Zu gefährlich für die Kinder, die Dinger fliegen ja sonstwie weit!«

17 Uhr erst. Ein Trabi-Treffen bietet der Zeit viel Reibungsfläche. Beim Reisen mit dem Mountainbike verfliegt die Zeit, löst sich auf im Treten und Lenken. Hier klebt sie am Tag. Nichts los, außer aufgereihten Trabanten, Bratwurstbude, Hüpfburg und mit Antriebsteilen werfenden Erwachsenen. Kein Duft von verbranntem Gummi, keine Boxenluder mit Plastikbalkonen, keine sensationslüsternen, Unsinn anfeuernden Krawallreporter, kein bisschen Rock 'n' Roll.

Ein Festival der lauwarmen Reifen. Camping mit Motto. Dasein um zusammen zu sein. Der Kern ist das Wirgefühl, welches ich natürlich nicht spüren kann. Ich besitze ja nicht einmal eines dieser Kopiershop-Sweatshirts, preisgünstig im Einfarbdruck beschriftet mit »Trabi-Geschwader«, »Zweitakthelden«, »Ostlegenden Club«, »Trabi Power«, und was einem sonst so einfällt zum Thema. Die Sweatshirts müssen nicht schön sein. Nur erläutern.

Ein Trabi-Gespann rollt heran. Der Wohnwagen sieht aus wie im Maßstab 1:2 verkleinert. Prototyp, ruft einer und Menschen hetzen mit ihren Digitalkameras heran. Westfabrikat, sagt der aussteigende Besitzer. Die Begeisterung stirbt blitzartig ab.

Ich schlendere durch den Campingbereich. Bei der »Zweitaktbrigade« aus Leipzig hat das Vorglühen für die nahende Festzeltparty bereits progressive Züge angenommen. Doppelrohrige Trinkhalme stecken in volumenreichen Plastikbechern, in denen der selbst zusammengemixte Inhalt nur eine kurze Verweildauer hat. Der Clubchef heißt Papa Bär, jedenfalls ist es so auf seiner Kopiershop-Jacke zu lesen. Ein zunächst schwer zugänglicher Typ, dessen properer Körper von einer originalen NVA-Hose und einem Stammesoberteil der »Zweitaktbrigade« umschlabbert wird. Ich stelle mich einfach mal dazu. Als Einzelperson inmitten von Gesinnungsgruppen verliert man schnell den Spaß.

Papa Bär betrachtet mich misstrauisch durch seine Kunststoffbrille. Ich bin kein Trabi-Freund. Er sieht das. Er merkt das. Das sehe ich. Das merke ich. Ich versuche das Gespräch mit einer freundlichen Provokation in Gang zu bekommen.

»Wie ist das eigentlich? Hat man da keinen Schiss im Trabi, dass mal einer reinfährt? Ich meine, die Dinger haben ja keinen Airbag«, frage ich in die Runde. Das Lächeln von Papa Bär verrutscht mitten im Getränkeansaugvorgang. Angriffslustig starrt er mich vom Grill her an, den Doppelrohrstrohhalm mit den Lippen quetschend. Auf der Stirn bauen sich feine Runzelwellen auf. Langsam, ganz langsam arbeitet sich eine bedrohliche Spannung in seinen Körper. Die Nase saugt einen halben Kubikmeter Luft. Die Laune hat allenfalls noch Zimmertemperatur.

Auch die anderen stehen angespannt regungslos. Eisige Stille. Räuspern. Die Sachlage scheint umstritten.

Ein schmächtiger Typ im Böhse-Onkelz-Shirt gewinnt als Erster die Fassung zurück.

»Im ADAC-Test von 1991 haben sie die Autos mit 50 Sachen gegen die Wand gedonnert. Und der Trabi war der Testsieger!«, sagt er, lauter und überzeugender, als man es ihm zutrauen würde, um mir gleich noch die Argumente für weitere kritische Fragen zu entziehen: Der Trabant sei neben dem Porsche übrigens auch das meistgeklaute Auto, jawohl!

»Wie kann der Trabi denn Testsieger sein? Der ist doch aus Kunststoff!«, bleibe ich ungläubig. Die Aussage mit dem Diebstahl dagegen glaube ich gern. Selbst mein Briefkasten ist wahrscheinlich mit einer leistungsfähigeren Schließanlage ausgestattet als ein Trabant. Von Versicherungsbetrug mal abgesehen.

Nun übernimmt Papa Bär die Argumentationsführung. Mit festen Schritten, die Ärmel seines »Zweitaktbrigade«-Sweatshirts nach oben schiebend, schreitet er zu einem Trabi, der mit geöffneter Motorhaube neben dem Grill parkt. Heranwinkende Handbewegung. Ein Befehl, das wird auch ohne Worte klar. Breitbeinig stelle ich mich neben Papa Bär und schaue neugierig in den Antriebsschlund. Schläuche. Kästchen. Stecker. Ein paar Drähte. Der Motor? Vielleicht.

»Hier!«, erklärt Papa Bär mit dynamisch anziehender Stimme und klappt den Zeigefinger aus der Faust: »Den Schnulli da unten drückt es beim Aufprall komplett weg, den Sprattel hier auch, und dann knittert alles unter den Spritzraum. Du sitzt hinterher quasi auf dem Motor, wie auf einem Thron.« Papa Bär verschränkt die Arme.

Erneut Stille. Jetzt haben sie mich. Schnulli. Sprattel. Thron. Was soll ich jetzt dagegen sagen? Ausprobieren werde ich es sicher nicht.

»Die Karosse federt ja auch beim Aufprall, richtig?«, sage ich mein gestern gelerntes Wissen auf.

»Federn? Quatsch! Wenn du mit 'ner Pappe 'ne Westkiste mit dem Kotflügel rammst, dann schlitzt es das Blech voll auf, der Trabi hat aber höchstens ein paar Kratzer«, rundet Papa Bär das Gespräch ab und streicht mit der flachen Hand über die beschriebene Frontpartie. Der Rest seiner Truppe scheint ebenso beeindruckt wie ich.

Die Sachlage wird nicht weiter vertieft. Dafür der Blick ins Glas. Papa Bär nickt zufrieden. Na also!

Es dauert noch eine Weile, dann bröselt die harte Schale von Papa Bär. Im Grunde genommen ist er ein netter Kerl. Sanftmütig und kumpelhaft. Doch das Fremden gegenüber zu zeigen ist für ihn wohl so eine Sache.

Der Alkohol tut seine entkrampfende Wirkung. Die Drinks gehen weg wie nix. Die Stimmungskurve steigt entsprechend. »Los Jungs, gebt dem Affen Zucker!«, grölt Papa Bär, nun zu allem entschlossen, hakt sich bei Clubmitglied »Bambi« ein und torkelt – »Bettina, pack die Brüste ein!« – in Richtung Festzelt. Ich schlurfe hinterher und werde von ein paar Jugendlichen aus Kronach abgefangen, die »DDR Elitetruppe«-Shirts tragen und Fäuste reckend »DDR!« krakeelen und »Rotfront!« und »Kult!«. Einer hängt in einem bemitleidenswerten Zustand ohne einen Rest Körperspannung in seinem Klappstuhl und lässt seltsame Geräusche aus seinem Mund sprudeln, die mit Sprache nichts mehr zu tun haben. »Geil, jetzt kommen die Wessis in den Osten!«, kreischt ein anderer, auch nicht mehr ganz so aussprachesicher.

Vor dem Festzelt hat sich Papa Bär aller seiner Oberteile entledigt und reibt sich neben einer ebenfalls nicht mehr ganz angezogenen Jugendlichen an einem geparkten Trabi. Weil sich deswegen einige Kameralinsen auf die beiden richten, imitiert er nun die Bewegungen beim Geschlechtsverkehr, während sich die Jugendliche synchron dazu auf die Motorhaube fließen lässt. Was hier wen, oder wer hier was bedingt – die Fotografierer die Groteske, die Groteske die Fotografierer, oder der Alkohol das Gesamtpaket –, lässt sich nicht mehr im Detail rekonstruieren. Aus dem Bierzelt kommen sie herbeigeeilt und klatschen Applaus. »Komm her, du geile Sau!«, raunt Papa Bär dem Trabi zu und leckt den Lampenring. Ein spontaner Versuch von Heldenleistung.

Ich gehe ins Festzelt, wo sich eine Musikergruppe an den Hitparadenklassikern der vergangenen Jahrzehnte versucht. Das Ergebnis ist nicht besonders, reicht aber in Zusammenspiel mit dem Alkoholausschank, damit vor der Bühne zwei Pärchen alles schütteln, was sie haben.

Eine schätzungsweise 40-Jährige erzählt mir statt ihrem stark angetrunkenen Gatten, dass sie rasiert sei. Gefragt hatte ich nicht.

Kurze Zeit später sehe ich die Dame hinter dem Klowagen mit dem Schlagzeuger der Band schäkern. Vor einem Westauto. Also nee!

7.

Endlich unendlich

An Michael Hübner war viel zu viel betonhartes Fleisch, als dass die Bezeichnung Mensch noch treffend für ihn gewesen wäre. Michael Hübner war eine Mensch-Maschine. Michael Hübner hatte ein silbergraues Fahrrad, dessen Rahmenwinkel mit dicken Stahlblechen verstärkt waren, weil er ein normales Fahrrad auseinandergerissen hätte. Michael Hübner hatte Beine wie Brustkörbe, und wenn er mit diesen Beinen auf die Pedale seines Fahrrades trat, das sich trotz Verstärkungsblechen und miteinander verlöteten Speichen unter der gigantischen Kraft wand, schoss er in zehn Sekunden durch die 200-Meter-Messzone. Michael Hübner konnte aus reiner Muskelkraft 72 km/h schnell fahren. Michael Hübner war zwischen 1986 und 1987 der schnellste Radrennfahrer der Welt.

Es war ein heißer Samstagvormittag im Frühsommer 1987, als ich mit meinem Fahrrad so schnell fuhr wie Michael Hübner.

Die Sprintertage, die mehrmals im Jahr abwechselnd auf den verschiedenen Radrennbahnen der Republik ausgetragen wurden, waren wichtige Seismographen im Hinblick auf Meisterschaften und Olympiaden. Es nahmen die besten Radsprinter des Landes teil. Zuschauer schrieben die Ergebnisse in die dafür vorgesehenen Programmheftseiten. Verbandstrainer notierten auf Handblöcken Zeiten, Platzierungen und Auffälligkeiten der Fahrer, die für künftige Auslandsrennen infrage kamen. Radsprint war eine der Paradedisziplinen des DDR-Sports. Ein Garant für Medaillengold, für Ruhm und internationale Anerkennung. Bei Weltmeisterschaften waren drei Athleten je Land zugelassen. Der Goldmedaillengewinner des Vorjahres war automatisch gesetzt. Eine DDR-Meisterschaft zu gewinnen war in den Achtzigerjahren schwieriger als eine Weltmeisterschaft für sich zu entscheiden. In jenen Jahren traten fast immer vier Sportler für die DDR an – drei plus Weltmeister – und sicherten sich nicht selten die ersten vier Plätze. Hätten sechs Sportler pro Land starten dürfen, wären wahrscheinlich auch die Plätze fünf und sechs von DDR-Sportlern besetzt gewesen.

Michael Hübner war bei jenem Sprintertag an jenem Frühsommervormittag der amtierende Weltmeister. Ich hätte ihn auch ohne das Meistertrikot erkannt, das leuchtend weiß und mit Brustringen in den Farben Blau, Rot, Schwarz, Gelb, Grün verziert war. Michael Hübner trug nicht wirklich ein Trikot. Oberkörper, Hüfte und Oberschenkel waren vielmehr umspannt von einer dünnen, glänzenden Lycrahaut, die den Träger widerstandslos durch den Fahrtwind flutschen ließ. Wir Nachwuchsfahrer der Altersklasse 14/15 bekamen solche Anzüge nur zu wichtigen Wettkämpfen – und auch nur dann, wenn die Leistung stimmte. Man fühlte sich in den Lycrahäuten stolz und geehrt. Man fühlte sich in ihnen so unverwundbar wie in einem Zauberanzug. Der Anziehvorgang setzte gewisse Spezialkenntnisse voraus. Man musste sich mit halben Oberkörperschrauben in das Oberteil hereindrehen und die Luft anhalten, um den Reißverschluss vom Bauchnabel nach oben ziehen zu können. Der Anzug, den ich an diesem Tag trug, war dunkelgrün mit weiß abgesetzten Längsstreifen. Es war der Team-Anzug des SC DHfK Leipzig.

Die Radrennbahn in Berlin Weißensee galt als schnelle Bahn. Sie war 333 Meter lang und hatte einen hellen, glatten, beinahe weißen Betonbelag. Die Kurven waren angenehm erhöht. Nicht so steil wie auf der Bahn in Karl-Marx-Stadt, der »Suppenschüssel«, wo man schnell mit der Pedale aufsetzen und in die Tiefe rutschen konnte. Auch nicht so flach wie die Bahn in Dresden Heidenau, dem »Kuchenteller«, wo die Fliehkraft ungezähmt ins Vorderrad griff.

Die Bahn in Weißensee war an diesem Vormittag voller Fahrer, die sich für die Qualifikationsläufe warmfuhren. Das Aufwärmen geschah nach einem festen Muster. Erst kreiste man zehn Minuten locker ums Oval, damit der Körper auf Betriebstemperatur kam. Dann fuhr man ein paar schnellere Runden, um die Muskeln schließlich mit explosiven Sprints maximal geschmeidig zu machen, wofür man über eine Runde an der Bande entlang – also ganz außen – beschleunigte, um dann im Kurvenausgang der Gegengeraden im Wiegetritt nach innen zu ziehen und die halbe Runde bis zum Ziel Vollgas zu geben.

Mein Trainer hatte mir zugerufen, dass ich versuchen sollte, bei Michael Hübner am Hinterrad zu sprinten. Hübner fuhr bereits oben an der Bande und wartete darauf, einen freien Abschnitt zu erwischen. Mehrere Runden fuhr ich lauernd an seinem Hinterrad, als ich eine Tempoverschärfung registrierte. Michael Hübner hatte sich an das Hinterrad von Lutz Heßlich gehängt, der nach Medaillen gerechnet noch erfolgreicher war als Michael Hübner. Heßlich fuhr vorne. Hübner dahinter. Ich als Dritter. Ich spürte den Fahrtwind stärker werden, der von meiner Lycrahaut angenehm gekühlt wurde, ehe er bis zur Haut durchdrang. Ich spürte den Druckschmerz der vier Lederriemen an meinen Füßen, mit denen ich fest mit den Pedalen verbunden war. Ich sah das Weltmeistertrikot vor mir, das von Hübners Muskelrücken zu einem mächtigen V verzerrt wurde. Ich sah den weißen Helm mit dem blauen Mittelstreifen, unter dem Hübners blonde Haarspitzen über gewaltigen Trapezmuskeln im Wind flatterten. Ich sah Hübner den Lenker fester greifen, sah, wie seine unglaublichen Oberschenkel schneller und immer schneller auf und nieder stampften, wie die Fasern der noch viel unglaublicheren Waden zunehmend vehementer gegen die braune, dünne Haut drückten. Ich sah das Gewusel im Innenraum nicht mehr, nicht die Bande, nicht die anderen Fahrer um uns herum. Ich hörte die Überbrückungsmusik aus den Stadionboxen nicht mehr, nicht die Trillerpfeifenpfiffe der Trainer, die ihre Fahrer durch das Aufwärmprogramm dirigierten. Das Drumherum war in diesen Sekunden nichts weiter als ein pürierter Farbfetzen. Heßlich trat zuerst an, Hübner nur Hundertstel später. Ich hatte eine gute Reaktionszeit, sie war immer wieder von Wissenschaftlern untersucht worden, in einem hermetisch gesicherten Spiegelglasgebäude mit labyrinthartiger Architektur, das im »Spiegel« später als »geheimes Forschungsinstitut des DDR-Sports« beschrieben wurde. Der Antritt von Heßlich und Hübner war hart, viel härter als der meiner Alterskollegen. Ich musste mich flach über den Lenker ducken und den Beinen alles abverlangen, damit ich es zurück in den Windschatten schaffte. Der Oberkörper mit den Weltmeisterstreifen wuchtete vor mir hin und her, als Hübner versuchte, am Kurvenausgang an Heßlich vorbeizuziehen. Er schaffte es nicht ganz, vielleicht hatte er es auch gar nicht mit letzter Konsequenz gewollt. Die Ziellinie huschte unter uns hindurch. Wir bäumten uns auf, schnappten nach Luft. Ich fühlte ein euphorisches Triumphgefühl durch meinen Körper fahren. Ich war drangeblieben an den beiden besten Radsprintern der Welt. Sie hatten sich nur aufgewärmt. Das machte für mich keinen Unterschied. Ich war 15 Jahre alt. Ich schaffte Kniebeugen mit 190 Kilo. Ich gehörte zu den Landesbesten in einer Radsportdisziplin, die international von genau diesem Land beherrscht wurde. Ich spürte, dass ich auch bald ein Spezialrad mit eingeschweißten Verstärkungsblechen brauchen würde; dass ich es schaffen könnte zum Olympiasieger.

Es war nicht nur der seelische Schmerz, der mich wenig später dazu brachte, ein Brotmesser an meine Pulsadern zu halten. Es war auch der körperliche. Ein paar Wochen waren vergangen, seit die Sportfunktionäre das Ende meiner Karriere beschlossen hatten. Sie hatten mir das Rad weggenommen und mich bedrängt ein Formular zu unterschreiben, auf dem stand, dass ich gesund aus dem Leistungssport entlassen wurde. Dabei hatten sie den Rauswurf mit »gesundheitlichen Gründen« gerechtfertigt. Ich weigerte mich, das Formular zu unterschreiben. Ich ging zu zwei verschiedenen Ärzten, um mich untersuchen zu lassen. Die Ärzte sagten mir jeweils beim zweiten Termin, dass sie Anrufe bekommen hätten, dass sie Ärger bekommen würden, dass sie mich nicht untersuchen dürften. Ich war ein brisanter Fall.

Mein Vater besorgte mir ein Rennrad. Ich hatte in meiner jugendlichen Naivität beschlossen einfach weiterzutrainieren. Exakt so, wie ich es in der

Kaderschmiede getan hatte. Auf die Trainer, die Ärzte, die Mechaniker, die Sportwissenschaftler und die Physiotherapeuten konnte ich verzichten, dachte ich. Ich wollte den Sportbonzen beweisen, dass sie ihre dämlichen Medaillenspiegel ohne mich vergessen könnten. Ich wollte ihnen zeigen, dass sie den größten Fehler ihres Lebens begangen hatten. Ich wollte in die CSSR oder nach Rumänien umsiedeln, wenn sie mich nicht wieder in den Kader aufnahmen, wenn sie nicht angewinselt kommen würden. Ich wollte die tschechoslowakische oder die rumänische Staatsbürgerschaft annehmen und dann eben für eines dieser Länder Olympiasieger werden. Wieso sollten die Tschechoslowaken und die Rumänen kein Interesse daran haben? Ich wollte mich nicht so einfach abservieren lassen. Ich hatte viel zu hart für den Sport gearbeitet. Ich hatte ein Zimmer voller Siegerschleifen. Ich hatte mich all die Jahre nur gequält und verzichtet. Ich hatte mir mit eisernem Willen einen gusseisernen Körper angefertigt. Ich kannte weder den Geruch einer Diskothek, noch wusste ich, wie man eine Bierflasche hielt, wie einen Mopedlenker, wie ein Mädchen. Ich war 16 Jahre alt und hatte keinen blassen Schimmer, wie ein Zungenkuss funktionierte.

Zuerst schmolz mein Körper. Ich aß jeden Tag acht rohe Eier, wegen des Eiweiß, das die Muskelzellen brauchen, um zu wachsen. Ich quälte mich bei Kraftkreisen in der Turnhalle, jeden zweiten Tag. Ich fuhr nach der Arbeit Rennrad bis es stockfinster war. Ich sprang im Kinderzimmer bis zur Erschöpfung mit dem Seil, pumpte mir vor dem Schlafengehen 150 Liegestütze in die Arme, trainierte Schulter, Brust, Bauch und Rücken mit Hanteln, die mir mein Vater gebaut hatte. Zehn Kilo Muskelmasse verlor ich innerhalb weniger Wochen, obwohl ich exakt so aß und trainierte wie kurz zuvor auf dem Sportinternat. Alles an mir wurde einfach dünner. Als würde die Luft aus mir weichen. Wie aus einer undichten Luftmatratze. Ich stand ungläubig vor dem Spiegel, kontrollierte mein Gewicht mit der Waage. Dass ich einfach weniger wurde, konnte ich mir nicht erklären. Bei meinen ersten Trainingseinheiten auf dem Sportinternat war meine Bindehaut auf dem Rücken noch gerissen. Tiefe Narben hatten sich gebildet, weil sich die Haut nicht so schnell dehnen konnte, wie die Muskelberge wuchsen. Schon nach einem Monat hatte mich meine Mutter komplett neu einkleiden müssen, weil mir keine Hose mehr passte, kein Oberteil, keine Jacke. 86 Kilo hatte ich zum Zeitpunkt meiner Abservierung gewogen, bei sechs Prozent Körperfett. Nun zeigte die Waage plötzlich keine 76 Kilo mehr an.

Ich gewann das Radrennen in Leipzig Mölkau. Mein Körper war sehniger geworden, ausdauernder. Das kam mir auf der Straße entgegen. Das Radrennen in Leipzig Mölkau hatte keinen wichtigen Stellenwert im Jahreskalender. Aber es waren alle meine alten Trainingskollegen vom SC DHfK Leipzig am Start, die feinen Herren Staatsprofis, die für mich inzwischen nichts anderes waren als abgrundtief gehasste Erzfeinde.

Den Schmerz in der rechten Schulter hatte ich erst ignoriert. Er hatte sich schleichend im Gelenk ausgebreitet. Jetzt machte er kleinste Bewegungen zur Qual. Um meinen rechten Arm zu heben, musste ich den linken Arm zu Hilfe nehmen. Der Arm auf der rechten Seite hing einfach an mir dran. Solange er hing, war alles gut. Versuchte ich ihn zu bewegen, bei Begrüßungen oder beim Essen, biss ich mir vor Schmerzen auf die Lippe. Ich begrüßte Leute, indem ich mit der linken Hand den rechten Unterarm griff und ihn in die gewünschte Position führte, wie mit einem Kran. Wenn ich die Hand auf den Rennlenker legte und nicht zu heftig im Wiegetritt fuhr, ging es. Und solange ich im Sattel saß, war die Welt für mich deutlich weniger schrecklich, ja fast schon in Ordnung.

Der Schmerz in den Füßen kam ein paar Monate später. Auch er begann schleichend. Zuerst durchfuhr mich nur ein stechender Schmerz, dann begann ich zu humpeln; und als die gesamten Fersen nur noch hämatomblau vor sich hin glühten und einen pochenden, ekelhaften Stechschmerz verstrahlten, als dieser Schmerz durch die Schonhaltung auch noch unerträglich in den Rücken strahlte, als ich lieber auf allen Vieren durch die Wohnung krabbelte, weil mir aufrechtes Gehen zu viel Leidensfähigkeit abverlangt hätte, als ich es schließlich ohne Spritzen und Tabletten nicht mehr aushalten konnte, da brach das seelische Immunsystem auf übelste Weise in sich zusammen. Sie hatten mich meiner Träume beraubt, meiner Gesundheit, meines Lebenswillens, meiner Rechte. Es gab niemanden, bei dem ich mich hätte beschweren können. Ich war ein Nichts. Ich war tot, aber lebendig.

Ich ließ mich von meiner Mutter an der Haustür verleugnen und meine Freunde allein Richtung Disko ziehen. Ich traute mich nicht raus als Krüppel, schloss mich in meinem Zimmer ein, besoff mich mit Bier und Billiglikör zu The Smith. Ich heulte hemmungslos und biss vor seelischem Schmerz in die Arbeitsplatte meines Schreibtisches, dass der Abdruck der Zähne im Furnier blieb. Die Haare fielen aus, was nicht typisch ist für einen 16-Jährigen. Mein Vater sagte, die Ursache dafür könnten nur heimlich verabreichte Hormonpräparate sein. Ich dachte an die Oral-Turinabol-Tabletten, die mir mein Trainer zugesteckt hatte, immer wieder, im Umkleideraum nach den Trainingseinheiten, ohne mir zu sagen, was genau das war. Diese Dreckstabletten, von denen ich inzwischen wusste, dass es Anabolika waren, dass sie »blaue Steaks« genannt wurden, hergestellt von Jenapharm zur Rumpfmuskelstärkung Schwangerer, missbraucht von skrupellosen Trainern für Medaillenjagden. Die Muskeln wuchsen von allein. Ich dachte an die sogenannten Eiweißdrinks, die wir bei fast jedem Krafttraining in kleinen Schlucken im Zeitabstand von zehn Minuten trinken mussten, zusammengemischt in abgeschlossenen Räumen, portioniert in genau zuzuordnende Radflaschen mit dem Namen des jeweiligen Sportlers auf Pflasterband. Der Vorname ausgeschrieben, der Nachname abgekürzt mit Punkt. Hatte ich vor der DDR-Spartakiade nicht über schwere Beine geklagt, um nach dem Konsum einiger solcher Flaschen derart gewaltig anzutreten, dass eine Speiche im Hinterrad riss und ich trotzdem noch Bronze schaffte, obwohl mir die nach außen stehende Messerspeiche bei jeder Radumdrehung in die Wade säbelte? Können Muskeln auf natürliche Art schneller wachsen, als die Haut sich dehnen kann? Kann man Kniebeugen mit 190 Kilo Eisen auf dem Rücken schaffen, Fünferserien, mit 14 Jahren? War diese Belastung schuld an den Schmerzen? War das Oral Turinabol schuld, ohne das wahrscheinlich kein 14-Jähriger dieser Welt 190 Kilo Eisen heben konnte?

Ich fönte mir die Haare wie The-Smiths-Sänger Morrissey nach oben, damit die kahlen Stellen nicht so auffielen. Man sah den Schwund trotzdem. Ich war verzweifelt. Welches Mädchen sollte sich in einen Krüppel verlieben, der humpelte, depressiv war und eine angehende Glatze hatte?

Die Hoffnung stirbt zuerst.

Wie geht Selbstmord? Man lernt immer nur zu leben, aber nie sich umzubringen. Kalt ist ein Brotmesser, wenn man es an die Pulsadern hält. Es piekst, kitzelt fast ein wenig. Wie oft wird man sägen müssen, bis es endlich vorbei ist? Bis das verdammte Leben aus einem schwindet, das herzzerreißende »There is a Light that never goes out« vom Smiths-Album »The Queen is Dead« im Ohr. Bei einer Brotscheibe musste man sechs- bis siebenmal sägen. Wie tief liegt die Pulsader? Verläuft sie überhaupt da, wo man sie vermutet? Mit einem Messer an der Pulsader fühlt man sich mit einem Schlag nur noch halb so lebendig. Ein Teilerfolg, immerhin. Für den Moment reichte mir das.

Ich spürte, dass es nicht gut war die Smiths zu hören, wenn ich weiterleben wollte. Die Smiths transformierten Depressivität in Lebensmüdigkeit. »... and if a double-decker bus crashes into us, to die by your side, such a heavenly way to die ...« Es gab keine Doppeldeckerbusse und ich kannte auch kein Mädchen, das an meiner Seite von einem solchen zermalmt werden wollte. Ich spürte, dass es vorerst nichts werden würde mit einer olympischen Goldmedaille für Rumänien oder die Tschechoslowakei. Mein Leben kam mir nicht mehr so vor, als wäre es irgendetwas wert. Ich überlegte, mich vor einen Lkw zu werfen. Ich hörte die Smiths in Endlosschleife. Ich brachte mich in Gedanken auf alle möglichen Arten um. Ich erfror in Sommersachen im Winterwald, ich ertrank in der Elbe, ich vergiftete mich mit dem Benzin aus unserem Trabi-Kanister. Wirklich Ernst zu machen traute ich mich nicht. Dazu war ich schlicht und einfach zu feige.

Die Wende kam, und ich lernte schnell die Lektion, dass selbst mit Westgeld alle bunten Luxusdinge keinen Wert haben, wenn der Körper eine Baustelle ist. Für alle anderen war die DDR Vergangenheit, ich trug sie permanent mit mir herum, wie einen Virus. Heute habe ich keine nennenswerten Schmerzen mehr, dafür aber auch keine Schleimbeutel mehr in der Schulter. Ich kann den rechten Arm wieder bewegen, nur nicht mehr voll belasten. Die Füße sind operiert. Laufen geht, wenn ich es langsam und mit den richtigen Schuhen tue, kann ich sogar eine überschaubare Runde joggen. Radfahren ist mir die liebste Fortbewegungsart. Auf einem Fahrrad spüre ich keine Schmerzen. Auf einem Fahrrad gleite ich schwerelos dahin.

Es ist Sonntag, kurz nach acht Uhr morgens, der Tag nach der Trabi-Party. Der Kanonenschuss, abgeböllert auf dem Veranstaltungsgelände, sollte das originelle Ende der Nachtruhe bedeuten. Bei mir hat es funktioniert. Auf dem Gelände tut sich nicht viel.

Isomatte zusammenfalten, auf der ich die Nacht auf dem Besucherparkplatz durchgehalten habe. Der Rücken schmerzt. Erholung ist etwas anderes. Frühstück werde ich unterwegs einnehmen. Erst mal ein paar Kilometer weg hier. Gleich werden sie wieder erbärmliche Puhdys-Hits einlegen und mit Getrieben schmeißen. Ein Grüppchen Trabi-Freunde wurde von der Nacht nahtlos an den Tag übergeben und sitzt noch immer fachsimpelnd vor einem Steilwandzelt.

Umziehen, dann zur Hauptstraße und nach links. Ich habe kein Ziel, nur eine Richtung. Die Richtung heißt Ostsee.

Die ersten Kilometer geht es bergab. Der Fahrtwind umfächelt mein Gesicht mit unverbrauchter, kühler Morgenluft und lässt die Restmüdigkeit aus den Gliedern weichen. Die Schatten der Bäume huschen über mein Gesicht. Reifensummen kitzelt die Stille. Die Gumminoppen der Lenkergriffe stoßen sanft in die Handflächen. Der Sattel schmiegt sich weich an die Sitzknochen. Metallische Kühle durchzieht den Zeigefinger, der abzugbereit am Schalthebel lauert. Der Kreislauf pumpt die Schwere mit jeder Kurbelumdrehung aus den Beinen. Alles findet zueinander. Automatismus stellt sich ein. Die Beine treten, ich lenke. Um mich herum wachsende Weite, multibunte Farbenpracht.

Die Hohe Geba thront 751 Meter über der gewellten Landschaft. Laut Karte müsste sie keine zehn Kilometer vor mir liegen.

Herpf, Stepfershausen, Träbes – keiner der Orte hat verkehrspolitische, wirtschaftliche oder sonstwelche Relevanz. Der arbeitsfreie Wochentag saugt nun den letzten Grund für irgendeine Art von Stress aus den Häuseransiedlungen. Niemand zu sehen. Niemand zu hören. Keine Menschen. Kein Hausgetier. Ehrliche Orte. Paris verspricht Liebe und enttäuscht mit Tourinepp, Verkehrslärm und Taubenscheiße. Herpf,

Stepfershausen, Träbes versprechen gar nichts. Das macht die Orte so sympathisch.

Ich biege von der Hauptstraße nach links in eine Nebenstraße und von dieser wenig später nach rechts auf einen Wanderweg. Ein paar hundert steile Meter, eine Rechtskurve. Dann stehe ich oben. »Die Rhön – einfach erhebend«, begrüßt mich ein Schild. Die Aussicht ist bestmöglich.

Das Plateau bietet Raum für einige einfache Zweckbauten. Schilder informieren über den historischen Hintergrund. Die Hohe Geba sei der westlichste Großhorchposten der Warschauer-Pakt-Staaten auf europäischem Boden gewesen, lese ich. Eine sowjetische Radarstation mit Hubschrauberlandeplatz, Tankstelle, Telefonabhöranlagen auf Kettenfahrzeugen und einer Baracke mit Schlafräumen für bis zu 120 Soldaten. Die Lebensbedingungen auf dem Berg seien rau gewesen. Das Klima! Der nicht vorhandene Wohnkomfort! Der Sold! Nur 15 Mark! Im Monat! Das Offiziersgebäude werde gerade mithilfe des EU-Förderprogramms »Leader+« zum Rhönenergiehaus umgebaut.

Ich lege mein Bike ins Gras und vergleiche die Bilder auf den Infotafeln mit den Gebäuden. Das meiste scheint original erhalten. »Alaska Ranch« steht am Gebäude, das einmal die Soldatenunterkunft war. Die ausgehängte Speisekarte macht Appetit, vertröstet aber noch für ein Weilchen: »Öffnungszeit ab 11:30 Uhr.«

Es gibt nicht viele Orte, die sich so gut zum Warten eignen, wie die Hohe Geba. Ich setze mich an einen der angewitterten Holztische, schließe die Augen, lasse den Kopf in den Nacken klappen und spüre die Kraft der Sonne, diese wunderbare Lebensenergie, ohne die alles finster, tot und eisig wäre. Morgen, wenn die Geschäfte wieder offen sind, werde ich mir Sonnencreme kaufen, nehme ich mir vor. Jedes Mal wenn die Sonne hinter einer Wolke hervorblinzelt, muss ich an die Fahrt im Ibiza und Madeleines Krebs-Vortrag denken. Ich werde mir eine große Flasche mit UV-Schutz-Faktor 50 holen, deren Inhalt dick und zähflüssig aus der Öffnung kleckert, nicht einzieht und dann als kalkweißer Film auf mir kleben bleibt. Jeder

Mensch nach dem Magenauspumpen wird besser aussehen als ich mit meiner kalkweißen Oberfläche. Aber da muss man sich eben entscheiden. Schönheit oder Gesundheit.

Ich höre Kies, der unter Reifen knirscht. Ich höre kein Motorgeräusch. Ich höre Bremsbeläge auf Bremsscheiben treffen, die demnächst ausgetauscht werden müssen. Ich höre den Freilauf einer preisleistungsgünstigen Hinterradnabe, die Qualitätswelten von einer Chris-King-Nabe entfernt ist. Ein weiches Surren, kein definiertes, hartes Klacken. Ein Sperrklingenfreilauf aus Stahl. Kein stirnverzahnter, aus CNC-gefrästem Aluminium oder Titan. Wahrscheinlich eine Shimano XT-Nabe. Eher noch die billigere LX-Version. Ich höre Schritte auf mich zukommen, die von diesem typischen harten Knirschen begleitet sind, wenn das Eisen von Schuhplatten auf Kieselsteinen reibt. Ich öffne die Augen.

»Na, um die Zeit schon hier oben?«, lächelt mir ein gut gelaunter Sportkollege entgegen. Die Kleidung ist sportartspezifisch, entspricht aber den Vorstellungen der 1994er-Radsportmode. Die Hose ist einfarbig schwarz, die Windjacke nach Preisersparnis ausgewählt und nicht, wie es eigentlich sein sollte, nach thermoregulierenden Faktoren. Der Helm klemmt in der Achselhöhle. Das rote, zum Piratenturban geknotete Halstuch auf dem Kopf hat wohl eine schweißaufsaugende Funktion. Die Beine sind trainiert, bedürfen aber dringend einer Nassrasur. Ein Wochenendradler. Ein Quereinsteiger. Altersklasse 50 plus. Schätze ich mal.
»Wo bist'n gestartet?«, fragt der Mann.
»In Meiningen«, sage ich.
»Wohnst du da?«
»Nee, ich fahre bloß die Grenze ab.«
Es dauert ein paar Sekunden, bis der Mann versteht.
»Die Grenze? Komplett, bis hoch?«, schauen mich seine erstaunt geweiteten Augen an.
Ich nicke.
»Respekt!«

Der Mann heißt Achim. Er wohne gleich unten, in Geba, keine drei Kilometer von hier, erzählt er. Gerade sei er seine Sonntagvormittagrunde gefahren. Jetzt hätte er gern ein Kaltgetränk. Die Kneipe, sagt er, müsse jeden Moment aufmachen.

»Wie weit ist Geba denn von der ehemaligen Grenze weg?«, frage ich.

»Boah, nicht weit. Fünf Minuten mit dem Bike«, schätzt Achim und legt den Helm auf den Tisch. »Geba war aber kein Sperrgebiet, falls du das meinst.«

»Hat man in Geba was mitbekommen von der Grenze?«

»Nicht wirklich. Manchmal bin ich auf das Scheunendach von unserem Bauernhof geklettert und habe rübergeguckt Richtung Fladungen.«

»Und was hat man da gesehen?«

»Pferde. Auf einer Koppel.«

Achim setzt sich auf die Bank der gegenüberliegenden Tischseite. Genussvoll streckt er Beine und Arme von sich, schließt kurz die Augen, wie ich es eben getan habe, öffnet sie wieder und presst ein zufriedenes »Aaahhhhhhhh!« aus den Tiefen seiner Lungen.

»Und dieser Bereich hier? Warst du hier zu Ostzeiten mal drin?«, frage ich.

»Ja, war ich. Die Russen waren prima Kerle. Ich habe als Elektriker gearbeitet und war öfter auf dem Gelände. Das Klischee war ja, dass die Russen im Vergleich zu den Amis eher rückschrittlich waren. Das war überhaupt nicht so. Die Ingenieure waren hochintelligent. Die sprachen perfekt Englisch. Das Herz der Abhörstation war voll mit Hightech, alles war aufgeräumt wie bei der NASA. Da gab es zum Beispiel einen riesigen Bildschirm, zwei mal vier Meter, so etwas hatte man damals noch nie gesehen. Die Russen konnten bis zu den Pyrenäen gucken, kein Mist. Ab und zu feierten sie Feste. Die Soldaten spielten Gitarre und sangen. Es gab Wodka, literweise. Das war für uns Deutsche tödlich!«, lacht Achim und zieht die Windjacke aus. Die Sonne brennt gnadenlos. Ich ziehe meine Jacke an. Madeleine hat mich mit der Krebsgeschichte ganz plemplem gemacht.

Achim hat Durst. Ungeduldig springt sein Blick zwischen der Alaska Ranch und seiner Armbanduhr hin und her.

»Muss jeden Moment aufmachen«, informiert er ungeduldig.

»Hoffentlich, ich bin voll am Verhungern«, dramatisiere ich.

»Und ich sterbe gleich vor Durst.« Der leidende Blick von Achim macht seine Aussage 100 Prozent glaubhaft.

Die Tür der Alaska Ranch knarrt. Endlich. Frühstück. Achim schnellt von der Bank auf und eilt in Vorspulgeschwindigkeit zum Tresen. Ich folge kaum zeitverzögert. Wenig später sitzen wir wieder in der Sonne. Achim mit einem Radler. Ich mit einem Erdbeer-Milchshake und einem riesigen Teller Putengeschnetzelten. Die Kalorien sind dringend nötig. Die Topografie lässt in absehbarer Zeit keine Flachstücke erwarten. Soweit man sehen kann, wachsen die sanft geschwungenen, kantenlosen Erhebungen zahlreich und mächtig in den Himmel. Mit einer Kompottschüssel voller in Milch aufgeweichter Haferflocken würde man je nach Untergrund, Wetter und Geschwindigkeit etwa 60 Kilometer kommen, ohne ein Verbleichen der Kraftreserven zu spüren. Ein Teller mit geschnetzeltem Putenfleisch, Rahmsoße und Reis ist zwar kein Idealfrühstück, sollte aber mindestens 80 Kilometer lang für Vortrieb sorgen.

Das ist Freiheit, denke ich. Man isst einen Teller Putengeschnetzeltes und schaut, wie weit man damit der Ostsee entgegenkommt.

8.

Hauchzarte Selbsterhärtung

Mein letzter Versuch, mich mit allen Wassern gewaschen zu fühlen, scheiterte vor acht Jahren kläglich auf einem Acker im schwäbischen Irgendwo. Ich hatte mir für beträchtliches Geld ein himalayataugliches Igluzelt angeschafft – mit Wassersäule von 3000 Millimetern, was immer mir der Hersteller damit sagen wollte. Dazu eine sogenannte Therm-a-Rest-Matratze mit der richtungweisenden Modellbezeichnung »Base Camp«. So wie einen Mumienschlafsack in hübschem Grün-gelb-schwarz. Der Anlass war eine dieser alljährlichen Zusammenrottungen bierdurstiger Freizeitrebellen, deren überbordendem Temperament die Gitarrenmusikbranche absolut nachvollziehbar das Schmuddelimage von Sex, Drugs and Rock 'n' Roll verdankt. Die Zusammenkunft hieß »Southside Festival« und empfahl sich durch ein eng mit Musikergrößen beschriebenes Veranstaltungsposter. Seit Monaten hatte mich das Plakat in jeden Winkel der Stadt verfolgt. Wann immer ich an einer Ampel stand oder mit dem Rad von einem Punkt zum anderen fuhr, versuchte ich mit den Augenwinkeln ein paar der Namenszüge zu erfassen. Die groß hervorgehobenen Ärzte hatte ich bereits live gesehen und auch die Beatsteaks, nicht aber die Red Hot Chili Peppers, nicht die Queens of Stone Age, und erst recht nicht New Order, deren Immer-noch-oder-schon-wieder-Existenz mich freudig überraschte. Das Festival war nun eine gute Gelegenheit, die lange Liste der Wollte-ich-schon-immer-mal-sehen-Gruppen innerhalb von zwei Tagen zu großen Teilen abzuarbeiten. Danach würden nur noch Morrissey und Sonic Youth in meiner Livesammlung fehlen. Der willkommene Nebeneffekt war das damit verbundene Camping. Seliges Schlummern in milder Sommerluft, die durch die leicht im Abendwind flatternden Stoffhälften des Eingangs ins Zeltinnere fächelt. Endlich mal ein bisschen so sein wie Reinhold Messner: naturnah, unabhängig, frei. Man kann mir Naivität vorhalten, doch genau so hatte ich es mir vorgestellt. Es war mein erster Festivalbesuch. Ich wusste nicht, wie so etwas endet.

Zahlreiche Kumpels hatten ihre Teilname am Rockzeltlager zugesagt. Doch es kam wie immer, wenn Absichtsbekundungen Taten folgen sollen. Kennt man ja von Silvester. Oder besser noch von Umzügen. Der eine wurde ganz plötzlich krank, der andere dringend im beruflichen Zusammenhang benötigt. Am Ende irrte ich allein über schmale Hinterlandstraßen. Dass ich das Ziel je erreichen würde, schien mir mit jedem Funkloch weniger wahrscheinlich. Ich war nicht allein am Veranstaltungsort. Ich war überhaupt nicht allein. Ich war so allein wie ein Mehlstaubkorn in einem Mehlsack.

Um dem Chaos wenigstens den Schein eines geregelten Ablaufs zu geben, musste man das Auto auf einer riesigen Wiese abstellen und den Campingkram händisch in den Campingbereich schleppen. Es war später Freitagabend, der Tag zog bereits den Vorhang. Ich trug Zelt, Schlafsack und die »Base Camp«-Matte auf das Gelände, dessen Campingzone links und rechts an einer ehemaligen, knapp zwei Kilometer langen Flugzeugstartbahn entlangwucherte. Alles war voller Zelte. Kilometerweit Nyloniglus. Ich hatte gehört, dass sie im Suff an die Zelte pissen oder einfach wahllos zwischen den Zelten vögeln. Deshalb stellte ich meine Behausung am äußersten Rand auf. Am nächsten Morgen stand sie mittendrin. Über Nacht waren Tausende Zelte dazugekommen. Mein Iglu war einfach Bestandteil dieser immer größer werdenden Zeltmasse geworden. Es hatte sich eingefügt in den bunten Igluteppich, diesen alles überspannenden Nylonflokati, der von freakfrisierten, permanentbebilderten Rock-Fan-Menschen wuselte. Man sah einfach keinen Rasen mehr.

Ich ging zum Bühnenbereich, legte mich in die Sonne, lauschte den wunderbaren Breeders, den behaglichen Notwist, den zornigen Soulfly. Und als es halb zwei Uhr morgens war, schwankte ich angeheitert ins Diskozelt. Ich erschlich mir beim Luftgitarrespiel zu Accept's Klassiker »Balls to the Wall« das Vertrauen einer Horde langhaariger Jeanskuttenträger, folgte ihrer Einladung zu einem Aufblasswimmingpool, der noch voller mit Bier beladen war als wir, woraufhin wir das Bier unverzüglich vom Pool in uns selbst umfüllten. Ich wurde von einer mir gänzlich unbekannten, nach schwäbischer Schupfnudelpfanne schmeckenden Rockfrau liebkost und war peinlich berührt. Am Hosenstall.

Im Morgengrauen schließlich versuchte ich über Zeltschnüre meiner Behausung entgegenzustolpern. Ich muss eine Ewigkeit mit der Suche verbracht haben. Doch der Standort meines Iglus blieb das Geheimnis des uferlos gigantischen Zeltplatzgeländes. Geld und Autoschlüssel hatte ich zum Glück eingesteckt. Ich schlief eine Weile im Papptellermüllberg neben dem Frühstückszelt. Dann fuhr ich geschafft nach Hause. Am Montag nach dem Festival überlegte ich kurz, noch einmal zum Ort des seltsamen Geschehens zu reisen. Vielleicht würde mein Zelt noch dastehen. Allein. Auf der Wiese. Gut zu erkennen. Sehr wahrscheinlich aber hatten sie es längst mit einem riesigen Industriestaubsaugerrüssel aufgesaugt. Zusammen mit Dosenmüll, Papierbergen und Bierkotze. 3000 Millimeter Wassersäule! Ich könnte heute noch heulen.

Es ist kurz vor 19 Uhr. Im Fernsehen beginnt gleich »Das perfekte Promi-Dinner«. Das Fernsehen kann mich mal. Mein Zelt liegt seit dem Start an der Raststätte Frankenwald aufbaufertig auf dem Heckträger. Heute werde ich es wagen. Campen. Sternegucken. Abenteuer. Mitten im Wald.

Wie geht Abenteuer? Ich will den Härten der Natur trotzen, habe aber kein bisschen Lust zu frieren oder nass zu werden. Da fängt es schon mal an.

Laut Karte befinde ich mich kurz vor Eisenach. Eisenach lockt mit der schönen Wartburg und dürfte schon allein aus diesem Grund über ein reichhaltiges Übernachtungsangebot verfügen. Doch es ist allerhöchste Zeit, endlich mal die Männlichkeit festzuzurren. Man ist schon ganz verweichlicht. Wo man hinschaut geht es immer nur um Komfort. Die Einkaufsmöglichkeit ist komfortabel zu erreichen, das Lokal angenehm klimatisiert, der Pullover flauschig, die Ananas verzehrfertig gewürfelt, der Autositz beheizt, die Benutzeroberfläche freundlich, die Finanzierung easy zu haben, das Vier-Gänge-Menü ein Erlebnis für die Sinne und der eingeschweißte Hüttenkäse arbeitssparend scheibiert. Mir hängt dieser Komfort langsam wirklich zum Hals raus. Letztens habe ich mir beim Apfelschälen in den Finger geschnitten. So weit ist es schon. Wie oft habe ich mir vorgestellt, auf einem Berg zu schlafen. Unter freiem Himmel. Oder ein Feuer zu machen. Mit einem Stock darüber, auf dem eine Wurst in der Flammenhitze röstet. Doch beim Feuer fängt es ja schon an. Ist ja verboten. Weiß ich nicht hundert Prozent genau. Ist aber sicher verboten. Die deutsche DIN-Vorschrift für Wasserrutschbahnen ist die DIN EN 1069. Sie regelt unter anderem, in welcher Liegeposition man auf einer Schwimmbadrutsche Richtung Becken gleiten darf. Liegend auf dem Rücken nämlich, die Hände seitlich anliegend oder verschränkt auf der Brust, die Beine 45 Grad abgewinkelt; auf gar keinen Fall mit dem Kopf zuerst, in einer Rutschkette mit anderen oder sonst wie anders. Wieso also sollte man einfach irgendwo ein Lagerfeuer machen dürfen? Ich vermute, dass ich nach geltenden Verordnungen nicht mal mein Zelt auf eine Wiese stellen darf. Die Straßenverkehrsverordnung verbietet klar und deutlich, mit einem Fahrrad wie meinem öffentlichen Asphalt auch nur zu berühren. Es fehlen die Speichenreflektoren, das fest installierte Licht sowie der »mit einem Großbuchstaben Z gekennzeichnete rote Großflächen-Rückstrahler«. Das ganze Land ist ein unaufhaltsam vor sich hin wackelnder Dudu-Finger: Achtung! Nein! Betreten verboten! Hier nicht! Da auch nicht! Dort sowieso nicht! Jede Rasenkante ist beregelt.

Andererseits: Wer soll mir vorschreiben, wo ich meine Augen für ein paar Stunden schließe? Ist beim Schlafen wirklich schon Schluss mit der grenzenlosen Freiheit, für die ich bei den Montagsdemos auf die Straße gegangen bin? Und wenn: Da bin ich jetzt einfach mal anarchistisch. Die Vorschriften und der Komfort können uns Zivilisationsheinis doch nicht zu ängstlichen Stallhasen verkümmern lassen, die draußen in der Natur hilflos krepieren. Reinhold Messner war sechs Tage lang auf dem Nanga Parbat gefangen, verlor seinen Bruder und sechs seiner Zehen und bestieg trotzdem noch alle anderen Achttausender dieser Welt. Der blinde Andy Holzer und der einbeinige Peter Mair kämpften sich zusammen auf den 6962 Meter hohen Aconcagua in Südamerika. Aron Ralston schnitt sich nach fünf Tagen im Fels eines Utah-Nationalparks mit dem Taschenmesser den eingeklemmten Arm vom Körper, um endlich zu Hause duschen zu können. Ich bin wild entschlossen, den Abenteuermythen ein weiteres Kapitel hinzuzufügen. Ich werde vor Eisenach im Zelt schlafen. Eisenhart, einfach so.

Ich rolle vom Hauptweg in einen der zugewachsenen Nebenwege. Tief hängende Nadelbaumäste kratzen mir durch das Gesicht. Die Reifen pflügen durch weichen Humusboden. Lebloses Gehölz knackt unter den Rädern. Hier war schon länger keiner mehr. Hier wird so eben auch keiner langkommen.
Die Wiese ist perfekt. Eine kleine, beim Vorbeifahren kaum wahrnehmbare Lichtung. Verkehrsgeräusche dringen schwach und von weither durchs Dickicht. Ich nehme einen tiefen Zug der guten, sauerstoffreichen Freiheitsluft. Herrlich belebend schmeckt sie. Süß, speziell. Irgendwie.

Das Zelt ist rot. Das Zelt kostet so viel wie sieben Tage Hurghada all inclusive. Ich habe nicht die geringste Ahnung, was für eine Wassersäule das Zelt diesmal hat. Nächtelang habe ich im Internet verbracht, um den optimalen Quotienten aus Gewicht und Liegefläche zu finden. Ich will ausgestreckt liegen, habe aber keine Lust unnötig Gewicht durch die Gegend zu schleppen. Es gibt Einmannzelte mit zwei Kilo Gewicht. Es gibt auch welche mit drei Kilo. Es gibt Planen, die man über Äste hängt, die nur ein Drittel von zwei Kilo wiegen. Mein Zelt wiegt 930 Gramm, besitzt ein richtiges Gestell, zwei Gramm leichte Titan-Heringe und wurde unlängst mit dem Titel »Guinness World Record« in der Kategorie Ultraleichtzelte geadelt. Kein anderer transportabler Einpersonenhaushalt ist näher an der Schwerelosigkeit. Wenn es sein muss, so die Herstellerangabe, ist das Zelt sogar groß genug für zwei nicht klaustrophobische Personen – »if you're good friends!« Mit Zelten wie diesem werden Irgendwas-Durchquerungen für Geo-Reportagen realisiert. Vor Zelten wie diesem sitzen lederhäutige

Survival-Menschen in abendrötlichen Indianer-Landschaften und schauen sehnsüchtig ihren nächsten Drachenkämpfen entgegen. Zelte wie dieses sind rot, damit man sie im Dickicht von Urwäldern oder in arktischen Eisstürmen vom Helikopter aus erkennt, dessen Rettungscrew Wochen nach dem letzten Lebenszeichen Ausschau nach dem Vermissten hält. Zelte wie dieses sind viel zu nepaltauglich für Eisenach. Vor allem aber hätte ich das Zelt vor der Reise mal ausprobieren sollen.

Ich schüttele den Inhalt aus der Ultraleichtaußenhülle. Vor mir liegt ein Kuddelmuddel aus Stäben, Schnüren und einem Material, das Ende der Achtziger als Trilobal Karriere machte und sich zu schrillen Sportzweiteilern vernäht bei Kioskstehern etabliert hat. Leider kann ich im Kuddelmuddel kein System erkennen. Alles ist auf lose Art miteinander verschnürt. Ich hebe den Haufen an, drehe und wende ihn hin und her. Gut fühlt sich das Material an. Weich, seidig, leicht. Die Außenhaut hängt an der Schlafkabine, beides ist mit kurzen Stäben verbunden, aber nicht so richtig.

Ich spüre das wellenartige Ansteigen von Blutdruck, dann dessen sekundenschnelles Absacken. Ich werde doch jetzt nicht am ABC des Abenteuerns scheitern, dem banalen Zeltaufbau. Wahrscheinlich wird demnächst einer auf Google Earth klicken, mich Slapsticker erkennen und ranzoomen. Dann wird das Bild im Internet die Runde machen und in sogenannten Foren mit hämischen Kommentaren überschüttet werden. Also ruhig bleiben und noch einmal ganz von vorn. Eine Gebrauchsanweisung liegt dem Set nicht bei. Ein Handblatt verweist auf die Homepage des Herstellers, auf der man sich den »How to do«-Film »downloaden« könne, als WMV-File, MP4-Datei oder ipod-tauglich. Als wäre das jetzt eine echte Option. Ich glaube das nicht. Jetzt hat sich das Internet schon im Abenteuerkosmos eingeschlichen. Das ist ja wie ein Virus. Man kann nicht mal mehr analog campen. Demnächst kann man sich das Lagerfeuer online bestellen. Oder die Grillwurst von der Datenbank herunterladen.

Durchatmen, nur nicht durchdrehen. Von ganz, ganz vorn anfangen. Zuerst die Schlafkabine. Dann weitersehen. Reinkriechen in die Plane, das Überzelt von der Schlafkabine trennen, was mit Klipphaken ruckzuck funktioniert. Ich fasse es nicht. Beides ist immer noch mit den Stäben und mit Schnüren verbunden. Aus der Plane kriechen, vor Wut einmal draufherumtrampeln. Linker Fuß! Rechter Fuß! Ahhh, tut das gut.

An einen Tierfilm denken. Stress abbauen. Es hilft nichts. Ich muss ins Internet.

Ich starre auf den quälend langsam anwachsenden Verbindungsbalken auf meinem Handy, das sich über irgendeinen Weltraumsatelliten mit der in England stationierten Homepage des Zeltherstellers verbindet. Mobiltelefone sind die Schweizer Messer des Digitalzeitalters. Wenn ich wollte, könnte ich mir tatsächlich ein Kaminfeuervideo herunterladen und es nachher auf dem Display flackern lassen. Ich könnte aber auch einen Fachmann anrufen und das Zelt aufbauen lassen. Nichts da, ich muss meine Abenteurerehre retten.

Die WMV-Datei bekommt das Handy nicht auf. Mit MP4 geht es. Harley-Davidson-Werbespotmusik ertönt blechern aus den Minilautsprechern, ein Mann in Carohemd schaut mich kompetent an. Wahrscheinlich lacht er mich aus. Vor ihm liegt der gleiche Kuddelmuddelhaufen wie vor mir. Zack, wusch, peng, sein Zelt steht. Meines dann zehn Minuten später auch. Wenn man weiß wie, ist es ganz einfach. Ich hätte nie gedacht, welches Gefühl von Stolz und Überlegenheit es auslösen kann, ein Zelt vor Eisenach aufzubauen.

Ich sammle Äste und baue einen Scheiterhaufen. Leider denken die Streichhölzer nicht daran, das Gebilde in ein knisterndes Lagerfeuer zu verwandeln. Lustlos knabbern sie am Holz, um Sekunden später aus dem Leben zu dampfen. Ich bin erschüttert über meine Unfähigkeit ein Abenteurer zu sein. Ein Zelt kann ich nicht aufbauen. Ein Feuer bekomme ich nicht an. Man ist wirklich so was von degeneriert. Mein Handy ist in der Lage, mich zu jeder beliebigen Adresse auf dieser Welt zu führen. Es kann mir die Börsenkurve des kompletten letzten Jahres anzeigen. Es weiß, ob es in fünf Tagen Regen geben wird oder nicht. Mein Handy kann alles. Ich kann nichts. Kann man von Google Earth wirklich so nah ranzoomen, dass man einen Menschen erkennt? Auch das wüsste mein Handy, wenn ich es mit den entsprechenden Suchbegriffen füttern würde.

Was mache ich jetzt mit dem Viererpack Bratwurst, das ich mir vorhin an der Tankstelle gekauft habe? Roh essen? Das würde die Schmach mit dem Feuer ein Stück weit wettmachen. Aber der Hunger ist nicht groß genug, um rohe Bratwürste zu essen. Die Würste sehen aus wie Riesenwürmer.

Ich schaue viele Minuten lang auf einen Baum und nuckle handwarme Wasserplörre aus meiner verschlammten Radflasche. Über mir brummt der gelbe Hubschrauber eines Pannenhelferunternehmens durch die Schäfchenwolken. Schön ist ein Baum, schön beruhigend. Die Rinde hat interessante Muster. Wenn man lange genug guckt, sieht sie aus wie die S-Bahn-Karte von München. Ich kann die S 8 erkennen und die S 2, die bei diesem Verlauf allerdings eher in Geltendorf als wie vorgesehen in Feldmoching herauskommen würde. Man schaut viel zu selten viele Minuten auf einen Baum. Jeder sollte dazu verdonnert werden, einmal in der Woche in den Wald zu gehen und viele Minuten einen Baum anzuschauen. Jeder müsste der Pate eines Baumes sein. Der Freund eines Baumes. Der Baum würde einen Vornamen haben und denselben Familiennamen wie man selbst. Man würde in den Wald gehen, seinem Baumkumpel »Hallo!« sagen, ihn umarmen und vor Störenfrieden beschützen. Man würde die Planierraupen verjagen, die wegen einer geplanten Umgehungsstraße durch den Wald gerodet kommen. Man würde sich Sorgen machen, wenn sich die Blätter im Sommer verfärben und eine Luftanalyse beantragen. Wahrscheinlich würde dann keiner mehr auf die schwachsinnige Idee kommen, von »sauberen« Autos zu sprechen und den Autokauf staatlich subventioniert anzuheizen und das Umweltschutzmaßnahme zu nennen. Nur weil die neuere Karre nur noch 6,8 statt 8,1 Liter Gift in die Welt pustet. Autos werden niemals sauber sein. Autos sind eine Plage. Selbst wenn sie mit Luft fahren und hinten Erdbeerzuckerwatte herauskommt, rauben sie Platz, machen Krach und brauchen stinkende Fabriken, in denen sie hergestellt werden.

Öff Öff aus der Oberlausitz hat vor 20 Jahren seinen Pass verbrannt und ist in den Wald gezogen, wo er ohne Fernsehen, Zeitungen, Strom und Geld von Waldbeeren, Würmern und Käfern in einem Erdloch lebt. Öff Öff ist ein lieber, netter Kerl, der nicht müde wird zu beteuern, wie glücklich er in seinem Erdloch ist. In Deutschland kann man sich nicht vorstellen, dass man ohne Auto, Strom, Fernsehen und Geld glücklich ist, deswegen wurde Öff Öff zum Psychiater nach Dresden vorgeladen. Der Professor-Doktor hat ihn untersucht wie einen Außerirdischen, aber nichts gefunden, was für eine Krankheitserscheinung spräche, musste der Psychoanalytiker nach tagelanger Analyse konstatieren und guckte ratlos. Alle reden von Öko und Bio, und wenn dann mal einer konsequent wird, schicken sie ihn zum Psychiater. Ich werde künftig öfter in einem Wald schlafen, das nehme ich mir vor. Irgendwann ist es nämlich zu spät. Dann wird man in der Erde verbuddelt, die Maden werden in den runzeligen Körper beißen, ein Vogel wird in die Maden beißen, und dann wird man als Spatzenschiss auf der Frontscheibe eines urbanen Geländewagens über vollgestopfte Straßen kutschiert, um an einem Samstagvormittag im Abfluss einer Textilbürstenwaschstraße zu enden. Morgen ist der erste Tag vom Rest meines Lebens.

Meine zehnjährige Tochter war vor zwei Wochen mit Freunden in der Sternwarte. Im Jahre 2036, so berichtete sie hinterher, wird ein Meteorit auf der Erde einschlagen. 500 Meter im Durchmesser. Verödung, Flutwellen, Hunger und Tod könnten die Folge sein, hatte der Sternwartenmensch mit unpädagogischer Ehrlichkeit erzählt. 2036! Bis dahin habe ich das Feuermachen locker drauf. Aber vielleicht prallt das Ding ja am ganzen Weltraumschrott ab, der die Erde bis dahin wahrscheinlich blickdicht umkreist.

Es liegt sich gut im Wald vor Eisenach. Gut, dass ich das Aufblaskopfkissen mitgenommen habe, das ich beim letzten Mallorca-Urlaub in einer dieser Aufblastierzoohandlungen gekauft habe. Ohne Kissen wäre es ungemütlich. Die Verkehrsgeräusche sind weniger geworden. Die Menschen in den Häusern sitzen jetzt in Polstersitzgruppen vor Flachbildfernsehern und langweilen sich bei Seriendreck. Es ist die erste Nacht meines Lebens in einem Wald. Ich habe ein bisschen Angst vor Wildschweinen und Typen, die man auf Aktenzeichen XY sieht. Trotzdem kommt es mir gerade völlig absurd vor, sich in einer Nacht wie dieser in ein Bett zu legen. Wie laut die Stille ist in einem Wald. Vom Wind gekraulte Blätter. Vogelzirpen. Fernes Knacken. Der Magen knurrt. Ich hätte noch die Packung Bratwürste. Man muss das Abenteuergetue ja nicht übertreiben. Diesen Teil der Selbsterhärtung hebe ich mir für das nächste Mal auf.

9

Mausetotes
Schreckgespenst

Wie fühlt es sich an, wenn einen das Projektil durchschlägt? Von hinten, durch die Halsschlagader?

Wahrscheinlich ein heißer, stechender Schmerz. Zu kurz und zu plötzlich, um ihm Bedeutung zu schenken. Weil ja sowieso alles brennt und sticht im Körper, beim Sprinten um das eigene Leben. Sekunden später wird man jedoch das ganze Blut bemerken, das warm über den Körper rinnt. Und die immer stärker werdende Schwäche, die einen rasend durchfährt. Die Beine werden weich, haben Mühe dem Willen zu folgen, knicken schließlich einfach weg. Und dann liegt man da im Dreck. Verzweifelt und hilflos. Mit dieser Scheißahnung, dass sie einen zurückschleifen werden. Dass man elend verrecken wird. Auf diesem Todesstreifen. Ein paar Meter vor der Freiheit.

Es war der 29. März 1982, ein Montag, als Heinz-Josef Große beinahe westdeutschen Boden betrat. Die Mutter habe vom Tod des 34-Jährigen aus der

Zeitung erfahren, erzählen die Leute in Asbach-Sickenberg. »Tragischer Unfall«, hätten die SED-Verantwortlichen formuliert, weil sie ja schlecht »staatlich verordneter Mord« schreiben konnten.

Es ist fortgeschrittener Nachmittag, kurz vor 16 Uhr. Eingekrustet mit Schlamm von 60 Kilometern Strecke stehe ich vor dem Eisengitterzaun, an dem die Schüsse fielen. Es ist der Originalzaun. Zinkgrau. Massiv. Durchzogen von scharfkantigen, engmaschigen Rauten, die ins Fleisch schneiden, sobald man sie zu greifen versucht. Eine 3,20 Meter hohe Mauer aus Eisen. Ein Wall, der das Dahinter sichtbar macht, und gleichzeitig unerreichbar. Man sieht die Anhöhe, auf der die Asphaltstraße verläuft, die zum Westen gehört. Man sieht das Birkenkreuz auf halber Höhe der Anhöhe, die Stelle, die den Todeskampf markiert, die gerade noch so zum Osten gehört. Man sieht, wie dicht die Extreme nebeneinander existierten. Der Tod. Und die Freiheit.

Heinz-Josef Große war Grenzarbeiter und besaß eine Sondergenehmigung zum Betreten des Schutzstreifens, als er mit seinem Radlader an den Zaun kommandiert wurde, um Erdarbeiten vorzunehmen. Als ihn die Grenzsoldaten kurz aus den Augen ließen, sah er die Gelegenheit. Ob er die Flucht lange vorher geplant hatte, oder ob er sich von der spontanen Möglichkeit hinreißen ließ, ist nicht bekannt. Heinz-Josef Große galt als stiller Typ. Er fuhr die Schaufelvorrichtung des Radladers nach oben, balancierte über den Ausleger, sprang über den Zaun und rannte um sein Leben. Es war sein Pech, dass das Gelände an dieser Stelle steil ansteigt. Sonst wäre er der Freiheit in Sekundenschnelle in die Arme gelaufen. Oben auf der Asphaltstraße standen bundesdeutsche Zollbeamte. Unten brüllten die Männer mit den Kalaschnikows. Neun Schüsse zerrissen die Geräuschkulisse. Dann wurde es still. Die Männer auf der Asphaltstraße konnten Heinz-Josef Große beim Sterben in die Augen sehen. Sie konnten nichts für ihn tun.

Ich starre regungslos auf das Birkenkreuz, das leuchtend weiß aus dem Grasgrün ragt. Zentimeter trennen meine Augen vom Zaun. Das Metall behindert die Sicht. Meine Finger berühren die scharfen Rauten. Ich fühle mich nicht fähig mich zu bewegen, fühle mich kolossal überfordert von der emotionalen Aufgabe, die dieses Ensemble an mich stellt. Wie oft schon hat man von den Grenztoten gehört. Wie oft habe ich Reportagen im Fernsehen gesehen und dazu Erdnussflips gekaut. An diesem Zaun aber, vor diesem Birkenkreuz, bekommen die Bilder etwas schaurig Reales. Das Morden hat stattgefunden. Sie haben Menschen mit der Kalaschnikow weggemäht und sie elend krepieren lassen. Das ist die düstere Seite der DDR.

Bei einer der alljährlichen Zivilverteidigungslager hatte unser Lehrer Herr Schröder einmal gefragt, ob wir bereit seien, an der Grenze auf Landesverräter zu schießen. Auch dann, wenn es Familienangehörige wären.

Ich fand die Frage absurd. Aus welchem Grund sollte ich auf meinen Bruder schießen oder auf meinen Vater? Es hat mich überrascht, dass einige die Frage tatsächlich mit Ja beantworteten. So übel konnten ihre Eltern doch gar nicht sein. Wahrscheinlich sagten sie es, weil sie glaubten, dass es von ihnen verlangt würde. Eine tatsächliche Schießabsicht traute ich nur Ingo Wagenrott zu, der sich für eine sogenannte »Offizierslaufbahn« entschieden hatte. Ich konnte Wagenrott nicht ausstehen. Er las die »Junge Welt« und war sich nicht zu blöd, Torsten Jaug bei der Staatsbürgerkunde-Lehrerin anzuschwärzen, weil der heimlich mit norwegischen Pornoheften handelte, die er einem Norweger auf einem Prager Campingplatz beim gemeinsamen Leeren einer Flasche Becherovka abgeschwatzt hatte. Vom Donald-Duck-Heft über die »Bild« bis hin zur »Bravo« hatte die SED sämtliche Westdruckprodukte pauschal als »Schund und Schmutzliteratur« indexiert, wobei sie im Falle der norwegischen Pornohefte gar nicht mal so danebenlag. Es waren vier abgegriffene Hefte, die Torsten meistbietend loszuschlagen versuchte. Seine Preisvorstellung lag bei 100 Mark pro Heft. Dabei hatte der Inhalt selbst nach damaligen Maßstäben nichts mit Porno zu tun. Die abgebildeten Frauen hießen Dagny und Gudrun, waren unrasiert und in solchen Posen fotografiert, dass man die entscheidenden Stellen gewollt zufällig eben nicht sehen konnte. Die Worte in den umso spärlicheren Texten konnte man nicht mal aussprechen. Ich stellte mir damals vor, wie es wäre, eine Gudrun als Freundin zu haben. Gudrun hieß die Schwester meiner Oma. Es machte für mich einen gewaltigen Unterschied, ob man eine Gudrun küsst oder eine Jessika. Es hätte dem Image zu sehr geschadet, Hand in Hand mit einer Gudrun durch die Stadt zu laufen.

Bei einer Jessika wäre ich sogar bereit gewesen, kleinere Defizite in Sachen Figur zu akzeptieren. Eine Gudrun allerdings hätte schon perfekt sein müssen, um mir den Kopf zu verdrehen. Sie hätte mit ihrem Körper vom Namen ablenken müssen. Doch die Gudruns in den Pornoheften hatten nicht mal rasierte Bikinizonen, dazu noch Fledermausnester unter den Armen. Ingo Wagenrott wurde wegen ein paar unrasierter Frauen zum Verräter und hätte wahrscheinlich wirklich auf seine Mutter geballert, um das sozialistische Vaterland und dessen Bruderstaaten zu schützen. Für jeden anderen von uns aber war die Grenze weit weg. Sie war ein abstraktes Gebilde. Es gab sie. Das wusste man vom Schulunterricht. Es wurde geschossen. Das wusste man aus dem Westfernsehen. Es starben mehr als 800 Menschen. Das wusste man spätestens seit dem Mauerfall. Wissen ist das eine. Jetzt spüre ich es. Sie haben Menschen erschossen. Das Gefühl ist schrecklich.

Ich schiebe mein Rad hoch zum Kiesparkplatz, auf dem Geschichtstouristen korrekt eingeparkten Kleinkraftwagen entsteigen. Die Kleinkraftwagen tragen Kennzeichen entfernter Landkreise. EE steht für Elbe-Elster-Kreis. CLP müsste Cloppenburg sein. Das Kürzel DÜW habe ich noch nie gesehen. Ein italienisches Kennzeichen ist zu sehen, zwei dänische und viele holländische. Das Grenzmuseum Schifflersgrund zählt zu den bekanntesten seiner Art. Es ist eng verknüpft mit der Ermordung von Heinz-Josef Große, man könnte fast sagen, es ist das persönliche Mahnmal von Große. Anders als das Dorf Mödlareuth, dessen Thematik sich auf die Unannehmlichkeiten der Teilung beschränkt, will das Grenzmuseum Schifflersgrund nicht nur ein Symbol für das Recht auf Freiheit sein, sondern auch noch ein Symbol für das Recht zu leben. Mehr geht nicht, selbst für eine Gedenkstätte. Jeder Stein, jede Zaunmasche, jedes Exponat ist beladen mit anklagender Bedeutungsschwere.

Sie haben Heinz-Josef Große in den Rücken geschossen, und nun arbeiten an dieser Stelle 20 Leute, die vielen freiwilligen Helfer nicht mitgezählt, damit dieser Mord niemals in Vergessenheit gerät. Der Eintritt kostet 3,50 Euro. Das Rad darf ich mit reinnehmen. Ausnahmsweise.

Wolfgang Ruske ist ein groß gewachsener, freundlicher Mann mit silbernen Haaren. Wolfgang Ruske hat keine Zeit. Er hat nie Zeit. Er ist der

Chef, und deshalb muss er Sonderausstellungen vorbereiten, Politiker einladen, Briefe lesen, Faxe schreiben, und immerzu Meetings leiten. Manchmal muss er auch eine wichtige Auszeichnung entgegennehmen, denn Wolfgang Ruske archiviert in seinem Bürocontainer das Unrecht. Ganze Aktenschränke hat er schon vollarchiviert. Doch immer noch ist noch so vieles unerfasst, so vieles nicht aufgeschrieben, so vieles noch ausschließlich in den Köpfen der Zeitzeugen, wo es nicht sicher aufbewahrt ist. Zeitzeugen, die den Mord an Heinz-Josef Große beobachtet haben, die Heinz-Josef Große gekannt haben oder zumindest jemanden seiner Familie; die etwas sagen können zum Thema, das niemals in Vergessenheit geraten darf. Die Zeitzeugen werden irgendwann keine Lust mehr haben, ihre Geschichte ständig aufs Neue aufzusagen. Vor Reportern, Politikern, Festaktbesuchern. Immer wieder dieselben schrecklichen Erinnerungen, die alles aufwühlen. Was noch viel schlimmer ist: Die Zeitzeugen werden sich vielleicht irgendwann nicht mehr präzise erinnern können. Zeit ist die Gegnerin der Erinnerung. Und es ist die größte Angst von Wolfgang Ruske, dass etwas der Erinnerung entwischt. Deshalb ist ihm die Idee mit den Zeitzeugendokumenten gekommen. Steven Spielberg hat 52000 Videobänder mit den Erinnerungen von Holocaustopfern gefüllt, 120000 Stunden erschütternde Zeugnisse gegen Schönreden, Verfälschen, Ignorieren. Wolfgang Ruske hat zwölf Zeitzeugen ein paar Minuten lang in Mikrofone sprechen lassen. Die Stimmen sollen zu MP3-Dateien umgewandelt werden und auf Knopfdruck zu den Besuchern sprechen. Wolfgang Ruske hat also eine Menge zu tun, doch wenn man ihn auf dem Ausstellungsgelände zwischen Hubschraubern, Panzern und Stacheldrähten anspricht, ob der hindrapierte Radlader tatsächlich der von Heinz-Josef Große ist, nimmt er sich selbstverständlich ein paar Minuten Zeit.

»26 Menschen sind an der Grenze zwischen Thüringen und Hessen gestorben. Wie soll die Nachwelt davon erfahren, wenn nicht auf solche Art?«

Wolfgang Ruske dübelt seinen Blick in dem seines Gegenübers fest. Er redet mit sanfter Stimme, aber nicht weniger druckvoll, wie ein Politiker. Er zieht bei Schlüsselwörtern die Lautstärke an und bemüht sich jeden Buchstaben dieser Worte deutlich auszusprechen. UNRECHTSSTAAT! STASI! DIKTATUR! SCHIESSBEFEHL! Verlässlich im Redetakt mitschwingend immer das Wort Gefahr. Die Gefahr des Schönredens. Die Gefahr des Vergessens. Und nicht zu vergessen die Gefahr der Ostalgie, die ja im Grunde genommen nichts anderes sei als die physische Form des Vergessens – der Geschichtsverfälschung gar!

»Die Stasi war eine verbrecherische Organisation. Und heute wird so getan, als wäre sie dasselbe wie der Verfassungsschutz! Die haben das eigene Volk eingekerkert. Die Grenze war eine perfide Tötungsanlage gegen die eigenen Einwohner. Vom Westen aus hätte man mit einem fünfzehner Ringschlüssel nur ein paar Schrauben drehen müssen und der Zaun wäre umgefallen. Wussten Sie übrigens, dass die Stasi im Herbst 89 heimlich die Grenze bei Wahlhausen überschritten und auf DDR-Wohnhäuser geschossen hat, um die beginnende Revolution als Provokation des Westen aussehen zu lassen? Geschossen! Auf eine eigene Ortschaft! Ja, da schauen Sie, das ist nämlich kaum bekannt!«

Ich schaue tatsächlich und nicke und bin ein bisschen froh, dass Wolfgang Ruske nicht allzu viel Zeit zur Verfügung hat. Er würde mich sicher gern in eine politische Diskussion zum DDR-Unrecht verwickeln und wäre mir mit seinen detailreichen Hintergrundinformationen haushoch überlegen. Er würde mir Antworten entlocken, deren Gehalt er dann kleinteilig widerlegen würde. Vielleicht würden mir in einem leichtsinnigen Moment die Besuche von Ossi-Party und Trabi-Treffen herausrutschen, woraufhin mich Herr Ruske erst streng durch seine Designerbrille anschauen würde, um mir anschließend mit geschickter Argumentationsführung einen verantwortungslosen Umgang mit der gesamtdeutschen Vergangenheitsbewältigung nachzuweisen. Nicht vorwurfsvoll. Aber eben doch.

Ich habe mich seit dem Mauerfall tatsächlich nicht mehr großartig mit der Thematik befasst. Die Mauer war offen und spielte ab diesem Zeitpunkt keine Rolle mehr in meinem Leben. Das fand ich auch gut so.

Ich beschließe, die Nacht auf dem original belassenen Todesstreifen zu verbringen, der sich unterhalb des Grenzmuseums auf eineinhalb Kilometern Länge durch das schmale Tal zieht. Ich werde mein Westzelt mitten drauf stellen auf diesen Streifen und damit mein ganz persönliches, symbolisches

Ausrufezeichen hinter das Ende der schrecklichen Grenze setzen. Ich werde diese Nacht auf meine geistige Festplatte brennen, werde sie meiner Nächtesammlung hinzufügen, wie schon die Nacht im Ikarus und die Nacht im Wald von Eisenach. Vor dieser Woche hatte es schön länger keine Nacht mehr in die Sammlung geschafft. Das ist das Seltsame am sogenannten geregelten Leben. Es wabert angenehm dahin, perlt aber teflonartig an der Wahrnehmung ab.

Meine letzte Nacht, die auf ewig gegen das Vergessen imprägniert ist, war die Nacht auf der Parkbank im Englischen Garten von München. Ich hatte durch Zufall erfahren, dass Katrin sich heimlich mit ihrem Apothekenchef traf, meist dann, wenn ich mit der Agentur ein mehrtägiges Event betreute. Ich hatte die Packung einer Parfümflasche im Müllbeutel gefunden, auf der eine eindeutige Widmung mit Kugelschreiber geschrieben stand, mit Datum. Wie billig bitteschön ist das denn, hämmerte es mir durch den Kopf. Mit einer Angestellten rumferkeln wollen und dann keine originellere Idee haben, als sie mit einer Parfümflasche weichzuspülen. Ausgerechnet Lancôme Trésor! Hätte ich Katrin eine Flasche Lancôme Trésor geschenkt, hätte sie sich im besten Fall artig, aber keinesfalls überschwänglich bedankt. Auf gar keinen Fall hätte sie mit mir deswegen geschlafen, mir dafür aber bei nächster Gelegenheit meine Einfallslosigkeit vorgehalten. Lancôme Trésor! Cabrio-Frauen mit Perlenketten und voranschreitender Hautzellenalterung riechen nach Lancôme Trésor. Wahrscheinlich hatte Katrin dieses Parfüm getragen, als wir das letzte Mal zusammen Sex hatten. Wahrscheinlich hatte sie währenddessen an den Apothekenfritzen gedacht. Sie hatte mit mir geschlafen und sich vorgestellt, ich wäre dieser widerliche Pomadenschnösel, dieser in jeder Hinsicht blasse Typ mit seinen schlappen Käsearmen. Sie hatte über meine Kraftausdauermuskeln gestreichelt und es antörnend gefunden, sich dabei einen Gelatineberg vorzustellen. Ich hatte mir beim Sex zwar auch oft vorgestellt, dass sie Courtney Love sei, doch das war was anderes. Courtney Love hätte mir schließlich niemals ein Parfüm geschenkt. Wir stritten uns, ich warf eine frisch geschmierte Semmelhälfte an die Wand, schrie ein paar Wörter, über die im Schnittraum einer Fernsehproduktionsfirma ein Piepton gelegt worden wäre, schwang mich auf mein Fahrrad und harrte die Nacht über beleidigt im Englischen Garten aus. Es war

Anfang November. Ich trug eine Jeans und eine Übergangsjacke. Die Kälte war kaum auszuhalten. Ich wollte, dass Katrin merkte, wie ätzend es ohne mich war, was sie angerichtet hatte, dass sie sich jetzt ganz schön anstrengen musste, um mein Herz zurückzuerobern. Es war die Inkubationszeit der Handyseuche, Katrin hatte schon eines, ich hatte noch keins. In eine Telefonzelle zu gehen um zu fragen, ob sie es vor Sehnsucht nach mir noch aushielt, fand ich zu demütigend. Als ich am nächsten Morgen mit frischen Semmeln heimkehrte, war Katrin weg. Hingezogen zu ihrem Apothekerheini, in ein Reihenmittelhaus mit Fensterdeko, der ein paar Monate später doch noch einen Pluspunkt bei mir sammelte. Er beschiss Katrin mit einer Kollegin. Es war keine glorreiche Nacht im Englischen Garten. Aber zumindest war es eine, an die ich mich erinnere.

Darf man auf einem ehemaligen Todesstreifen ein Zelt aufstellen? Ich habe auf Autositzen übernachtet, auf Flughafenwartebänken, vor ein paar Tagen sogar in einem Ikarus-Bus. Ein Todesstreifen ist etwas anderes als ein Ikarus-Bus. Er ist ein Mahnmal. Und rechtlich gesehen ist es laut Waldgesetz sowieso, Paragraph irgendwas wahrscheinlich ohnehin streng verboten. Deshalb erst mal nach Bad Sooden-Allendorf, die Zeit bis zum Einbruch der Dunkelheit mit dem Einsaugen urbaner Impressionen überbrücken. Knabberkram und Bier können nicht schaden. Ich will den emotionalen Showdown mit allen Sinnen auskosten.

Es ist kurz nach 21 Uhr. Die Farbe weicht langsam aus dem Jetzt, verbleicht zu Multiblau. Das Museumsgelände dämmert verlassen im Resttag. Die Geschichtstouristen sind versorgt, das Museumspersonal im Feierabend. Der Parkplatz ist leer, das Eingangstor verschlossen. Ich rolle mit meinem Bike den Betonplattenweg zum Todesstreifen herunter. Vorbei an der hölzernen Nachbildung eines Beobachtungsbunkers, der bei den Dreharbeiten zum ZDF-Film »An der Grenze« als Requisite gedient hat, wie ein drangenageltes Schild informiert. Der Platz in der Senke ist perfekt. Er ist weder von der Straße noch vom Grenzmuseum aus einzusehen. Das Zelt ist schnell aufgebaut. Der Boden ist so weich, dass man die Heringe in den Boden stecken kann, ohne Druckstellen an den Händen zu bekommen. Wahrscheinlich wird das Zelt beim kleinsten Windstoß zusammenfallen.

Ich sitze vor dem Zelt, biege die Beine zum Schneidersitz. Schade, dass Handys virtuelle Taschenlampen, Glücksradspiele, Musikarchive und mehr Digitalleistung bereithalten als Apollo 11, nicht aber ein Programm zum Flaschenöffnen. Das Aufhebeln der Bierflasche hinterlässt eine tiefe Schmarre im Hochglanzgehäuse des Mobilfunkwunders.

Ich schalte das Handy aus. Bad Sooden-Allendorf, seine Bewohner, seine Autos und sein Durchgangsverkehr sind weit weg. München ist noch weiter weg. Lichtjahre weg kommt mir München vor. Dabei würde ich es mit dem Mountainbike noch vor der morgigen Ladenschlusszeit nach München schaffen, wenn ich unbedingt wollte. Dunkel ist es, ohne das Streulicht von Straßenlaternen. Dunkelanthrazitschwarz hängt die junge Nacht über der Talsenke. Doch von meinem Zelt aus kann ich das Gedenkkreuz gut erkennen. Weiß und übergroß ragt es aus dem Dunkel. Ich habe in einem Ikarus geschlafen. Doch dies hier ist mit Abstand der unwirklichste Ort, an dem ich je ein Nachtlager errichtet habe. Links, am Kopfende meines Zeltes vorbei, verläuft der Kolonnenweg, auf dem die DDR-Grenzer einst Patrouille fuhren. Das Fußende meines Zeltes berührt den berüchtigten »K6«-Streifen, ein mit Pflanzenschutzmitteln »sauber« gehaltenes Erdband zur Spurensichtung, jahrelang vermint. Direkt dahinter der Grenzwall, dessen Selbstschussanlagen jeden zerrissen, der ihn von dieser Seite aus berührte. Streuexplosionen mit Kugellagern und Metallsplittern, bis auf 20 Meter tödlich. Kein normaler Mensch durfte hierher. Hunderte Meter breit war der Streifen, auf dem sämtliche Bäume und Sträucher gerodet waren, für optimale Sicht. Nachts wurde die Grenze mit gigantischen Scheinwerfern ausgeleuchtet. 100 Euro kann man im Jahr sparen und nebenbei noch ein paar Bäume retten, wenn man die Tiefkühlpizza vor dem Backen bei Raumtemperatur auftauen lässt. Die Scheinwerfer an dieser Grenze waren so grell, dass nachts die Stromversorgung ganzer Dörfer zusammenbrach. Eine Million Mark kostete jeder Kilometer Grenze, an jedem einzelnen Tag. Und nun liegt dieser Todesstreifen abgeklemmt und saftlos in der Gegend herum. Zugewuchert von Wildwuchs, begraben unter Dunkelheit, zwischen zehn und 17 Uhr künstlich am Leben gehalten von Andenkenverwaltern. Der Grusel ist nur noch Hintergrundrauschen. Was für ein mausetotes Schreckgespenst!

Ich nehme einen Schluck aus der Bierflasche, starre auf das Kreuz. Ich muss an meinen Kumpel Lehmi denken, mit dem ich im Oktober 1989 auf einen der Züge aufspringen wollte, mit denen die ostdeutschen Botschaftsflüchtlinge in die BRD ausgefahren wurden. Die letzte Chance dem System zu entfliehen, das uns bereits mit unseren 17 Jahren anödete mit seinem alles durchdringenden Mangel – dem Mangel an Möglichkeiten, Bewegungsfreiheit, Farbe, Jugendmode, ja selbst dem Mangel am Recht auf eine eigene Meinung. Es war nicht so, dass ich meine Heimat nicht mochte. Ich mochte mein Zimmer, ich mochte das Einfamilienhaus meiner Eltern, in dem sich dieses Zimmer befand. Ich mochte meine Familie, meine Freunde, die meisten meiner Berufsschulkollegen. Ich mochte es, mit meinem Rennrad über die Dörfer zu fahren, Walkman-Musik im Ohr. Ich mochte die Nachmittage im Freibad und die Eisdiele unserer Stadt. Ich mochte den Sommer mit seinen Farben und das Eishockeyspielen im Winter. Ich mochte meine sparkassenfinanzierte Heimstereoanlage »HMK 100« und den Jugendradiosender DT64 mit seinen zielgruppenorientierten Wochensendungen »Pa-Rock-Tikum« und »Heavy Metal Stunde«, auch wenn er mit dem mitschneidetauglichen Ausspielen ganzer Westalben (Sendung: »Duett – Musik für den Rekorder!«) die Schwarzmarktpreise für Kassetten versaute. Ich mochte so vieles und seit der Disko im Waldbad auch Katja. Aber der Staat hatte mir nun mal die Medaillenjagd verboten und mir einen Bauhelm aufgesetzt. Das hätte er nicht tun sollen.

Radio RIAS 2 hatte den ganzen Tag schon über die Sonderzüge berichtet. Am Abend sollten sie von Dresden aus über DDR-Gebiet Richtung Westen fahren. Ich hatte die Bilder von der Prager Botschaft im Westfernsehen gesehen und vor Begeisterung Gänsehaut bekommen. Ich hatte mich nicht getraut illegal über den Zaun einer Westbotschaft zu klettern, ohne zu wissen, wo die Reise enden würde. Nun war ich neidisch auf die Menschen, die jetzt in Hof aussteigen und sorgenfrei leben würden. Was das genau war, der Westen, davon hatte ich kaum eine Ahnung. Mein Wissen war ein Potpourri aus Westpaketinhalten, ARD und dem, was die SED-Propaganda über die BRD verbreitete. Es gab in der DDR ein Buch, in dem es um die Jugendkultur der BRD ging. Ein hochinteressantes Thema, schließlich war man stets daran interessiert, sein Wissen über Mode, Frisuren und Musik auf den aktuellsten Stand zu bringen. Das einzige Musikmagazin im Osten, die »Melodie & Rhythmus«, bot da wenig Verwertungspunkte, oder jedenfalls nur das, wie es genau nicht sein sollte. Wir hatten das Buch im Rahmen des Staatsbürgerkundeunterrichts durchgenommen. Es war darin die Rede von Drogen und Gewalt und Perspektivlosigkeit und Neonazis und einer Musikgruppe namens DAF, die in einem Lied namens »Tanz den Mussolini« den Satz »Tanz den Adolf Hitler!« sang und damit den Faschismus und das Abschlachten Unschuldiger glorifizierte. Angeblich würde die Westjugend bei diesem Lied völlig in Ekstase geraten und sich wild springend, den Refrain skandierend über die Diskotanzflächen bewegen, was eindeutig Nazitendenzen erkennen ließe. Mich faszinierten vor allem die Bilder der Punks. Sie waren als Symbol hoffnungslos verzweifelter junger BRD-Bürger ins Buch gedruckt worden, die sich mit ihrem Äußeren gegen das imperialistische System auflehnten. In mir lösten sie ein Gefühl von Sehnsucht aus. Genau so hätte ich auch gern ausgesehen. Ein gelber, spitz nach oben stehender Iro anstelle meiner The-Cure-Palme – schön frisiert eben statt fönfrisiert.

Im Sportinternat gab es regelmäßig Diavorträge von Athleten, die bei Wettkämpfen im kapitalistischen Ausland gewesen waren. Es flimmerten Bilder von gewaltigen, unendlichspurigen Amerikaautobahnen auf der Leinwand, die an Orten mit himmelhohen, spiegelblanken Hochhäusern vorbeiführten und sich an manchen Stellen in mehreren Etagen übereinanderknoteten. Auf den Straßen fuhren wunderbar lange Autos. Und gerade, als das Staunen den Unterkiefer gänzlich entriegeln wollte, wurde einem erzählt, dass dies alles nur die Fassade eines sterbenden, aggressiven Ausbeutersystems sei. Dass zwischen den Glitzerhäusern in Wirklichkeit Obdachlose um Brot betteln würden und dass das DDR-National-Team nach dem Goldmedaillengewinn von bewaffneten Gangstern überfallen worden sei, extra natürlich, weil die unterdrückten US-Amerikaner neidisch auf den Sozialismus und seine sozialen Errungenschaften seien. Würden die DDR-Bürger in den Botschaften also demnächst »Tanz den Adolf Hitler!« skandieren und auf der Straße um Brot betteln, bitter bereuend, dass sie den warmen Schoß der DDR verlassen hatten? Oder würden sie wirklich metallicfarbene Matchboxautos in Groß fahren, zum Baden in fremdsprachige Länder mit Palmenbewuchs reisen und den ganzen Tag lang Mars,

Haribo und Milka essen, glücklich grienend bis an ihr Lebensende, so wie es in Sat1-Werbeblöcken und dazwischen zu sehen war?

Ich hatte eine exakte Vorstellung von meiner Flucht. Ich wollte nach Dresden zum Hauptbahnhof fahren und mich an den Gleisen auf die Lauer legen. Sobald der Zug aus dem Bahnhof fuhr, wollte ich mit einem mächtigen Satz auf die Trittbretter der Türen springen und die Tür aufreißen. Mein Plan kam mir genial vor. Dass die Wagontüren eventuell verschlossen und bewacht waren, kam mir aus irgendeinem Grund nicht in den Sinn. Das Problem war nur: Wie sollte ich nach Dresden kommen? Die Zeit drängte. Ich hatte weder Fahrzeug noch Führerschein und meine Eltern wollte ich mit den Fluchtplänen nicht beunruhigen. Katja verfügte über eine Simson, hätte mich aber niemals allein in den Westen gehen lassen. Mit ihr allerdings war die Flucht zu riskant. Sie war nicht besonders sportlich und hätte es wahrscheinlich nicht mal auf das Trittbrett geschafft. Lehmi besaß eine 250er-ETZ und wollte Gitarrist bei den Toten Hosen werden, zumindest hatte er das mal erzählt. Also! Ich fuhr mit dem Fahrrad zu Lehmi ins Neubaugebiet Nord-West. Doch Lehmi war nicht da. Ich fuhr zurück nach Hause und versuchte es endlose zehn Minuten später noch einmal. Immer wieder raste ich im emotionalen Grenzbereich zu seiner Wohnung. Niemand da. Ich war kurz vor dem Durchdrehen. Gleich würden die Züge losfahren. Und dieser Kerl war einfach irgendwo. Zwar besaßen wir ein Telefon, da aber so gut wie alle anderen aus meinem Bekanntenkreis über diesen Luxus nicht verfügten, inklusive Lehmi, war das Telefon nutzlos.

Nach vier Stunden gab ich auf. Später erfuhr ich, dass Lehmi bei Enrico Dietze war, die Highlights der letzten »Pa-Rock-Tikum«-Sendung überspielen, wo sie zwei Stücke der Einstürzenden Neubauten gebracht hatten. Pech aus damaliger Sicht. Glück aus der heutigen. Entweder hätten sie uns geschnappt. Oder wir wären unter die Räder gekommen, beim Hechtsprung vom Bahndamm aus. Ich glaube rückblickend nicht, dass mich das Bockspringen im Schulunterricht drauf vorbereitet hatte, aus der Hocke auf einen fahrenden Zug zu springen. Indirekt verdanke ich den Einstürzenden Neubauten also mein Leben. Aufspringen auf einen Zug! Was für eine bescheuerte Idee. Und nun das: Wildcampen auf dem Todesstreifen, in der Hand ein Flaschenbier.

Ein Schuss reißt mich aus den Gedanken. Ein lautes, schneidendes Peng, wie bei den Schießereien in der »Western von gestern«-Serie. Verdammt! Das darf doch nicht wahr sein! Wer ballert da herum, hier, auf dieser Knospe des Friedens? Schockstarr scanne ich die Umgebung. Keine hektischen Bewegungen, nur langsam den Kopf drehen. Wahrscheinlich werde ich beobachtet. Ich sehe nichts. Minutenlang. Nur die Silhouetten der Bäume und des Grenzzaunes. Was war das? Eine Livevorführung, oben im Grenzmuseum?

Ich ducke mich, pirsche ein paar Meter in Richtung einer Strauchgruppe, das Zelt als Deckung. Ich lausche in die Finsternis und versuche mich durch Unterdrücken des Atemreflexes unsichtbar zu machen. Der Schuss kann alles sein. Ein Irrer, der es aufregend findet, im Wald herumzuballern. Eine Polizeiübung. Oder die Hinrichtung eines Aussteigers aus der Zigarettenmafia durch bulgarische Auftragskiller. Ich spüre eine Angst durch meinen Körper fahren, wie ich sie in dieser Dosierung höchstens mal als Zehnjähriger beim Gucken von Aktenzeichen XY gespürt habe. Meine Mutter wollte, dass ich wüsste, dass es nicht nur liebe Menschen gibt. Deshalb durfte ich an den entsprechenden Freitagen länger aufbleiben. Am schlimmsten fand ich die nachgespielten Einbrüche und Morde, bei deren Höhepunkten dramatische Sägemusik eingespielt wurde. Ich traute mich in den Tagen nach der Sendung nicht mal mehr allein auf das Klo. Mein Vater musste jedes Mal mitkommen. Ich bestand darauf, dass dann jede verfügbare Lampe im Haus brannte. Trotzdem blieb eine panische Angst beim Hochklappen des Toilettendeckels, dass die vergammelte Hand einer Wasserleiche aus dem Abflussrohr gucken könnte. Aktenzeichen XY hat ein Gruseltrauma bei mir hinterlassen. Wenn heute ein Fernsehsprecher einen Satz beginnt mit »Wir schalten jetzt um ....«, dann ergänze ich automatisch: »... zu Konrad Toenz und Peter Nidetzky in unsere Aufnahmestudios nach Wien und Zürich.«

Mein Puls ist erhöht. Um mich herum befindet sich keine schützende Wohnungswand und ich bin mittendrin im Aktenzeichen-XY-Horror. Ich komme mir vor wie im Film. Apropos, vielleicht drehen die ja nur einen mit öffentlichen Geldern finanzierten Dreiteiler zum Thema deutsche Teilung. Gleich kommt Uwe Ochsenknecht als DDR-Grenzer verkleidet aus dem Gebüsch geschnauft, schreit Armeespezifisches im antrainierten Sachsendialekt und springt actionmäßig zu Jürgen Vogel in den NVA-Trabi. Und in ein paar Monaten wird das ausgestrahlt und alle fragen sich wieder, für welchen Quatsch die ganzen GEZ-Millionen verpulvert werden.

Licht. Ich sehe Licht. Zwei Autoscheinwerfer schneiden durch das nächtliche Dunkelanthrazitschwarz direkt auf mich zu. Langsam, zu langsam für ein Auto. Wenn ich alles stehen lasse und auf mein Mountainbike springe, könnte ich es in drei bis vier Minuten nach Bad Sooden-Allendorf schaffen. Das Problem ist die Steigung, die sich zwischen mir und der Asphaltstraße in die Nacht stemmt. Im Wiegetritt könnte ich gerade noch so mit dem mittleren Kettenblatt fahren, bräuchte dazu aber die Klickpedalschuhe, die ich vor einer Stunde gegen die bequemen Badelatschen getauscht habe. In die Büsche rennen? Dort könnten noch vergessene Tretminen vergraben sein.

Es ist ein Geländewagen. Jetzt erkenne ich es. Es ist ein mit Tarnflecken bepinselter Geländewagen. Tarnflecken machen einen Geländewagen, der sich mitten in der Nacht aus einer Schussrichtung nähert, noch angsteinflößender, als er ohnehin schon ist. Der Geländewagen stoppt Zentimeter vor dem Zelt. Die Scheinwerfer blenden. Das ist alles hochdramatisch.

Der Motor verstummt, die Tür schwingt auf. Heraus steigt eine Dame in einer Art Robin-Hood-Kostüm. Die Jacke orientiert sich farblich an der Lackierung des Geländewagens. Über der Schulter hängt ein Umhang. Der Trapperhut würde Winnetou-Freund Sam Hawkins gefallen. Vom Alter her gehört die Dame zur Lancôme-Trésor-Zielgruppe, auch wenn sich in einer Douglas-Filiale alle vor Angst auf den Boden werfen würden, wenn sie in diesem Outfit den Laden betreten würde. Der nächste Gruselschauer durchfährt mich. Die Hände der Frau sind blutverschmiert. Durch die Frontscheibe des Geländewagens glaube ich ein Gewehr zu erkennen.

Ich halte respektvoll Distanz. Derart individuelle Personen sieht man sonst nur im Spätabendfernsehen – und wenn, dann sind meist auch Leichen im Spiel.

»Sie haben mich ganz schön erschreckt«, taste ich mich vorsichtig ins Gespräch. Man muss das Vertrauen des Gegenübers erlangen, dann steigen die Überlebenschancen, das habe ich mal in einem »Spiegel«-Beitrag zum Thema Kidnapping gelesen.

»Erschreckt? Oh, tut mir leid«, lacht die Dame und scheint von meiner scheuen Art amüsiert. Auf der Hose ist auch Blut. Was macht das Gewehr auf dem Beifahrersitz? Eheprobleme in Kombination mit Lebensversicherungen sollen ja der Hauptgrund für Morde sein. Die Dame bemerkt meinen Blick.

»Ach, Sie meinen den Schuss? Die Rehböcke sind seit Freitag zum Abschuss freigegeben. Wollen Sie mal sehen?«, kiekst sie mit femininer Stimme und nickt mir Gott sei Dank nur freundlich zu, statt mir die Bluthand zu reichen: »Ich bin die Claudia.«

Wir gehen um das Auto herum, in dem ein schwanzwedelnder Hund die Schnauze neugierig von innen gegen die Scheibe drückt. Im Kofferraum das abgemurkste Reh. Die Zunge hängt klischeemäßig aus dem Maul.

»Ich mache die ganze Verwertungskette: schießen, aufbrechen, ausnehmen, kochen, servieren, essen«, informiert die Waidmännin und freut sich dermaßen über den gelungenen Satz, dass ihr Trapperhut auf dem Kopf tanzt.

Ich spüre große Erleichterung darüber, dass ich wohl doch nicht Protagonist eines Aktenzeichen-XY-Fünfminüters werde. Eine Jägerin. Eine richtig nette sogar. Und seltsamerweise kein bisschen verwundert, dass ich hier einsam vor einem Zelt sitze.

»Ich dachte eigentlich, hier wird nicht mehr geschossen!«, starte ich einen dezenten Empörungsversuch.

»Och, die Grenze. Dafür hat man gar kein Auge mehr. Ist ja schon so lange her. Ich komme aus Moers, das Jagdgebiet gehört einem Bekannten, wissen Sie«, lacht Claudia und gleitet zurück auf den Autositz.

»Schöne Nacht. Und gute Reise!«, ruft sie herzlich winkend aus dem Seitenfenster. Dann schmelzen das Rot der Rücklichter und das Nageln des Dieselmotors in der Dunkelheit dahin. Minuten später kehrt die Stille zurück.

Ich bin erschöpft vom Tag, aber viel zu aufgewühlt, als dass ich schlafen könnte.

Biertrinken. Macht auch nicht müder. Verstärkt nur die Sentimentalität. Morrissey-Musik passt zu Sentimentalität. Musik passt aber nicht in diesen Moment. Morrissey ist der beste Sänger der Welt. An diesem Ort jedoch wäre er nichts anderes als ein lärmender, ungezogener Schreihals.

Ich wate durch den Sand des K6-Streifens und gehe zum Zaun. Das Birkenkreuz schimmert grau aus der Dunkelheit. Ein Birkenstamm, zersägt in zwei Teile und als Kreuz zusammengenagelt. Mannshoch, wahrscheinlich sogar höher als ich. Da wo dieses Kreuz steht, lag Heinz-Josef Große. Durchbohrt von den Projektilen einer Kalaschnikow-Salve, die ihn von hinten traf. Sekunden vorher hatte er noch mit seinem Radlader einen Kabelschacht ausgehoben.

Wie lebt man damit? Man nimmt einen Menschen in das Visier einer Kalaschnikow, weil sie es einem so eingetrichtert haben. Man legt an und zielt auf einen Menschen, der nichts anderes will, als frei zu sein. Man sieht diesen Menschen um sein Leben rennen und drückt ab – wieder und wieder und wieder. Man tötet den Menschen, weil sie einem gesagt haben, es helfe dem Frieden. Man sieht diesen Menschen sterben, hört ihn vor Schmerzen jammern und glaubt, er habe es verdient. Man glaubt, er sei ein Verräter, weil man denen, die das behaupten, blind vertraut.

Und dann stellt sich alles als ein Missverständnis heraus.

10.

Insel der Glückseligkeit

Wenn Gerichte den Wert von Leben verhandeln sollen, dann ist das Tragik-komische im Thema vorinstalliert. »Mieze« aus Hannover war eine seltene Mischung aus Britisch Kurzhaar und Perser und acht Jahre alt, als sie vom Nachbarshund totgebissen wurde. Die Haftpflichtversicherung des Hundehalters fand, dass es ausreichend sei, dem trauernden Katzenbesitzer den »Restwert« zu erstatten, 150 Euro, obwohl der einst das Dreifache für die Neu-Mieze gezahlt hatte. Begründung: Die Katze sei gebraucht gewesen.

Der Katzenbesitzer war fassungslos, wies in einem Wutschreiben darauf hin, dass Mieze weder Brillenträgerin gewesen sei noch dritte Zähne gehabt habe, und zog vor Gericht. An das Urteil kann ich mich nicht mehr erinnern. Die Meldung stand nur klein in der Zeitung. Doch seit ich sie gelesen habe, grüble ich viel über die Frage nach: Was ist eigentlich ein Wert? Ich meine nicht Dinge wie Gesundheit, Frieden, Familienglück und Biergartenwetter, für die gibt es nur die Währung Herzklopfen, das kann als gegeben hingenommen werden. Ich meine Dinge, die in der Währung Geld ausgepreist sind. Oldtimer sollen solche Werte darstellen, weil sie nach jahrzehntelangem Preisverfall irgendwann doch noch um ein paar Euro

ansteigen, wenn man zuvor vier Jahresgehälter in den Erhalt investiert und die Bundesregierung gerade keine neue Abgasverordnung beschlossen hat. Aktienfonds undurchsichtiger Firmenverflechtungen sollen Werte sein, weil sie in zehn, 20 Jahren so was von durch die Decke gehen – sagen die, die sich auskennen mit dem Absahnen von Verkaufsprovisionen. Und dass eine Schweizer Uhr ein stabiler Wert sein soll, meint auch nur der, der noch nie versucht hat, solch ein Ding zu verkaufen. Glaubt man Menschen um die 30, die mit ihrem krampfhaften Wertoptimierungswahn die Grundlage schaffen für das Wort Vernunft, dann liegt der wahre Wert einzig und allein in den eigenen vier Wänden.

Es ist erstaunlich, wie radikal sich die Innenansicht vieler Leute ändert, wenn sie sich vornehmen, das Geld ab sofort »festzuhalten«, aus welchen Gründen auch immer. Jeder Euro, der künftig nicht in eigenes Parkett, Wärmeschutzverglasung, Wandpaneele, Steine, Holzbalken und Fußbodenheizung transferiert werden kann, der nicht nachweisbar überlegt, angelegt, verlegt ist, gilt als verloren, als verprasst, als sinnlos verschwendet. Ich kenne unzählige dieser Beispiele aus meinem Bekanntenkreis. Ihr Leben lang haben sie ihr Geld mit vollen Händen rausgeschmissen. Nichts war selbstverständlicher, als den Dispo mit Partys, Kurzreisen oder der modischen Akzentuierung ihrer selbst zum Platzen zu bringen. Und nun schauen sie einen plötzlich mitleidig an, weil man – das Wort auszusprechen tut ihnen schon weh – »zur Miete« wohnt. Als würde das mit einer unheilbaren Krankheit einhergehen, in deren Verlauf einem unkontrolliert aufplatzende Eiterbeulen im Gesicht wachsen. Und dann rechnen sie ernsthaft vor, dass sie nur – also höchstens, wenn überhaupt, gerade mal – ein paar Euro mehr an die Bank zahlen als vorher an den raffgierigen Vermieter, der sie ja wohl all die Jahre lang auf übelste Art und Weise ausgenommen hat, das blöde Kapitalistenschwein, jawohl. Ein halbes Jahr später beginnen sie dann Nebenjobs, offiziell natürlich nur aus Spaß, aber irgendeiner muss ja den Preis für das unterschriebene Kleingedruckte zahlen, die Zinsen, die unterm Strich noch mal in ungefährer Höhe der Kaufsumme zu Buche stehen. Nicht zu vergessen die ganzen Eigenleistungen, die helfen sollen, den finanziellen Suizid zu kompensieren. Ständig wird man zum Mitmachen genötigt, indem sie die Aufforderung dazu als Grilleinladung mit »vorher kurz noch was mit anfassen« verschlüsseln. An welchem Tag man Geburtstag hat, vergessen sie jedes Jahr. Dass man vor zwei Jahrzehnten eine Elektrikerausbildung abgeschlossen hat, fällt ihnen dagegen jede Woche ein. Mich bringt das ständig in unangenehme Situationen. Schon damals war es keineswegs selbstverständlich, dass von mir verdrahtete Lampen tatsächlich auf die Betätigung des Lichtschalters reagierten. Ich habe nie richtig kapiert, was es mit Wechselschaltungen, Kreuzschaltungen und diesen ganzen Sachen auf sich hat. Die Pläne kamen mir so rätselhaft vor wie Schnittmuster. Sie zu dekodieren hat mich einfach nicht interessiert.

Überhaupt: Eigenleistungen! Ein Wort aus dem Folter-Duden, das nichts anderes meint als wirbelsäulenunfreundliche Bücktätigkeiten und unangenehm raue Schrumpelhände. Spontane Kneipenbesuche mit befreundeten Wohneigentümern kann man sich auch abschminken. Selbst mit Nebenjob ist ihr Geld immer knapp. Dazu kommt spätestens nach ein paar Jahren die bittere Einsicht, dass Heizungen, Dächer und Fenster eben doch Alterungsprozessen unterliegen. Zugeben würden sie das nie. Wie ich sie hasse für ihren Eifer, mich mit meiner Mietwohnung dumm, unglücklich und verschwenderisch aussehen zu lassen.

Es ist nicht so, dass ich es mir nicht auch schon überlegt hätte. Seit unsere Tochter auf der Welt ist, also seit neun Jahren, habe ich in unregelmäßigen Abständen mit Mausebärchen über das Thema nachgedacht. Mausebärchen heißt eigentlich Diana, findet nichts schrecklicher als den Kosenamen Mausebär und steht dem Thema Wohneigentum erfreulich abgewandt gegenüber. Dafür sorgen alleine schon die Häuslebauerdokus im Fernsehen, die stets von Übellaunigkeit, Verzweiflung und Unvermögen erzählen. Ich bin Filmern und Gefilmten gleichermaßen dankbar dafür. Dieses Sendeformat hat mir wahrscheinlich schon so manchen Kreislaufzusammenbruch erspart. In jeder Folge geht etwas schief: das Fundament, der Zeitplan, die Finanzierung, der nach Monaten endlich mit Richtfestschnäpsen abgefüllte Bauherr, der Einzugstermin und spätestens infolgedessen auch die eine oder andere Ehe. Würden die gezeigten Bauprojekte reibungslos klappen, wäre Mausebärchen womöglich schon auf den Geschmack gekommen und würde mich mit wackeligen Finanzierungsmodellen terrorisieren. Wenn wir uns zusammen Häuser angucken, ist das mehr eine gelegentliche Spinnerei, abends, auf den Internetseiten der Makler. Man muss ja nur die Angebote anschauen, um zu wissen, dass man sich als Durchschnittsverdiener in München auf gar keinen Fall den Traum seines eigenen Hauses erfüllen kann, sondern wenn überhaupt, seinen Traum auf die Angebotslage und die finanziellen Möglichkeiten zurechtstutzen muss. In unserem Fall – unterbezahlter Angestellter einer Veranstaltungsagentur und normal verdienende Vermessungstechnikerin – hieße das: eine schmale Mittelscheibe eines zehn Eingänge langen Reihenhausschlauches in unattraktiver, den Kauf überhaupt erst möglich machender Abseitslage. Der Ort würde in der »Objektbeschreibung« als »kinderfreundlich« aufgebauscht werden und nicht München heißen, sondern Aschheim, Röhrmoos oder Zorneding. 80 Quadratmeter Wohnfläche, hingepresst auf zwei Etagen, draußen zwei Quadratmeter Rollrasen, vor der eichefarbenen Segmentbogeneingangstür die vorgeschriebene schwarze Kunststoffmülltonne sowie ein erbärmlicher, efeuüberrankter Carport. Regelmäßig würde die Polizei anrücken, weil sich ein Nachbar von der im Flüsterton abgespielten Motörhead-CD belästigt fühlt. Man müsste Sichtblenden anbauen, damit einem niemand auf den Terrassentisch starrt. Jeden Samstag würde man durch riesige Baumarktgänge irren auf der Suche nach einer bestimmten Schraube oder einer Abschlussleiste. Eben genau all das, was man sich nicht mal in seinen schlimmsten Albträumen ausmalen will. Und dafür müssten wir unsere Seele einem 25-Jährigen, gönnerhaft tuenden Bankschnösel verkaufen und ein Leben lang auf wundervolle Geldvernichtungsdinge verzichten. Besten Dank auch.

Ich fahre Richtung Duderstadt, meiner nächsten Station. Nur 60 Kilometer sind es von Bad Sooden-Allendorf. 80, wenn ich noch einen Abstecher nach Leinefelde einbaue. Ich habe im Internet von diesem Plattenbauprojekt gelesen, bei dem die Perlen sozialistischer Wohnkultur zu Eigenheimen recycelt werden. 24 Bausparparadiese aus einem Block, zumindest rein rechnerisch. In Leinefelde soll ein solches Haus stehen. Das will ich mir ansehen.

Man muss nicht lange suchen. Wie eine Insel der Glückseligkeit duckt sich das barockrot getünchte Objekt an den Rand einer Plattenbausiedlung. Ein aus dem Gesamtsystem herausseparierter Quader, umgürtet von Zierhölzern und Blumen. Eine Wohnung ohne Treppenhaus, ohne Nachbarn, ohne Gemeinschaftskeller. Eine Einzelportion Wohnglück.

Rechts von der Durchgangsstraße drängeln sich die Wohnblöcke, auf der linken Seite befindet sich der Wiesenhang mit dem Haus. Unten, wo das Wohngebiet auf die B 247 trifft, ballen sich die spärlichen Ess- und Einkaufsmöglichkeiten: Dänisches Bettenlager, China-Restaurant »Dynastie«, Mr. Billig, Toom-Baumarkt und ein »Biereck – jeden Do. Schnitzelgerichte«. Das Wohngebiet ist das typische Überbleibsel jener zentralisierten Massenmenschenhaltung, die ab Anfang der Siebziger an den Rändern aller großen Städte im Irrsinnstempo aus dem Boden gestampft wurde. Sie waren das Wundermittel gegen die Wohnungsknappheit in der DDR. Ich mochte diese modernen, uniformen, konsequent geradlinigen Häuserdschungel, so wie ich die schnörkellose, gleichmäßige Musik von Kraftwerk mochte. Alles war reduziert auf das Nötigste. Jedes Detail hatte einen Sinn. Die Häuser in den Innenstädten waren Schrott. Düstere, bröselige Ruinen uralter Baukunst, jahrzehntelang vernachlässigt und in allen Belangen den modernen Plattenbauten unterlegen, die Badewannen hatten, Fernwärme und verhältnismäßig dichte Fenster. Alles war anders in einer Plattenbausiedlung. Die Stimmung. Die Gerüche. Die Geräusche. Durch die verkehrsberuhigten Häuserschluchten tönte das Lachen spielender Kinder, während die Innenstadtstraßen von Verkehrslärm gefüllt waren. Plattenbauten wirkten aufgeräumt und sauber. Vor allem aber verliehen sie den Städten ein westliches Antlitz. Im Plänterwald, einem permanenten Vergnügungspark in Berlin Treptow, konnte man vom höchsten Punkt des Riesenrades aus einen flüchtigen Blick in den Westteil der Stadt erhaschen. Die Häuser dort waren kantig und schimmerten weiß. Und genau so kamen mir die Plattenbaugebiete vor, in denen es riesige HO-Kaufhallen gab, Jugendclubs und Sporthallen. Immer mehr meiner Freunde zogen mit ihren Familien in eine Plattenbauwohnung. Ein gewaltiger sozialer Aufstieg. Kam man zu Besuch, führten sie einem stolz die Fernwärmeheizung und den Balkon vor. Mit dem Balkon konnten sie mich zwar nicht beeindrucken, schließlich war es meinen Eltern gelungen, einen seltenen Bauplatz für ein Eigenheim des Standardtyps »Bitterfeld 2/2« zu ergattern, der von 800 Quadratmetern Grünfläche umgeben war. Dass die Wärme auf Knopfdreh aus der Wand kam, begeisterte mich dafür umso mehr.

Eine Plattenbauwohnung war definitiv ein stabiler Wert. Dachten die Menschen damals. Damals hatten allerdings auch leere Getränkedosen einen Wert. Sie zierten zu Pyramiden gestapelt ostdeutsche Zimmerregale. Eine »Bravo« war ein Wert. Wer das seltene Glück hatte eine zu besitzen, konnte jeden Artikel einzeln verkaufen. Ich hatte von der Brieffreundin meiner Mutter einmal einen ganzen Schwung alter »Bravo«-Hefte geschickt bekommen, die den Paketkontrolleuren offenbar durchgerutscht waren. In den folgenden Wochen glich mein Kinderzimmer einem Basar. Poster kosteten pauschal 40 Mark. Für einen ausgeschnittenen Artikel mit Foto waren 10 Mark fällig, 20 Mark, wenn es sich um angesagte Künstler wie The Cure, Slayer oder Anne Clark handelte oder durch das Ausschneiden ein lukrativer Artikel auf der Rückseite beschädigt wurde. Ärgerlich war, wenn eines der Mittelposter beidseitig mit gefragten Gruppen bedruckt war, ein anderes aber mit den geradezu unverkäuflichen Modern Talking, Sanda oder Aha.

Heute sind Coladosen Recyclingmüll und alte »Bravo«-Hefte stinknormales Altpapier. Auch in einer Platte will heute kaum noch jemand leben. Innenstadtwohnungen und Stadtrandeigenheime sind gefragt. Daran konnten auch die Fun-Bemalungen nichts ändern, mit denen die Wohnungsbaugenossenschaften nach der Wiedervereinigung dem Mietermangel entgegenwirken wollten. Die meisten Wohnblöcke sehen heute aus wie das surrealistische Gemälde eines durchgeknallten Acrylmalkünstlers, der mit seinen Bildern seine spezielle Sicht der Dinge transportiert. Viele der Häuser wurden in den letzten Jahren mit schwerem Baugerät aus den Städten herausoperiert. Sie wurden abgerissen, geschreddert und als Wegeunterbau verscharrt. Strukturanpassungsmaßnahmen. Auch in Leinefelde sind Angebot und Nachfrage ins Ungleichgewicht geraten. Eine 3-Zimmer-Wohnung in der Bachstraße, durch die ich gerade rolle, darf man für 192,70 plus Nebenkosten beziehen, informiert ein Aushang.

Es ist früher Nachmittag. Ich habe Zeit. Mich interessiert die Geschichte des Plattenbaueigenheims. Wieso baut man ein Haus aus den Teilen eines Wohnblocks? Und wieso stellt man das Haus ausgerechnet mitten in eine Plattenbausiedlung? Vor dem Haus parkt ein Auto. Ich werde einfach klingeln. Vielleicht darf ich ja einen Blick ins Innere werfen. Wer so ein Haus besitzt, der müsste neugierige Fragen gewohnt sein. Erst mal aber hinter den Toom-Baumarkt, Klamotten wechseln. In einer Lycrahose fühle ich mich zu nackt, um an fremden Haustüren zu klingeln. In einer Lycrahose fühlt man sich nur beinahe angezogen. Eine Jogginghose gibt Sicherheit.

»Jeschkeit« steht auf dem Klingelknopf, dessen Betätigung ein grelles Elektrogurgeln aktiviert. Ich versuche so harmlos wie möglich auszusehen. Mein Anliegen ist schon seltsam genug. Ich höre Schritte, die sich zügig der Tür nähern.

»Ja?«, schaut mich ein Mann in einem weißen, gebügelten Hemd durch den Türspalt an. Das Gesicht ist schmal, die Nase im Verhältnis groß. Der Mann trägt eine seriöse Brille. Die Augen hinter den Gläsern schauen freundlich.

»Hallo, guten Tag. Ich habe Ihr hübsches Haus gesehen und gehört, dass es aus Teilen eines Plattenbaus stammt. Dürfte ich eventuell mal einen Blick hineinwerfen?«, frage ich und gebe eine Kurzzusammenfassung meiner Reise.

Der Mann zögert. Vor ihm steht ein fremder Kerl in einer Jogginghose und will ins Haus. Der Gesichtsausdruck des Mannes spiegelt Misstrauen. Hinter ihm lugen die Knopfaugen eines mittelgroßen Hundes hervor. Das Tier macht einen friedlichen Eindruck. Aufgeregt versucht das Fellmonster mich zu begrüßen. Der Mann muss breitbeinig den Weg verbauen, damit der Hund nicht an mir hochspringt. Das Eis scheint damit gebrochen. Der Mann reicht mir die Hand.

»Jeschkeit. Keine Angst, der Hund tut gar nichts. Das ist Ursus. Den haben wir uns zusammen mit dem Haus angeschafft. Komm' se rinn, häng' se sich uff, also die Jacke. Ich weiß zwar nicht, was Sie genau wissen wollen. Aber bitte sehr, hier entlang«, winkt mich Herr Jeschkeit ins Wohnzimmer durch. »Kaffee?«

»Gerne.«

Hell ist es im Haus. Und geräumig. Durch große Glasflächen und Licht-schächte flutet der Tag ins Innere. Dunkle, frisch gemoppte Bodenfliesen vermitteln einen edlen Eindruck. Der Esstisch steht von thronartigen Stüh-len umstellt im offenen Wohnzimmer, in dem ein Eckaquarium die Blicke auf sich zieht. Wenn das hier wirklich ein Plattenbaueigenheim ist, dann wurde die Innenaufteilung nicht vom ursprünglichen Wohnungsgrund-riss übernommen. Plattenbauwohnungen waren eng. Auf 50 Quadratmeter waren drei Zimmer inklusive Sitzküche und Bad gequetscht. Mit 14 hatte ich mal eine Freundin, die in Leipzig Grünau wohnte, in einem der größ-ten Plattenbaugebiete der DDR. Sie hieß Sandra Klusendorf und hatte den Vorteil, dass sie bereits Pettingerfahrung mit einem 17-jährigen Typen hat-te, die sie bereitwillig an mich weitergab. In ihrem Zimmer befanden sich lediglich ein Bett, ein Schrank, ein Meerschweinchenkäfig und ein Kasset-tenrekorder, und man konnte aus lauter Platzmangel nichts anderes drin tun, als auf dem Bett zu liegen. Was wir dann auch ausgiebig taten. Hier, in diesem Haus, füllten wahrscheinlich schon das Wohnzimmer und der breite Flur die 50 Quadratmeter einer durchschnittlichen Plattenbauwoh-nung aus.

Herr Jeschkeit stellt zwei großvolumige Tassen auf den Glastisch, die er so-gleich mit Filterkaffee füllt. Randvoll, bis zur Oberkante. Ich muss einen Schluck abschlürfen, damit mein obligatorischer Schwapps Milch hinein-passt. Wie meine Mutter, denke ich. Der sage ich seit Jahrzehnten, dass sie bitteschön noch Platz für die Milch in der Tasse lassen soll, und dann nickt sie jedes Mal und versucht, den Kaffee zum Berg aufzuschütten.

Herr Jeschkeit schiebt eine Visitenkarte über den Tisch, die ihn als Gebietsleiter eines Landwirtschaftsgroßhandels »Alles für Rinder und Pferde« ausweist.

»Ich hätte vor der Wende mal in einer Milchviehanlage anfangen kön-nen. Damals dachte ich: Bäh, da stinkt man den ganzen Tag nach Kuhschei-ße. Wenn ich heute nach Kuhscheiße stinke, bin ich zufrieden. Dann ver-diene ich nämlich Geld«, lacht Herr Jeschkeit und startet gut gelaunt ins Gespräch. Fast drei Jahrzehnte habe er in einer Platte gewohnt, von 1978 bis 2006, direkt in der Straße gegenüber, 90 Quadratmeter, drei Kinderzimmer, 108 Mark Miete, »gar nix, würde man heute sagen«, erzählt Jeschkeit – »war ja absoluter Luxus damals, so mit Warmwasser aus der Wand. Ohne Beziehung ging da nichts.« Sämtliche Details zum Mietvertrag der alten Wohnung wüsste übrigens Gattin Dagmar, die aber erst später komme.

»Und warum ausgerechnet ein Haus aus Plattenbauteilen, heutzutage?«, frage ich.

Herr Jeschkeit lächelt. Auf die Frage hat er gewartet. Wahrscheinlich hat er diese Frage schon öfter gestellt bekommen als irgendeine andere. Er selbst muss sie sich irgendwann auch gestellt haben.

»Der Rohbau ist billiger, etwa 15 Prozent. Material gibt es ja genug, weil so viele Blöcke abgerissen werden«, sagt er und macht eine Pause. Kaffeeschluck. Bohrender Blick. Vergnügtes Zucken in den Mundwinkeln. Dann schiebt Herr Jeschkeit die richtige, die eigentliche, die ehrliche Antwort hinterher:

»Klar, das ist natürlich auch Spinnerei.«

Herr Jeschkeit leert zügig seinen Viertelliterbecher Kaffee, schält sich geschmeidig aus dem Stuhl und macht einen seitlichen Schritt hin zum Fernseher. Der Schacht des DVD-Spielers summt auf, wird mit einem Silberling gefüttert und summt wieder zu. Herr Jeschkeit startet mit der Fernbedienung.

Auf dem Bildschirm wuchtet ein Kran mächtige Betonplatten durch die Gegend und kommt gut dabei voran. Ein Bauarbeiter schippt irgendwas in eine Schubkarre. Verantwortungsträger mit Arbeitsschutzhelmen gucken kompetent auf Pläne. Dazwischen viel Staub, Zement und ein orientierungslos guckender Herr Jeschkeit.

Schließlich – der Zoom holt sie ganz nah ran – die Dachplatte.

»Die Bauphase«, sagt Herr Jeschkeit und dreht den Ton leiser. Das linke Bein über das rechte schlagend setzt er sich zurück an den Tisch.

»Wissen Sie: Klar hätten wir auch ein Haus in einem Dorf kaufen können. Aber ich wollte in Leinefelde bleiben, und als ich dann in der Zeitung den Artikel über die Plattenhäuser gelesen habe, da habe ich Interesse signalisiert. Hier zum Beispiel«, springt er erneut auf und zeigt auf die großzügig verglaste Wohnzimmerfront: »das sind zwei Vierziger- und drei Sechziger-Balkonelemente.«

Herr Jeschkeit führt mich raus auf die Terrasse, von wo aus man einen unverbauten Blick genießt auf den Toom-Baumarkt, einen Hochspannungsmast und die Bundesstraße 247.

»Wir genießen das richtig, endlich Raum zum Atmen«, schwärmt er und inhaliert ein paar Lungenzüge Leinefelder Feierabendluft, während Ursus übermotiviert der geworfenen Frisbeescheibe hinterherhetzt.

Der Verkehr unten auf der Bundesstraße 247 ist dichter geworden. Das Grummeln der bunten Blechschlange dringt nur schwach auf die Terrasse. Ein Vogelschwarm kreischt über Herrn Jeschkeit hinweg. Der Grillrost neben ihm macht einen gern benutzten Eindruck.

Das ist Rock 'n' Roll, denke ich. Alle wollen raus aus den Plattenbauwohnungen. Eine nach der anderen wird weggerissen. Und dann zieht man sich ein paar Fertigteile aus dem Schutt der Siedlung, in der man seit 30 Jahren wohnt, und baut daraus ein Haus. Mittenrein.

11

Geisterbahn der Geschichte

Die Menschheit wird untergehen. Ob im Zivilisationsmüll, durch Atomstrahlen oder den Angriff von kleinen grünen Männchen, darüber ist man sich im Club der Fatalisten noch nicht einig. Der Clubvorsitzende heißt Roland Emmerich und hat seine Vision vom Weltuntergang bereits als zweistündiges Kinomärchen skizziert. Die Inhaltsrohstoffe von »The Day After Tomorrow« waren nach Hollywood-DIN-Norm zusammengerührt: eine Katastrophe, viele Tote, ein Held, ein Happy End, puh, gerade noch so. So weit, so gut. Das Neue war: Der Film sollte zum Nachdenken anregen.

Die Handlung selbst lässt sich auch mit vollem Mund in einem Satz erzählen: Weil wir alle immerzu nur faul mit dem Auto herumfahren, ständig Verpackungen wegschmeißen und unserer Haut gern in brühheißen Vollbädern beim Schrumpeln zusehen, erwärmt sich die Erde, um daraufhin von Tornados, Flutwellen, Hagel und einer unglaublichen Kältewelle überzogen zu werden. Minus 100 Grad! Mindestens!

Das ist selbstverständlich nicht schön, denkt man beim Abwiegeln der in letzter Zeit verbreiteten Untergangsprognosen, aber vielleicht immer noch besser, als unter einem stinkenden, klebrigen Müllteppich begraben zu werden, wie man ihn im Anfangsstadium bereits auf Sizilien bestaunen konnte. Die Sache mit dem Eis hätte zudem einen praktischen Nebeneffekt, Ötzi und so manche Mammutmumie wissen, wovon die Rede ist: Alles würde konserviert werden für die Nachwelt, das Leben danach, die Besucher, woher auch immer sie kommen würden. Irgendwann wäre das Eis wieder weg. Und dann würden sie angucken und erforschen, wie wir damals auf der Erde lebten. Sie würden die Alpen mit den vielen grausigen Skiorten finden. Den Kölner Dom. Die Oper in Sydney. Vielleicht sogar das Hofbräuhaus in Las Vegas. Und irgendwann sicher auch diesen grauen Gebäudeklotz zwischen Duderstadt und Wörbis, das »Grenzland Museum Eichsfeld e.V.«, in dem sich nur ein einziges Exponat befindet: die Deutsche Demokratische Republik.

Was würden die Besucher aus der fremden Welt nach der Besichtigung denken über das Land, das meine Heimat war? Schon die Größe des Gebäudes schließt eine umfassende Differenzierung aus. 40 Jahre DDR, eingepfercht in einen zweistöckigen Betonquader. Das ist das Konzept von Museen: Das Wesentliche wird auf den Punkt gebracht und mundgerecht serviert. Denn der Besucher hat nicht viel Zeit, muss noch Kaffee trinken, spazieren gehen und zurück vor den Fernseher. Es geht um Destillation, Zusammenfassung. Um ein »Best of«. Oder auch um ein »Worst of«. Das Thema würde sich anbieten. Genau darin allerdings liegt die Gefahr. Der Mensch kann zwischen 500 Grautönen unterscheiden, das ist erwiesen. Grau bedeutet Abstufung. Schwarz und Weiß dagegen schließen Abstufung aus. Schwarz und Weiß sind Radikale. Schwarz und Weiß sind die Cousins von oben und unten, heiß und kalt, an und aus. Kann man damit ein Land beschreiben, eine Gesellschaft, ein Lebensgefühl? Ich bin gespannt.

»Ausreisestempel?«, fragt die Kassiererin mit nett anweisender TomTom-Stimme und lässt das Wechselgeld in die Wechselgeldschale klimpern: »Also ja oder nein?« Der Blick der Frau verrät Ungeduld. Mit der rechten Hand hat sie bereits den Griff eines mächtigen Stempels umgriffen. Offenbar wartet sie nur noch auf ein Zeichen von mir, das Zustimmung oder Ablehnung signalisiert. Ich spüre Entscheidungsdruck. Hinter mir schiebt sich der fremdsprachige Inhalt eines Reisebusses in den Vorraum.

»Wie, Ausreisestempel?«, stammele ich. Die werden doch hier jetzt nicht den kompletten Vorgang des Grenzübertritts nachspielen? Mit Ausweis stempeln, Filzen und Rektaluntersuchung?

»Na hier, der Originalstempel vom Grenzübergang Wörbis, wird immer gern genommen. Kostet nichts. Können Sie haben, wohin Sie wollen«, klärt die Kassiererin auf.

Ich atme erleichtert durch. Keine Rektaluntersuchung. Glück gehabt. Den Stempel nehme ich natürlich. Aber wohin? In den Reisepass? Habe ich nicht dabei. In den Führerschein? Nicht, dass der ungültig wird. Auf das Faltblatt vom Grenzmuseum? Dann müsste ich das Ding ja aufheben. Gar nicht so einfach. Die Holländer in der Warteschlange hinter mir gucken schon genervt. Hektisch schiebe ich den Jackenärmel nach oben. Ein Reflex aus der Zeit der Diskobesuche. Es kitzelt kurz an meiner Unterarminnenseite. Dann bin ich offiziell abgefertigt und darf einreisen.

Im Treppenhaus die erste Einstimmung auf das zu besichtigende Thema: Trabifotos. Vor dem Grenzübergang. Am Grenzübergang. Hinter dem Grenzübergang. Vergangenheitsbewältigung ist ohne Trabis offenbar nicht machbar. Man könnte das als Klischee kritisieren. Aber gut, so war es ja nun einmal. Ein Pariswochenende wird auch niemals enden ohne eine Postkarte mit Eiffelturm.

Ich gehe nach links durch die Tür, die den offiziellen Beginn des Rundgangs darstellt. Das Tor in die DDR, sozusagen. »Geschichte und Entwicklung der Grenze« steht an der Wand. Der erste Raum hat die Größe einer Besenkammer und ist schon gut gefüllt mit Holländern. Ich muss die Arme ganz an den Körper pressen, um mich mit Tippelschritten hineinzuschieben. In der Ecke ein drapierter Trümmersteinhaufen, ansonsten Statistiken: 19 580 000 gefallene und vermisste Soldaten im Zweiten Weltkrieg in Europa, ist da zu lesen. Kennt man, hat man schon oft gehört. Also weiter in den nächsten Raum, der etwas größer ist. »Je stärker der Sozialismus, umso sicherer der Frieden«, schreit es Weiß auf Rot von einem Propagandaschild, das über einem Stück nachgebauter Grenzmauer hängt. Das Schild ist mit Stacheldraht umrankt. Plakativ muss es schließlich sein.

Ich bleibe länger vor dem Schild stehen, als ich zum Lesen der Parole brauche. Das Schild wirkt skurril und dennoch vertraut. Damals waren die Städte tatsächlich zugehängt mit diesen Phrasen. Überall stand dieser Mist. An Hausfassaden. An Zäunen. An Betrieben. An Kindergärten. An Litfaßsäulen. An Turnhallen. An Autobahnbrücken. An den Wänden der Klassenzimmer. »Solidarität hilft siegen!«, stand da. Oder: »Wir kämpfen für ein rotes Ehrenbanner der SED!« Parteiphrasen waren der ständige Begleiter. Honeckers PR-Truppe dachte tatsächlich, dass man den Menschen Ideologie einfach nur eintrichtern müsse, dann würden sie es schon kapieren. Werbeagenturen, so weiß ich heute, verfahren nach exakt demselben Konzept. Botschaften müssen einmassiert werden. Wieder und immer wieder. Ich habe es nicht gewollt, aber die Melodien von Haribo/Du darfst/Mariacron/Hornbach haben sich in meinen Ohren eingenistet, als wären es die Larven einer aggressiven Fliegenart. Doch was müssen die Besucher der Nachwelt denken, wenn sie irgendwann vor den Parteilosungen stehen? Werden sie die Ironie erkennen, die beim Ausdenken der Texte eine Rolle gespielt hat? Gespielt haben muss! Das kann ich mir beim besten Willen nicht vorstellen, dass die Verfasser der überspitzten Kernaussagen das tatsächlich ernst gemeint haben. Vieles war von realsatirischer Banalität. Inhaltsleer. Ohne jegliche Aussage, ohne Prognosekraft. An einer Kreuzung, die ich auf meinem Schulweg überqueren musste, stand ein Schild. Es war aufwendig aus Holz gefertigt, riesengroß und mit fein geschwungenen Buchstaben von Hand beschriftet. Die Herstellung muss Tage gedauert haben. Wahrscheinlich war dem Schild eine mehrwöchige Entscheidungsperiode im Rathaus vorausgegangen. Entwürfe, Sitzungen, Inhaltsdiskussionen, Abstimmungen, Beschlüsse und so weiter. »Unsere Heimat DDR«, stand darauf geschrieben. So, als wüssten die Leute nicht, in welchem Land sie lebten. Genauso gut hätten man schreiben können: »Manchmal regnet es und manchmal nicht!« Die Schilder waren so egal wie 88. Also so egal wie die Volkskammerwahl. Sie hatten keinen Einfluss auf irgendwas. Man las sie nicht wirklich. Man nahm sie nicht mal richtig wahr. Sie hingen einfach in der Gegend herum, wie heutzutage Mediamarktplakate.

Die DDR-Verfassung garantierte jedem Bürger ein Recht auf Arbeit, so entstanden die unnützesten Berufe. So muss als Beschäftigungsmaßnahme offenbar auch eine Abteilung für Spruchschilder erfunden worden sein. Und da ein Tag nun mal lang ist und irgendwas auf die Schilder musste, kamen eben diese Phrasen heraus.

Wahrscheinlich war es so wie bei mir, als ich von meiner Klasse gegen meinen Willen zum Wandzeitungsagitator gewählt wurde, weil kein anderer diesen Scheiß übernehmen wollte. Jede Schulklasse hatte einen eigenen Pionierrat. Er bestand aus einem Vorsitzenden, dessen Stellvertreter, einem Agitator und einem Schriftführer. Wirklich Lust, einen der Posten zu übernehmen, hatte bis auf Ursula Otterer niemand. Aber die war ja auch die Tochter der Schuldirektorin, genetisch vorbelastet also und damit automatisch für den Vorsitz prädestiniert. Ursula Otterer sagte manchmal ohne jede unmittelbare Notwendigkeit Sachen wie: »Schluss mit der imperialistischen Hochrüstung!« Daran war inhaltlich natürlich nicht zu rütteln. Trotzdem hatten alle ein bisschen Angst vor ihr. Dieser Ton entsprach so gar nicht der Umgangssprache. Heute besitzt Ursula Otterer ein Unterwäschefachgeschäft und wird im Ort »Schlüpfer-Uschi« genannt.

Als Agitator hatte man die verantwortungsvolle Aufgabe, die Klassenkameraden mithilfe der Wandzeitung von der unfassbaren Tollheit des Sozialismus zu überzeugen. Eine lästige Sache, schließlich musste man wertvolle Freizeit dafür opfern, die man lieber mit seinen Freunden verbracht hätte. Um Diskussionen mit dem Lehrer zu entgehen und nicht Gefahr zu laufen, auf eine Stufe mit Ursula Otterer gestellt zu werden, überzog man die Sache einfach gnadenlos. Den kreativen Möglichkeiten waren bei der Thematik ohnehin enge Grenzen gesetzt. Man schnitt ein Foto von Erich Honecker aus dem Propagandablatt Neues Deutschland aus, schrieb »Vorwärts zum X. Parteitag der SED und Staatsführung – für Frieden, Sozialismus und Völkerverständigung!« drüber, heftete einen Jubelartikel über die »Messe der Meister von Morgen« dazu, daneben platzierte man den Hasskommentar eines politisch verblendeten ND-Redakteurs über den imperialistischen Aggressor BRD, abschließend schrieb man mit einem roten Filzstift in Sonntagsschrift »Es lebe unser sozialistisches Vaterland!« auf Bastelpapier, heftete auch das an die rot bespannte Styroporplatte – und fertig war der Käse.

Im Grunde genommen zeugte jede Wandzeitung von Verarsche und Gleichgültigkeit. Komischerweise bemerkte das nie einer der Lehrer. Von den Mitschülern interessierte sich erst recht niemand dafür. Die guckten einfach dran vorbei, stibitzten höchstens mal eine Stecknadel, um damit jemanden frech in den Hintern zu pieken. Ein paar Wochen später gestaltete man die nächste Wandzeitung. Und selbst das fiel kaum einem auf.

So ähnlich muss es bei den Textern der Schilder auch gewesen sein. Die saßen doch sicher da und hatten ihre helle Freude daran, sich dieses krude Zeug auszudenken. Wahrscheinlich gab es sogar einen internen Wettbewerb um die beknackteste Formulierung.

»Splittermine, what is Splittermine?«, fragt sich selbst ein ausländischer Museumsbesucher, der sich ungeachtet fehlender Sprachkenntnisse in einen Text über die zeitweise Verminung der Grenze vertieft. Ich ziehe ein A4-Blatt mit den Kompaktinfos in englischer Sprache aus einer der Zettelboxen und reiche sie dem Mann.

»Thank you!«, freut er sich. Doch da habe ich bereits einen Schritt gemacht und stehe in der Dunkelkammer des Grenzmuseums, im Themenbereich »Staatssicherheit«. Im engen, fensterlosen Durchgangsraum die ersten Graustufen: taubengraue Wände, schiefergraue Auslegeware. Das Ambiente ist bewusst düster gehalten. An der Wand ein Schreibtisch mit eingebauter Telefonanlage, vom Design her an die Kommandozentrale des Raumschiffes Enterprise angelehnt. Darüber ein Porträtbild von Stasibösewicht Erich Mielke. Auf dem Tisch die Seite für Seite einlaminierte Kopie einer Stasiakte: OPK Journalist, Reg.-Nr. 1/78. Die Akte, so lese ich hingelümmelt in einen Stasibürostuhl aus moosgrüner Schlingenware, gehörte zu einem Redakteur vom Göttinger Tageblatt – 30 Jahre alt, CDU-Mitglied, gute Verbindungen zum Bundesvorstand der Jungen Union (!), dessen besondere Qualität es laut IM-Einschätzung gewesen sei, »in den Artikeln das auszusprechen, was ›der kleine Mann‹ hören möchte.«

Was wohl in meinen Akten über meine besonderen Qualitäten stand? Dass ich prima Pogo zu Public Image Limited tanzen konnte? Oder dass sich meine Trefferquote bei den Mädels verdoppelt hat, seit ich das Axe-Deodorant benutzte, das ich mir vom schwarz getauschten Westgeld im Intershop gekauft hatte? Könnte gut sein. Kurz nach meinem Rausschmiss aus der Kaderschmiede war ständig und überall dieser Typ aufgetaucht, der so tat, als wäre er mein Kumpel. Er war geschätzte drei oder vier Jahre älter als ich und stand eines Tages plötzlich neben mir am Rand der Diskotanzfläche. Der Abend war bereits fortgeschritten. Der DJ hatte gerade damit begonnen, den Geschmack der NDW-Freunde zu bedienen, als ich von diesem mir gänzlich unbekannten Typen angekumpelt wurde. Er hielt eine Cola in der Hand, was nicht dem allgemeinen Verhalten in einer Dorfdisko entsprach. In einer Dorfdisko trank man Bier oder Schnaps. Ansonsten sah der Typ unauffällig aus. Wisent-Jeans. Ostturnschuhe. Fleischerhemd mit hochgekrempelten Ärmeln, wie es die Blueser gern trugen, die ich wegen ihrer Mädchenfrisuren nicht besonders mochte. Der Typ hatte keine Mädchenfrisur. Er hatte gar keine Frisur. Er sah so normal aus, dass er fast durchsichtig war. Merkwürdig war das konkrete Interesse, das er an mir hatte. Er habe meine Ergebnisse bei den Radrennen immer mit großem Interesse verfolgt, sagte der Typ, und dass er die Sache mit der Ausdelegierung mitbekommen hätte. Ich stutzte. Niemand, den ich kannte, benutzte das Wort Ausdelegierung. Es war der amtsdeutsche Begriff für Rausschmiss. Wer Ausdelegierung sagte, wollte schönreden.

Es war laut in der Disko. Es war die NDW-Runde. Auf der Tanzfläche sprangen sie aufgepeitscht auf und nieder. Arme bohrten sich in die blickdichte Wolkendecke aus Nikotin und Trockeneisnebel. »Mein Maserati fährt 210, schwupps – die Polizei hat's nicht gesehen!«, skandierte die Menschenmasse unter der Wolke. Ich machte mich innerlich bereit für die Heavy-Metal-Runde, die im direkten Anschluss kommen würde. Mein Kumpel Hotte war beim DJ gewesen und hatte herausgefunden, dass Battery von Metallica gespielt werden würde. Battery von Metallica bedeutete ein langes, anspruchsvolles Luftgitarrensolo. Ich befand mich in einem Zustand höchster Alarmbereitschaft.

Was ich nun vorhätte, schrie der Typ gegen den Lärm an, und wie ich zu der Sache stünde. Ob ich weiter Sport machen wolle. Rundherum tanzten und tranken sie. Doch dieser Typ stand nur da mit seiner Cola und löcherte mich mit Fragen. Seine Anwesenheit war mir unangenehm. Er wusste zu viel über mich. Ab diesem Abend hatte ich einen Schatten. Fuhr ich mit dem Zug nach Leipzig, kam auch er ins Abteil geschlendert, ganz zufällig natürlich, wie er eifrig zu beteuern versuchte. Traf ich mich mit Freunden in der Sternburg Quelle, winkte er von draußen durch die Scheibe, um sich dann mit an den Tisch zu setzen. Er tat das mit der Selbstverständlichkeit eines guten Kumpels. Ich nannte ihn Grobi, wie das schlaksige Monster aus der Sesamstraße. Einfach so. Weil er ein komischer Kauz war. Er war nett, doch auf subtile Art löste dieser Grobi ein unterschwelliges Unbehagen in mir aus. Dieses Penetrante, dieses Forschende. Dieser an mir klebende Blick. Das Wenige, was er über sich erzählte. Doch ich hätte dem Kerl ja schlecht Kontaktverbot erteilen können. Man wusste einfach nie genau, ob er einen observierte oder vielleicht tatsächlich nur zufällig anwesend war. Ich war mir nicht mal sicher, ob er wirklich Karsten hieß, wie er behauptete. Mit dem 9. November verschwand er aus meinem Leben wie er gekommen war. Plötzlich und ohne Ankündigung. Grobi war einfach nicht mehr da.

Als die Gauck-Behörde kurz nach der Wiedervereinigung das Stasiarchiv öffnete, beantragte ich Akteneinsicht. Ich wollte wissen, wer dieser Typ war. Was er eventuell über mich gepetzt hatte. Und ob es vielleicht noch andere in meinem Umfeld waren, die mich ausspioniert hatten. Zwei Akten waren unter meinem Namen auf Karteikarten registriert. Was darin geschrieben stand, werde ich nie erfahren. Die Stasi hatte sie noch kurz vor der Sicherstellung vernichtet.

»Abhörvorrichtung«, reißt mich eine Computerstimme aus den Gedanken. Ich drehe mich erschrocken um. Die Stimme gehört zu einem zigarettenschachtelgroßen Gerät, dessen Display aus der Hand eines üppigen Besuchers ragt. »Links in der Ecke des Raums sehen Sie ein Buch. Aufgrund des fehlenden Kabels zur Signalweiterleitung und der dilettantischen Ausführung bestehen Zweifel an der Funktionsfähigkeit«, erklärt die Computerstimme und meint offenbar das mit einem Mikrofon präparierte Buch, das in einer Vitrine halogen bestrahlt wird. Konsequenterweise ist es das »Strafrecht der DDR«. Der Mann schnauft heran, knautscht die Lippen zusammen und wird auch schon von einer Welle Holländer in die Abteilung »Geschichte und Entwicklung der Grenze« gespült. »Nur vier Prozent der ausreisegenehmigten DDR-Bürger waren keine Rentner!«, höre ich einen Museumsführer aus dem Raum sprechen.

Maschinenpistolen, Gewehre, ein Modell des Grenzübergangs, ein hand-geschriebener Zettel mit dem Hinweis eines Grenzkommandeurs an seine Untergebenen: »Ein fahrlässiger Schusswaffengebrauch hat zur Folge, dass die Einheit nicht den Titel ‚beste Einheit' bekommt.«

Ab in den nächsten Raum, der sich so auch in einer Berliner Fußgängerpas-sage befinden könnte – mit einer langen Schlange Kaufwilliger davor. Es geht um die Versorgungslage in der DDR. Zur Veranschaulichung ist ein HO-Kaufhallenregal aufgebaut, von dem jeder Ossi-Shop-Betreiber träu-men würde: »Quartett«-Deodorant, »Rondo Melange«-Kaffee, »Tempo«-Bohnen. Fruchtsaftlikör Waldbeere, »Wildfang« genannt, dessen betäu-bender Wirkung ich so manche peinliche Diskoknutscherei zu verdanken habe. Es ist absurd. Damals drückte man sich die Nase am Intershop-Schau-fenster platt. Und nun eröffnen überall Ostläden. Am Berliner Alexander-platz war ich unlängst Zeuge einer Shoperöffnung namens »Ostpaket«. Ein riesiger Einkaufstempel, gefüllt mit Ostprodukten, in dem sich aufgeregte Ost- und Westmenschen die Körbe vollmachten. Das Strahlen in den Augen einer älteren Pfälzerin beim Erstehen einer nicht mal originalen Dederon-Kittelschürze werde ich so schnell nicht vergessen.

»Schlange vor den Läden«, reißt mich die Computerstimme schon wie-der aus den Gedanken: »Hatte sich die Nachricht vom Eintreffen frischer Ware herumgesprochen, bildeten sich vor den Geschäften lange Schlan-gen. Hamsterkäufe der lang entbehrten Güter verstärkten den Mangel so-fort wieder«, behauptet die Stimme. Aber da hat sie wohl noch keinen Dis-counter nach Bekanntmachung eines Sonderangebots oder die Eröffnung eines Mediamarkts miterlebt. Der üppige Mann geht zum Regal, besieht angewidert das Sortiment, um erneut die Lippen aufeinanderzuknaut-schen.

Jetzt reicht es aber langsam: Ich komme mir vor wie in einer Geisterbahn. Schauereffekte, wohin man schaut. Die DDR wird der Sensationsgier zum Fraß vorgeworfen. Zum Teil zu recht. Aber wo sind die ganzen anderen Fa-cetten? Ich meine, was ist mit den Winnetou-Filmen, den herrlichen Feri-enlagern, den kostenlosen Sportvereinen, der Kindergartenplatzgarantie, der Sportwagenflunder Wartburg Melkus mit Flügeltüren, mit Sigmund

Jähn, dem ersten Deutschen im Weltall, und was vor allem mit Alfons Zitterbacke? Es gab verschiedene Sorten Eis in der HO-Kaufhalle, Mengen von Essen und mehr Süßigkeiten als gesund sind. Immer. Ohne anzustehen. Es gab sogar richtige Punkbands. Sandow. Feeling B. Die Skeptiker. AG Geige. Und Hunderte andere. Es gab einen wunderbaren Radiosender namens DT64, der sich ausschließlich mit aktueller Jugendmusik beschäftigte. Es gab Farbfernsehgeräte und Stereoanlagen mit Dreiwegeboxen und Turnschuhe mit Klettverschluss, und mit Tamara Danz von Silly außerdem die beste Sängerin der Welt. Die Außerirdischen werden das nie erfahren. Meine Heimat wird sich für sie als finsterer Ort des Grauens darstellen, an dem es – wenn überhaupt – nur Tempo-Bohnen zu essen gab, und wo die Menschen Särge als Erdmöbel bezeichneten, Föne als Luftdusche und Weihnachtsengel als Jahresendfiguren. Was für ein Unsinn! Die Worte Erdmöbel, Luftdusche und Jahresendfigur habe ich erstmals nach der Wende gehört. In Schreckensreportagen über den Osten, effekthaschend dargeboten im Westfernsehen.

Was ist mit der Bundesrepublik? Würde jemand auf die Idee kommen, das Land auf dieselbe vereinfachende Weise zu betrachten? Falls doch, dann würden im Raum mit der Überschrift »Kapitalismus und seine Folgen« Fotos hängen. Fotos mit Menschenschlangen, ähnlich denen im Nebenraum. Nur würden die Menschen darauf nicht vor der HO-Kaufhalle nach Bananen anstehen, sondern vor den Jobcentern der warum auch immer so genannten Agentur für Arbeit, die ja im Grunde genommen keine Arbeit verwaltet, sondern nur den Mangel an dieser.

Direkt daneben würde stellvertretend das Porträt eines selbstgefällig grinsenden Klaus Zumwinkel hängen, der als Vorstandsvorsitzender der Deutschen Post das Finanzamt um eine Million Euro beschiss, um sich den logischerweise folgenden Rausschmiss mit 20 Millionen Euro plus einer halben Million Bonuszahlung versüßen zu lassen. Man würde Fotos von gewaltigen Gewerbeparks und Autobahnen sehen, deren Flächen Jahre zuvor noch Natur waren. Man würde auf Infotafeln lesen, dass es alles im Überfluss zu kaufen gab, die Menschen aber trotzdem zunehmend an Depressionen litten. Klimakatastrophe, würde man lesen, und Börsencrash und Wirtschaftskrise und Staatsverschuldung und Dschungelcamp und

Schmiergeldaffäre. Vielleicht würde man auch Exponate der Spitzelvorrichtungen sehen, mit denen deutsche Personalabteilungen stasigleich ins Privatleben ihrer Mitarbeiter geschnüffelt haben. Und auf einem Schild »Wissenswertes« wäre nachzulesen – die Außerirdischen würden staunen –, dass bereits im Jahre 2009 ein Zehntel der Deutschen zwei Drittel des gesamten Vermögens gerafft hatten, während die Armut im unteren Drittel rasend anstieg.

Würde das so dargestellt? Wahrscheinlich nicht.

Der nächste Raum fasst die Jugendorganisationen in der DDR zusammen. Pionierbluse. Fotografien. Eine Wandzeitung. Die Headline könnte von mir stammen: »Meine Tat für den Schutz des soz. Vaterlandes«.

An der Wand ein Bild. Es zeigt zwei Kinder bei einer Parade der GST. Die Kinder winken mit Fahnen aus einem Miniaturpanzer, der an einer Ehrentribüne vorbeirollt.

Der Mann mit der Computerstimme in der Hand guckt lange auf das Bild.

»Nee, nee, nee«, sagt er, den Kopf verachtend hin- und herschüttelnd: »Schlimm so was. Mit Kindern!« Er ist aus Hessen.

Ich spüre Wut in mir aufsteigen. Ich war Zivi. Ich hasse Waffen. Aber dass dieser Mann gleich in sein Auto steigt und mit diesem Bild im Kopf nach Hessen fährt, macht mich völlig fertig. Keine Ahnung, was das für ein Panzer ist. Ich jedenfalls habe so ein Teil noch nie gesehen.

»Und heute ist es besser, oder?«, kotzt es aus mir raus. »Die Kinder verfetten vor dem Computer und ballern den ganzen Tag lang Leute tot.«

Der Mann dreht seinen Kopf zu mir rüber. Er schaut mich an wie einen Irren. Der Blick gefällt mir nicht. Es spiegelt sich etwas Abschätzendes in ihm. Der Mann mustert mich ein paar Sekunden. Dann dreht er sich wortlos um und geht kopfschüttelnd weiter. Er scheint zu ahnen, was ihm bei einer Antwort bevorstehen könnte.

»IST DOCH SO! DIE BLAGEN BALLERN ANDEREN AM COMPUTER DIE KÖPFE WEG, UND DANN GEHEN SIE IN DIE SCHULE UND LAUFEN AMOK, WEIL SIE DIE SCHNAUZE VOLL HABEN VON IHREM LANGWEILIGEN SCHEISSLEBEN!«, rufe ich hinterher, sogleich peinlich berührt von meinem Aufbrausen. Jetzt argumentiere ich schon für die DDR, so weit ist es schon. Durchatmen. Erst mal durchatmen. Derart angriffslustig kenne ich mich gar nicht.

»Staat und Gesellschaft in der DDR«, erwacht die Computerstimme im Nebenraum.

Nach 20 Minuten bin ich durch. Draußen wollen noch ein paar Ostautos und ein paar Sonderausstellungen angeguckt werden. Die viereinhalb Kilometer lange Grenzanlage habe ich auf dem Herweg schon mit dem Mountainbike befahren.

Ich bin mir nicht ganz sicher, was ich davon halten soll. Alles ist wahr, was gezeigt wird. Weil aber so viel fehlt, weil die Jahrzehnte so sehr zusammengefasst sind und das Programm derart gestrafft ist, wird das Bild ins Düstere verzerrt. Umso mehr, je weniger Vorkenntnisse der Besucher mitbringt. Das Museum konserviert nicht die DDR, sondern das Schreckgespenst, das parallel zum Alltag in ihr lebte. Die Außerirdischen jedenfalls wird es mächtig gruseln. Vielleicht ist ja ein Regisseur dabei. Dann braucht er nur noch ein paar Zombies dazu erfinden. Und fertig ist der Kassenschlager. Schön Schwarz-Weiß eben. In Farbe.

12.

Heimatstube

Gastfreundschaft hat einen Namen, das zumindest behaupten Hotelprospekte. Dieser Name hier gehört zu keinem Hotel. Weniger gastfreundlich ist er deswegen noch lange nicht. Der Name lautet: »Blueberry«.

Alles ist heutzutage miteinander vernetzt. Kontinente, Kulturrichtungen und Menschengruppen sowieso. Inzwischen sind es auch Sofas. »Übernachtungsnetzwerk« heißt die vielleicht erfreulichste Erfindung des Digitalzeitalters. Ein Übernachtungsnetzwerk setzt da an, wo Hotelkonzepte Schatten werfen. Es garantiert Insideranschluss und kostenfreien Aufenthalt. Den Überraschungsfaktor gibt es gratis dazu, was eine aufgeschlossene Grundeinstellung der Nutzer Einrichtungsgeschmäckern gegenüber empfiehlt. Gut möglich, dass sich das als bequem beschriebene Kuschelbett als durchgelegene, versiffte Kaltschaummatratze herausstellt, mittig platziert in einer konsequent vernachlässigten Männer-WG. Das Angebot solcher Sofaringe ist inzwischen riesig. Das Netzwerk, über das ich gebucht habe, hat die Toleranz für Schweißgeruch und eingeschleppte Dreckklumpen mit einkonzipiert. Es basiert auf dem Grundgedanken der sozialen Kompatibilität – quäldich.de, das Netzwerk für Radsportenthusiasten.

Ich habe »Blueberry« noch nie zuvor gesehen. Ich habe nur eine einzige Mail mit ihr ausgetauscht. Ein Blind Date, sozusagen. Sie trägt das Cover vom »London Calling«-Album auf dem T-Shirt. Eine optische Duftmarke, wahrnehmbar nur von Seelenverwandten. Ich weiß Bescheid.

Langenhagen heißt das Dorf, das sich hinter Duderstadt idyllisch in die grünen Matten der Eichsfeld-Region kuschelt. Rote Ziegeldächer in gesunder, in Ruhe gelassener Landschaft. Die ehemalige Staatsgrenze befindet sich in Fußmarschweite.

»Na, dann komm mal rein«, sagt Blueberry, die mein verwahrloster Eindruck offenbar kein bisschen abschreckt. Meine Klamotten sind von Pfützenwasser und Schweiß durchtränkt und verbreiten einen leicht säuerlichen Geruch. Bayerischer, thüringischer und hessischer Schlamm dominieren die Oberflächenoptik. Die ursprüngliche Farbe der Schuhe ist nicht mehr erkennbar. Die Socken sind bereits in Eisenach in eine aggressive Form von Sondermüll übergegangen. Der eingestickte Totenkopf sieht wie eine ernst gemeinte Warnung aus. So kann ich unmöglich eine fremde Wohnung betreten, die in Erwartung des Besuchs wahrscheinlich extra noch gesaugt wurde. Beim ersten Schritt werden Schlammkrumen von mir abfallen und die Hausherrin verärgern. Von meinem Kläranlagengeruch mal abgesehen. Blueberry bemerkt mein Zögern.

»Passt schon!«, sagt sie und winkt mich rein ins urige Einfamilienhaus. Die Schuhe und die Socken lasse ich im Flur. Den Rucksack ebenfalls. Ich folge Blueberry in die Küche, in der eine Filterkaffeemaschine alles gibt, was sie kann. Der Kaffee duftet hervorragend. Hoffentlich lenkt er von meinem Geruch ab.

Ganz ruhig stehen. Nicht bewegen. Dann vergiften meine Geruchsatome nicht so stark die Küchenluft. Ich werde die Schuhe und die Socken nachher vor die Tür stellen. Die Übernachtungsbuchung über ein Netzwerk verpflichtet zur Gegenseitigkeit. Sollte irgendwann einmal ein Typ so miefig wie ich es bin vor meiner Tür stehen, werde ich ihn definitiv nicht reinlassen. So viel steht fest.

Begrüßungskaffee im Stehen. Gegenseitige Kurzvorstellung. Blueberry heißt eigentlich Bürte Hoppe. Vor ein paar Jahren ist sie aus Hamburg nach Göttingen gekommen. Sie hatte dringend mal eine Luftveränderung gebraucht, erzählt sie. In Göttingen gab es viele Studenten, damit einhergehend viele gute Kneipen und zudem eine gute Punkszene. Dann hat sie sich in Hardy verliebt, einen Autor. Und nun schreiben sie eben hier in diesem Haus zusammen Bücher. Er Fußballbücher, über 60 Stück schon. Sie Radsportbücher, immerhin schon zwei. Vor ein paar Monaten ist ihre Enzyklopädie »Tour de France« erschienen, sagt sie, und wuchtet ein Exemplar heran. Ein Buch mit dem Ausmaß einer Gehwegplatte, das anderen Büchern beispielsweise die Information voraus hat, dass der Norweger Knut Knudsen 1976 das Rennen auf Platz 64 beendete, 1979 aber auf Platz 27. »Alle Fahrer, alle Ergebnisse. Von 1903 bis heute«, sagt Bürte. Die Recherche habe Jahre gedauert.

Obligatorische Hausbesichtigung. Kurzer Blick ins Wohnzimmer, das so vollgestopft mit Büchern ist, dass man kaum noch Wände sieht. Durch einen Verbindungsgang mit Regalen voller Fußballsammeltassen ins Arbeitszimmer, wo Hardy mit flinken Tastaturanschlägen gerade ein Buch über Hannover 96 entstehen lässt. Im Raum daneben der tatsächlich so genannte Schatz, das Archiv mit Kickerzeitungen aus beinahe einem ganzen Jahrhundert, welches laut Hardy das wahrscheinlich umfangreichste dieser Art überhaupt ist, weltweit. Den Verbindungsgang zurück, wo sich neben dem Treppenaufgang die »Heimatstube« von Bürte befindet, eine Art begehbarer Altar. Einrichtungsgegenstände und Bilder spiegeln ihre Liebe zu Hamburg und zu Johnny Cash. Auf dem Sessel liegt eine adrenalinleere Katze. An der Wand lehnt das Rennrad von Bürte. In loser Ordnung ansonsten viele kleine Dinge. Zum Hinstellen, zum Hinhängen, zum Angucken. Der Aufräumfaktor ist mittelmäßig.

Das obere Stockwerk beherbergt das Schlafzimmer, ein Bad sowie ein weiteres Arbeitszimmer. Ich darf wählen zwischen diesem Arbeitszimmer und der Heimatstube. Eine schwierige Entscheidung. Die Heimatstube empfiehlt sich durch ein zwar nicht ausziehbares, aber immerhin vorhandenes Sofa, befindet sich aber verhältnismäßig weit abseits von den sanitären Anlagen. Das Arbeitszimmer ist nah am Bad, bietet als Schlafunterlage aber lediglich bürotypische Auslegware aus strapazierfähigem Polypropylen. Das Klo sei ein klarer Standortvorteil, sagt Bürte. Ich nehme die Heimatstube.

Hygiene-Triathlon: Duschen, Beine nachrasieren, Radklamotten aufhängen. Dann ab ins Wohnzimmer, wo Bürte Grillprodukte und selbst gemachten Nudelsalat serviert.

»Bekommst du viele Gäste über das Netzwerk?«, frage ich, entspannungsbereit hingelümmelt in einen bequemen Stuhl.

»Du bist der Erste«, lacht Bürte und holt die Schweinenackensteaks vom Elektrogrill, der draußen auf der Terrasse aufgebaut ist. Leider ist es zu kalt, um im Garten zu sitzen. Miesepetrige Tiefdruckluft hängt über dem Eichsfeld.

Die Anzahl der auf Teller gestapelten Fleischstücke ist beträchtlich. Einen besseren Service könnte man sich gar nicht vorstellen.

»Ich habe ja dieses Jahr erst mit dem Rennradfahren angefangen. Meine erste Tour waren 22 Kilometer. Komplett flach. Einfach hier durch das Tal. Ich bin fast gestorben. Die nächste Tour bin ich dann hoch zur Roten Warte gefahren, wo der Heinz Sielmann begraben ist, der Tierfilmer, kennst du vielleicht. Sechs Kilometer, im Prinzip nur leicht ansteigend. Da bin ich zwar auch fast gestorben, das Erfolgserlebnis hat mich aber dermaßen mutig gemacht, dass ich vor zwei Wochen nach Zürich geradelt bin. Alle Übernachtungen hatte ich über das Netzwerk gebucht. Überall war ich komischerweise die Erste.«

»Nette Leute?«

»Ja, alle, durch die Bank weg. Ein Typ war so ein junger Bursche, Tobias. Der hatte eine winzige Einzimmerwohnung. Die Ruth aus Neustadt zum Beispiel war gar nicht daheim. Die hat mir einfach den Schlüssel hingehängt, das Bett bezogen und was zum Essen hingestellt. Total irre, ich meine, wir kannten uns nur über das Internet. Und weißt du, was sie zu mir dann später am Telefon gesagt hat?« Bürte macht eine Pause und schaut mich fragend an. Es ist natürlich keine Frage. Es ist der Trommelwirbel für die Pointe. Ich verneine. Keine Ahnung, was diese Ruth gesagt hat.

»Sie sagte: Wer Fahrrad fährt, der ist okay, zu dem kann man Vertrauen haben.«

Ich teile das Besteck aus.

»Du fährst erst seit diesem Jahr? Du hast doch schon Radsportbücher geschrieben«, hake ich noch einmal beim Grundsätzlichen nach. Denn dass die Autorin eines Radsportbuches nicht Fahrrad fährt, kommt mir einigermaßen absurd vor.

»Ich mochte Sport schon immer, besonders Radsport, weil das so schön ästhetisch ist. Die Menschen, die 2000 Meter hohe Berge hinauffahren, die von Zehntausenden dabei bejubelt werden, du weißt schon. Für mich war Sport aber trotzdem immer nur passiv. Ich habe früher ganz gerne gesoffen und geraucht«, lacht Bürte und geht Hardy holen, der immer noch am Tippen ist. Bürte sagt nicht Hardy. Sie sagt Herr Grüne. Grüne ist Hardys Nachname.

Ich fühle mich pudelwohl. Ich sitze hier in einem gemütlichen Landhaus mit zwei netten Menschen und werde gleich großartiges Essen in mich reinschaufeln. Ein, zwei Stunden der Eingewöhnung noch, dann werde ich wahrscheinlich mit einer Selbstverständlichkeit die Stereoanlage mit CDs füttern und aufdrehen, so laut ich will. Draußen schließt der Tag die Augen. Vor mir steht ein Teller Grillfleisch. Das ist Entspannung, wie sie Brauereiwerbung propagiert. Nichts mehr dran am Tag, außer Schweinenackensteaks, ein paar Getränke und Schlafengehen. Morgen werde ich aufstehen, frischen Kaffee serviert bekommen und vielleicht sogar Brötchen, nicht aber eine Rechnung. Eigentlich erstaunlich, dass es immer noch Hotels gibt.

Herr Grüne hat sich neben mich gesetzt. Er trägt Hauslatschen wie Reihenhausspießer und schmiert großzügig Ketchup auf sein Steak. Bürte trinkt Bier aus der Flasche. Seltsam vertraut kommt mir das vor, wie wir drei hier sitzen.

»Und du fährst die Grenze ab?«, fragt Herr Grüne schließlich in die Ruhe.

»Von Bayern bis hoch zur Ostsee. Mal ein bisschen Abenteuer erleben«, sage ich. Herr Grüne nickt abwesend. Ein paar Spritzer vom Ketschup sind auf seinem T-Shirt gelandet und setzen sich auffällig vom Weiß der Baumwolle ab.

»Hast du dir schon das Grenzland Museum Eichsfeld angeschaut? Ist nicht weit von hier. Kann ich wirklich empfehlen. Da zerre ich jeden Besuch von uns hin«, sagt Bürte und reicht Herrn Grüne eine Serviette.

»Ja, da war ich«, antworte ich, bemüht, das Thema nicht zu sehr zu vertiefen. Denn dann würde es kompliziert.

»Verrückt, diese Maueröffnung«, sagt Herr Grüne, nun mit dem Messer eine widerspenstige Sehne seines Steaks bezwingend. »Hier an der Grenze, auf der Westseite, gab es früher einen Hochsitz. Ab und an war ich dort und habe über den Zaun geschaut. Schrecklich. Diese ganzen Vopos. Und dann geht diese Grenze plötzlich auf. Ich hatte das damals im Fernsehen gesehen und bin sofort mit dem Fahrrad nach Göttingen gefahren. Überall Trabis. Alle waren wie im Rausch«, sagt er und zieht nachdenkend die Stirn in Falten. »Ja, leider war die Party dann irgendwann mit einem Schlag vorbei. Plötzlich gab es nämlich keine günstigen Gebrauchtwagen mehr. Die Bananen waren ständig weggekauft und nirgends bekam man mehr einen Parkplatz, weil alles mit Trabis belegt war. Ich fand das schade, dass sich die Leute an solchen Banalitäten hochzogen, obwohl doch gerade ein Wunder geschehen war«, sagt Herr Grüne. Ein zufriedenes Lächeln huscht über seine Lippen. Er hat die Sehne besiegt. Hungrig macht er sich über das Steak her.

Bürte schaut kommunikationsinteressiert zu mir rüber. Sie hat aufgegessen und ihren Teller in die Tischmitte geschoben. Ihre rechte Hand umschließt die abgestellte Flasche Bier. Die linke Hand liegt auf ihrem Schoß.

»Wie hast du das denn erlebt, damals?«, fragt sie und nimmt einen nippenden Schluck aus der Flasche.

»Also Bananen haben wir auf jeden Fall nicht gekauft. Ich weiß auch gar nicht, woher dieser Mythos stammt, dass Ostdeutsche angeblich so auf Bananen abfahren. Wir sind ja damals gleich nach Hamburg zu unseren Bekannten gefahren. Schon von weitem war der Himmel über der Stadt ganz hell, diese unfassbare Lichtglocke werde ich nie vergessen. Ein ganzes Wohnzimmer voller Leute hat uns dann empfangen. Ich wusste gar nicht, dass wir so viele Westbekannte hatten. Ich sollte dann sagen, was ich denn gern machen wolle, jetzt, wo ich endlich im Westen war.«

»Und, was wolltest du machen?« Bürtes Blick haftet noch immer neugierig an mir.

»Ich habe gesagt, dass ich wahnsinnig gern einen Big Mäc bei McDonald's essen würde. Den kannte ich aus der Westwerbung. Also sind wir mit der U-Bahn zur Reeperbahn gefahren und in so einen McDonald's-

Laden rein. Ich wusste, dass ein Big Mäc ein Brötchen mit Boulette und Ketchup war. Aber dass ein Big Mäc dann tatsächlich nur ein Brötchen mit Boulette und Ketchup war, hat mich doch ziemlich enttäuscht. Ich meine, dafür hätte ich nicht auf die Reeperbahn fahren müssen. Von einem Ding, das so einen glamourösen Namen trägt, hatte ich mir mehr erwartet«, erzähle ich.

Bürte ist begeistert. Eine echte Ossi-Geschichte.

»Ich kann mich auch noch gut an die Zeit erinnern«, sagt sie schließlich nach kurzer Pause und legt die Beine auf den Stuhl neben sich. »An dem Freitag nach der Grenzöffnung bin ich gerade von der Arbeit nach Hause gekommen. Ich war in der Ausbildung zur Floristin und hatte an diesem Tag aus irgendeinem Grund eine richtige Scheißlaune. Und dann sitzt da eine Familie aus Rostock bei uns auf dem Sofa. Mein Vater hatte sie spontan eingeladen, nachdem über Radio Hamburg Gastfamilien für Ossis gesucht worden. Ich dachte: Scheiße, was soll das denn? Ich und mein Bruder mussten dann mit den beiden Kindern spielen, während die Erwachsenen im Wohnzimmer ein Bier, zwei, drei, oder wahrscheinlich ganz viele tranken. Am ersten Weihnachtsfeiertag sind wir dann rübergefahren und haben Broiler gegessen.« Bürte hebt die Flasche an den Mund, schwenkt mit den Augen das Wohnzimmer ab und nimmt einen Schluck. Dann fügt sie hinzu: »Der Broiler war geil!«

Draußen ist es dunkel geworden. Das Drinnen wird von einer Kerze aufgehellt. Schwach und schummrig, wie es sich für einen solchen Moment gehört. Bürte hat sich auf den Hocker vor dem Fenster gesetzt und lehnt sich mit dem Rücken gegen den Heizkörper. Ihr Lieblingsplatz, sagt sie.

Herr Grüne hat sich ein weiteres Bier aufgemacht, will aber nicht abhängen, sondern noch ein paar Fußballweisheiten aufschreiben. Das Buch muss in ein paar Monaten fertig sein. 1000 Seiten müssen pro Jahr gefüllt werden, um das Haus bezahlen zu können, die Versicherungen, den Strom, das Essen. Das Internet sei eine große Konkurrenz, sagt Herr Grüne. Dann geht er ins Arbeitszimmer.

Ich komme mir vor wie zu Besuch bei einer langjährigen, guten Freundin. Bürte erzählt. Wie sie im letzten Jahr als Online-Korrespondentin der ARD die Tour de France mit ihrem alten Ford Transit begleitet hat, finanziell gesehen mit »Plusminusnull«, dafür aber mit Eindrücken bis an ihr Lebensende. Wie sie am Telefon von der positiven Dopingprobe von Bernhard Kohl erfahren habe, diesem netten Kerl, von dem sie sogar die Eltern kannte – »ich habe mir vor Schock gleich eine halbe Flasche Ouzo eingefüllt«. Wie sie Reporterlegende Herbert Watterott nach sieben Jahren Bucharbeit die Enzyklopädie schickte und dieser kühl und distanziert antwortete, dass er einen Fehler gefunden habe – »in einem Buch mit mehr als 400 fehlerfreien Seiten, das frustriert dann schon«. Jede Zeigerumdrehung der Uhr facht die Gesprächslaune an. Radsportklamotten kosten ein Vermögen. Das Eichsfeld ist schön. Hamburg ist schöner. Plötzlich geht es um Punkrock.

Ich könnte noch ewig hier sitzen, Ansichten diskutieren und Bier trinken. Doch der Gedanke an die morgige Etappe entfacht ein kurzes Aufblitzen von Vernünftigsein. Vor mir liegt der Harz.

Prostus interruptus.

»Sag mal, was ist für dich eigentlich der größte Unterschied zwischen Ostdeutschen und Westdeutschen?«, frage ich, das Wohnzimmer bereits Richtung Heimatstube verlassend.

Bürte überlegt einen langen Moment. Mit den Augen das Buchregal an der gegenüberliegenden Wand fixierend fährt sie sich durch die blonde Haarbürste. Sie lässt sich Zeit. Die Antwort scheint ihr wichtig.

»Ossis tanzen immer Diskofox, eng zusammen. Wessis immer auseinander«, sagt sie schließlich. Wir lachen.

Wahrscheinlich hat sie damit so was von recht.

13.

Flieger, grüß mir die Sonne

Tourismusmarketing und Todesverachtung haben durchaus Schnittpunkte. Im Harzer Luftkurort Braunlage gibt es an diesem Wochenende gleich zwei davon. Der Bowlestand beim Erdbeerfest in der Fußgängerpassage ist der eine. Die Brockenwegschanze am Ortsrand der andere, der »Schauplatz der Mountainbike-Gladiatoren« nämlich, glaubt man der Ankündigung.

»Das ist ja voll krank!«, freut sich der Sat 1-Kameramann und erstbesichtigt mit seinem Reporterkollegen erwartungsfroh die Sprunganlage, die sich vom Wiesenhang aus steil in die Vertikale reckt. Rechts neben dem Landehügel, sagt er mit knisternder Stimme, könne man die Kamera perfekt platzieren. Frontale. Totale. Mitzieher. Zoom. Selbst Interviews. Alles möglich. Das gebe genug Material. Für die Zwanziguhrnachrichten, den bestellten Pro 7-Dreiminüter und den Beitrag für »17:30 Live« im Regionalteil Bremen und Niedersachsen. Vielleicht sogar noch für das Frühstücksfernsehen am Montag. Könne man ja auf jeden Fall mal anbieten. »Bunt und schrill, das passt immer!«, lacht der Kameramann und lässt besorgt den Kopf in den Nacken fallen. »Hoffentlich hält das Wetter.«

Ich stehe hinter Flatterband. Die Aussicht ist prima. Zu sehen gibt es leider nichts. Oben auf dem Landehügel steht jemand und schaut nach unten. Unten steht jemand und schaut nach oben. Ein Kleinbus rangiert heran. Ein Mann in Arbeitslatzhose versucht fluchend ein Stromkabel zu entwirren. Das Action-Angebot ist im Moment noch wenig üppig.

Laut den Plakaten, mit denen ganz Braunlage tapeziert ist, werden die »Mountainbike-Gladiatoren« in frühestens zwei Stunden loslegen. Sie werden mit den Bikes fliegen. Bikefliegen nennt sich folgerichtig die neueste Attraktion im Varieté der Todesverachtung. Das Konzept ist simpel. Der theoretische Teil der Durchführung auch. Wo im Winter Menschen auf Brettern durch die Luft schneiden, hüpfen im Sommer Mountainbiker um die größte Weite. Plastikrüstung und ein unterschriebener Haftungsausschluss sind zwingend erforderlich, besondere Qualifikationen laut Wettbewerbausschreibung nicht. Mitmachen kann jeder, der sich schwindelfrei und heldenmutig fühlt. Die praktische Umsetzung ist nicht ganz so einfach. Veranstaltungen dieser Art tragen selten zur Aufhellung der Krankenkassenstatistiken bei und sind nebenbei auch noch die Nabelschnur von Fernsehformaten wie »Upps! Die Pannenshow« oder »Mitgelacht!«. Der liegende Abtransport der Protagonisten ist einkalkuliert. Zumindest aber die eine oder andere Slapstickeinlage, unscharf festgehalten von visueller Aufnahmetechnik in ungeübten Händen. Und wenn die Teilnehmer den Tag doch schadfrei überstehen – ob durch Können oder eben doch nur pures Glück –, wird Applaus gespendet, noch eine Bratwurst verzehrt und eben erleichtert statt gruselgeschüttelt nach Hause gegangen. Ein bisschen fiebern, ein bisschen zittern. Nur gucken, nicht denken. Unterhaltung, reduziert auf ihre Grundbausteine. Ein Konzept, das sich noch umfassender vermarkten lässt als das sinnfreie Nacktrodeln, mit dem sich Braunlage bereits Monate zuvor schon einmal pressegeil in die Zeitungen und Nachrichtenabspanne gedrängelt hat. Wie Nacktrodeln ist natürlich auch Bikefliegen weder eine offizielle Sportart noch die Randdisziplin einer solchen. Es ist ein Agenturprodukt. Ausgedacht. Durchgerechnet. Umgesetzt. Eine clever vernetzte Vermarktungsplattform, bei der alle Mitwirkenden auf ihre Kosten kommen. Die Springer, weil sie ihre zur Verfügung gestellten Ausrüstungssachen endlich auch mal mit Fernsehsekunden rechtfertigen können. Die Fernsehfritzen, weil sie von Natur aus dankbar sind für jede Art von Sensation. Die Agentur, weil sie Werbebanner und Eintrittskarten verkaufen kann. Die Tourismusverantwortlichen, weil ihr Produkt, der zu belebende Ort nämlich, als aufregend und speziell in den Medien erscheint, was auf eine künftige Mehrauslastung der Bettenüberkapazität hoffen lässt. Die Zuschauer bekommen ihren Spaß sowieso. Vielleicht sogar noch eine Videosequenz, die sie dann ins Internet oder den Upsalla-Sendungen in Rechnung stellen können. Ein Räderwerk, das eigentlich nur Gewinner produzieren kann. Und so ist Braunlage konsequenterweise nur der Auftakt einer kompakten Showreihe, die Wochen später in Oberhof ihre Fortsetzung finden wird. Der Name hält sich an die Tatsachen: »2-Schanzen-Tournee«. Wenn nur das Wetter hält.

Das Problem an der Sache: Die künstlich geborene Unwirklichkeit ist der einzige Grund, warum das Fernsehen über solche Dinge berichtet. Normalität ist keine Nachricht, heißt der Paragraph eins im medialen Grundgesetz. Also wird konsequent ignoriert, was Millionen Menschen tagtäglich mit dem Mountainbike tatsächlich anstellen: das Fahren von A nach B aus Liebe zu Gesundheit, Bewegung und Natur. Um dann überzudramatisieren, wenn ein paar Freizeitrebellen mit ihren Mountainbikes von einer Anlage springen, die dafür nicht gedacht ist. Stunden der Handlung werden zu Sekunden der Ausstrahlung zusammengedampft. Der unbedarfte Fernsehzuschauer sieht das. Und weil er ja alles glaubt, was ihm die Sender so vorsetzen den lieben langen Tag, glaubt er eben auch das: Mountainbiker sind lebensmüde Trottel, die jeden Scheiß machen, um an ihre Tagesdosis Adrenalin zu kommen. Die Folgen muss man jeden Tag ausbaden. Kaum rollt man mit seinem Rad friedlich einen Parkweg entlang, zerren Mütter zu Tode erschrocken ihre Kinder ins Gebüsch. Nur weil sie denken, man will da jetzt drüberspringen. Über den Kinderwagen, sie selbst oder sonst etwas. Schönen Dank auch!

Ich möchte dieses Spektakel trotzdem auf keinen Fall verpassen. Schon, weil ich dasselbe Sportgerät benutze wie die angekündigten Flugakrobaten. Wenn Menschen ihr Wohlergehen aufs Spiel setzen, verströmt das immer eine schaurige Faszination. Es heißt dann auch nicht mehr Sport, sondern Funsport. Auf www.myvideo.de habe ich mir das entscheidende Video vom Bikefliegen des vergangenen Jahres angesehen. Ein 44 Sekunden kurzes Amateurfilmchen, verpixelt und unscharf, aber grauenvoll genug, um es niemals zu vergessen. Der Favorit landet beim Finalsprung etwas zu frontlastig, was zur Folge hat, dass er wie eine Stuntpuppe durch die Luft wirbelt. Das wild gewordene Bike trifft den Helm. Die PVC-Matten des Schanzenauslaufs reißen aus der Verankerung. Alles wirkt sehr ungesund. Trotzdem humpelt der Crashpilot aus eigener Kraft vom Platz. Das Unglaublichste aber: Für diese Horrorschraube gab das Internetpublikum nicht mal die volle Sternchenbewertung. Das muss man sich einmal vorstellen.

Wie derlei Umgang mit dem eigenen Körper in der öffentlichen Wahrnehmung katalogisiert wird, zeigt eine Unterfunktion auf www.myvideo. de. Die Seite schlägt nach jedem angeklickten Filmchen »ähnliche Videos« vor. Im Fall des Bikefliegens zum Beispiel den Clip eines Skateborders, der ganz offensichtlich ohne sportartspezifische Grundkenntnisse eine Bordsteinkante zu überspringen versucht und sich den hohlen Schädel an einem Terrakottablumenkübel blutig haut. Physik lässt sich nicht veralbern.

Es ist kurz vor zwölf Uhr mittags. In Kürze sollen die Trainingssprünge beginnen. Der Krankenwagen rangiert in Position. Erste Zuschauer rollen ihre Picknickdecken aus. Bratwurstdampf vernebelt den Platz. Aus den Boxen dröhnt entspannungsverneinende Musik. Immer mehr Stative werden aus Reporterkombis geräumt.

»Noch zwei andere Teams, der Rest alles Consumer-Kameras, nur Youtube-Quatsch«, spricht ein ankommender Fernsehmann seine Konkurrenzanalyse ins Mobiltelefon.

Das Fahrerlager befindet sich am Ende der Auslaufzone. Es besteht aus zwei Zeltpavillons. Dem vom Fahrrad Konsum Scheusingen, der den Großteil der Teilnehmer stellt. Und dem des Amerikaners Bobby Root, der in Szenekreisen den zweifelhaften Ruf eines dezent Gestörten genießt. Der Beruf von Root ist es, in der Zeitung zu sein, deshalb hat er heute seinen Nachnamen mit roter Farbe auf den Hinterkopf geschrieben. Irgendein Fotograf wird schon draufhalten oder ihn deswegen ansprechen. Ein roter

Namenszug auf dem Hinterkopf ist ein gutes Motiv. Root weiß das, er ist Profi im Produzieren von Fotomotiven. Weil ungedopte Fahrradfahrer in den Medien wenig Beachtung finden, tut Root seit vielen Jahren Dinge, die eigentlich zum Scheitern verurteilt sind. Neben unzähligen unschönen Verletzungen brachte ihm das immerhin drei sogenannte Weltrekorde ein, die er seit dem inbrünstig zu Markte trägt: die Bestmarken im Fahren auf dem Vorderrad (90,7 km/h!), auf dem Hinterrad (138,6 km/h!) sowie den Rekord für die »höchste selbst getretene Geschwindigkeit mit dem Rennrad« (120 km/h!). Heute soll ein weiterer dazukommen. Der für den weitesten Sprung mit dem Mountainbike von einer Skisprungschanze. Um dieses zu schaffen, müsste Root mehr als 42,11 Meter weit springen. Der Münchner Igor Obu hatte die Rekordmarke vor ein paar Jahren gesetzt, als er für RTL von der Olympiaschanze in Garmisch-Partenkirchen sprang. Die Show hieß inhaltsnah »Ihr seid wohl wahnsinnig« und Obu hinterher nur noch »The Eagle«. So entstand auch das Bikefliegen. Ein Zuschauer wollte es in Oberhof nachmachen, der Schanzenwart verbot es, die Lokalzeitung berichtete, eine Agentur erkannte die Marktlücke.

Ob das nicht gefährlich sei, will eine Reporterin vom Amerikaner wissen.

»Oh, das ist sehr gefährlich, aber deshalb bin ich ja hier«, zwinkert der Draufgänger und reißt effektvoll seine obere Kauleiste aus der Verankerung. Eine Prothese der kompletten acht Frontzähne, nötig geworden nach einem missglückten Fahrmanöver im vergangenen Herbst. »Iiiih«, reagiert die Reporterin entsetzt, was Root dazu ermuntert, sein linkes Bein rotieren zu lassen. Der Unterschenkel nimmt dabei eine andere, weitere Kreisbahn als der Oberschenkel. Das Knie scheint ausgekoppelt, auf keinen Fall aber mehr im Originalzustand. Auch die rechte Hand steht komisch schräg vom Gelenk ab. Ein wild zusammengewachsener Bruch.

»Sind Sie aus Niedersachsen? Wir brauchen einen Protagonisten aus Niedersachsen!«, kommt eine gestresste NDR-Frau herbeigeeilt.

»Hallo, schone gude Morge«, sagt Root den Großteil seines Deutschwortschatzes auf. Die NDR-Frau schaut verdutzt. Für einen kurzen Moment scheint sie aus dem Konzept. Auf den Lippen von Root baut sich ein freches Lächeln auf.

»Ähm, sind Sie aus Niedersachsen?«, hakt die Frau nach.

»Isch sprechen Deusch«, holt Root die letzten drei Deutschvokabeln aus der Versenkung und grinst sein breitestes Lausejungegrinsen. Doch für derlei Blödsinn hat die NDR-Frau gerade keine Nerven. Eine Minute will ihr Sender heute »bringen«, vielleicht auch anderthalb, plus »Anmod«. Das bedeutet Stress, puren, Laune senkenden Stress.

»Also nicht aus Niedersachsen?«

»No, sorry, Palm Springs«, antwortet Root.

»Och, schade«, flunscht die NDR-Frau und lässt den Amerikaner stehen, ihn, der seinen ganzen Körper ramponiert hat, um ins Fernsehen zu kommen. Nur weil er nicht aus Niedersachsen ist. Die Welt kann gnadenlos ungerecht sein.

Inzwischen hat die Moderation begonnen. »Meine Damen und Herren, liebe Zuschauer, Sie werden heute eine Show der Superlative erleben!«, versucht der Moderator Stimmung und Veranstaltung voranzupeitschen. Er heißt Sascha Winkler und ist ein bisschen berühmt, weil er beim DSF das sogenannte »Sport Quiz« moderiert, wo er aber immer nur Autonamen mit A oder B oder sonst welchen Anfangsbuchstaben hören will und mit Hunderteuroscheinen wedelt, damit die Zuschauer 49 Cent bezahlen – für den Anruf aus dem deutschen Festnetz. Winkler hat immer den Nachmittagsdienst. Den, wo man als Moderator noch angezogen vor der Kamera stehen darf. Am Abend übernehmen dann die Kolleginnen das Anfeuern der potenziellen Anrufer. In luftigen Negligés oder Spitzendessous. Wenn überhaupt. Ich liebe diese Sendungen. Sie erinnern mich an »Stadt-Fluss-Name-Land«, das wir bei Kindergeburtstagen immer gespielt haben. Herrlich, wie sich Publikum und Moderator gegenseitig hochschaukeln. Wie die TV-Animateure flehen: »Ist dort draußen keiner? Bitte ruft an!« Wie die Rätselrater denken: »Doch, doch, ich bin doch hier!«, und dann anrufen, immer und immer wieder, um dann doch nie auf Sendung und Lösung zu kommen. Wie auch? Schließlich ist es das Konzept der Sendung, dass so gut wie keiner durch- und erst recht niemand auf das gesuchte Lösungswort kommt. Denn wem, außer dem verantwortlichen Redakteur, kommt in den Sinn »Boxweihnachtsfeier« oder »Boxergeburtstagstorte« als »Worte mit Box« in Verbindung zu bringen? Der beste Moment ist immer der, wenn dem Anfeuerungspersonal die Sätze ausgehen. Die Füllmasse, mit der das

Nichts ausgestopft werden muss und ohne die das Nichts dann wirklich nichts weiter ist als Nichts, ehrliches, demaskiertes Nichts. Diese Sekunden, in denen die Blase in sich zusammensackt. Wenn das Jahrtausendmedium Fernsehen zurückfällt ins Stummfilmzeitalter und eine überforderte Frau in Schlüpfer und mit überfordertem Bindegewebe hilflos neben einer leeren Flipchart steht – das ist so großartig, dass es sich allein dafür lohnt diesen Mist anzuschauen.

»Wir erwarten heute einen neuen Weltrekord!«, verspricht Mikromann Winkler in feinster Rätselratesendungsmanier und bittet den amerikanischen Stargast zum Interview. Etwa 20 Zuschauer sind schon da. Braunlage steuert seinem Ausnahmezustand entgegen. Langsam zwar. Aber immerhin doch.

Es ist kurz nach zwölf Uhr. Das Probespringen soll beginnen. Sagt der Zeitplan. Sagt der Agenturmann. Sagt der Moderator. Wollen die Teilnehmer. Wollen die Zuschauer. Wollen ganz, ganz, ganz dringend die Fernsehleute. Denn sie brauchen ja jede Menge Zooms, Mitzieher und O-Töne. Doch daraus wird erst einmal nichts. Plötzlich, wie aus dem Nichts, kotzt sich der Himmel nasskalt über dem Gelände aus. Zuschauer, Fernsehleute und Fahrer stieben unter die wenigen vorhandenen Dächer.

Ich finde im Holzturm der Weitenrichter Unterschlupf, wo einer der Kameramenschen eine Frau ins Visier nimmt, die mit der Arbeitsweise ihres Laptops unzufrieden ist. »Was zeigt denn der Laptop an, Fluggeschwindigkeit oder Weite?«, versucht er die dazugehörige Hintergrundinfo aus ihr herauszukitzeln.

»Ich versuche nur den Drucker anzuschließen, der stand schon wieder ein Jahr auf dem Schrank beim Landessportbund herum. Die Patrone ist eingetrocknet«, informiert die Dame leicht genervt.

»Mensch, Volker, wo soll ich denn die ganzen Details hinstecken?«, schimpft der zum Kameramenschen gehörige Reporter mit dem Kameramann.

Nach zehn Minuten ist der Regenguss vorbei. Das ist die gute Nachricht. Die schlechte: Die PVC-Matten der Schanze sind durchtränkt mit Wasser und damit ohne nennenswerten Reibungswiderstand. Unter den Borsten der obersten Schicht, die an einen Straßenbesen erinnern, befinden sich nur glatte Gummimatten. Würde da jetzt ein Reifen aufsetzen, wäre der Sturz nur eine logische, physikalische Folge. Nach der Auslese des gestrigen Probespringens sind es ohnehin nur noch sieben Fahrer, die sich für den Sprungwettbewerb angemeldet haben. Doch von denen fühlt sich unter den gegebenen Umständen keiner motiviert, die Sprungabsicht wirklich in die Tat umzusetzen. Bis auf Root. Der Amerikaner will endlich ins Fernsehen. Warten ist kein Motiv. Root weiß das. Er wirkt nervös.

»Voll Scheiße, wenn du bei der Landung was ausgleichen musst, haut es dich auf die Fresse!«, sagt ein kahlgeschorener Typ und schält sich aus der bereits angelegten Rüstung. Es ist Peter Meier, der Filialleiter vom Fahrrad Konsum Schleusingen und Sieger des Vorjahres. Meier ist kein Draufgänger wie Root. Seit Stunden beteuert er in die Reportermikrofone, dass es ihm heute vor allem darum gehe, dass alle Starter gesund bleiben. Er weiß, dass nichts der Gesundheit zuträglicher wäre, als nicht zu springen. Skeptisch betrachtet er die Wolkenberge, die sich dick und grau über die Schanze schieben: »Das war's, Jungs. Wir können heeme.«

Heeme! Peter hat das Wort kaum ausgesprochen, da kommt auch schon der Agenturmann herbeigeeilt. Monatelang hat er die Veranstaltung vorbereitet. Nun droht ihm die Kontrolle wegen ein paar Regenwolken zu entgleiten. Heeme? Jetzt? Die Teilnehmer spielen die tragende Rolle bei der Veranstaltung. Doch er kann sie nun mal nicht zwingen. Bis auf den Amerikaner sind sie alle ganz normale Freizeitbiker. Im normalen Leben Azubis, Industrieschlosser, Polsterer. Keine Profis, die ein existenzielles Interesse an der Durchführung haben, an Weiten, an Motiven.

»Wartet doch ein paar Minuten und dann fahrt mal wenigstens den Auslauf runter, damit hier was los ist für die Zuschauer«, spielt der Agenturmann auf Zeit. Vielleicht reißt der Himmel ja gleich auf. Da hinten ist ein Loch in der Wolkendecke. Sieht doch ganz gut aus!

Inzwischen ist es 14 Uhr. Bis auf ein paar müde Fahrten vom Auslaufhügel ist absolut noch nichts passiert. Den Fahrern vergeht aber inzwischen auch daran die Lust. Sich mit dem Bike vom Auslaufhügel herunterrollen zu lassen ist in etwa so spannend wie Nordic Walking. Das finden die Zuschauer auch.

Nun werden die Fernsehleute aber langsam nervös.

»Ich habe ein bisschen Style auf der Piste, geflogen ist aber noch keiner. Der Nico holt jetzt gerade das Weitwinkel. Der Bobby Root fährt jetzt ein paarmal für uns hin und her. Das haben wir exklusiv!«, rapportiert ein Redakteur adrenalingeladen in sein Telefon.

Der Moderator schmückt immer blumiger das Nichts aus, das hat er als DSF-Animateur ja gelernt: »Das ist natürlich ein Risiko für die Fahrer, meine Damen und Herren, liebe Zuschauer, das wollen wir nicht zu sehr strapazieren. Aber! Es ist ja für alles gesorgt: frische Luft und lecker Kuchen!«

Plötzlich! Drei Fahrer wollen springen! Hat einer gehört! Ist wohl tatsächlich so! »In wenigen Minuten, meine Damen und Herren, liebe Zuschauer!«, schallt es aufgeregt aus den Boxen. Die Menschen in der Schlange am Bratwurststand recken die Hälse. Am Zeltpavillon vom Fahrrad Konsum Schleusingen passiert irgendwas. Einer der Fahrer hat sich hingestellt und den Helm vom Klappstuhl neben sich genommen. Der DJ reagiert. Die Musik hämmert aggressiv. Dramatik in reinster Form. »Scheiße, der Tom ist gerade ne Wurst holen!«, fährt es einem der Fernsehleute durch die Glieder. Die Kamera von Tom steht verloren daneben.

Windig ist es oben auf der Schanze. Eigentlich zu windig für einen kontrollierten Sprung. Hochnervös starrt Michael Maiwald, der erste Sprungwillige, in die Tiefe. Die Menschen im Tal sehen aus wie Ameisen. 75 Meter lang führt die steile, schulterschmale Anlaufspur nach unten. Dann endet sie im Nichts. Etwa 20 Meter klaffen zwischen Absprung und der frühesten Landemöglichkeit. Der Landehügel ist so steil, dass er von hier oben nicht mal einzusehen ist. Knapp 100 km/h werden in der Flugphase erreicht. Heldensockel oder Notaufnahme? Der kleinste Fehler kann entscheiden. Durchatmen. Anrollen. Treten bis zum Schanzentisch, wo die Schwerkraft plötzlich zum unerbittlichen Gegner wird. Am Lenker ziehen und ziehen und ziehen. Dann aufsetzen und den Lenker dabei mit aller Kraft festhalten.

Nach wenigen Sekunden ist alles vorbei. Einer der Kameramenschen reckt den Jubeldaumen. »Zwei Sekunden habe ich!«, schreit er dem Redakteur am Schanzentisch zu. Ein Teilerfolg. Immerhin.

Fahrer Nummer drei steht immer noch oben auf der Schanze und damit gewaltig unter Druck. Die anderen beiden sind gesprungen. Von unten aus sind Augen und Objektive auf ihn gerichtet. Doch die Aussicht drückt ihm den Puls nach oben und den Pudding in die Knie – die Aussicht ins deutlich tiefer gelegene Tal, die Aussicht auf den möglichen Abtransport im Liegen. Die Frage ist: Wo hört Mut auf und wo fängt Dusseligkeit an?

»Nee, ich hab demnächst Facharbeiterprüfung, da mach ich lieber da mit«, winkt der Plastikritter schließlich aufgeweicht ab und wuchtet das Rad die Leitersprossen zurück nach unten.

Die Zeit rast. Schon kurz vor 15 Uhr und immer noch nichts passiert, außer zwei Probesprüngen. Dabei regnet es schon seit einer Weile nicht mehr. Langsam zerfällt die Veranstaltung in drei Interessengruppen. Gruppe eins: die Veranstaltungsagentur und die Fernsehleute, die dringend »Bilder« brauchen und genervt sind von der Vernunft der Fahrer, auch wenn sie dafür offiziell »selbstverständlich« Verständnis haben. Gruppe zwei: die Fahrer, die es vorziehen, gesund und unbekannt zu bleiben statt schwer verletzt berühmt. Gruppe drei: die immer zahlreicher werdenden Zuschauer, die fünf Euro Eintritt bezahlt haben und endlich die versprochenen Mountainbike-Gladiatoren sehen wollen. Keine Gesundheitsapostel, die seit Stunden sorgenvoll das Risiko von Prellungen und Brüchen abwiegen. Das kann man in der »Apotheken-Umschau« auch kostenlos haben.

Es erinnert an zähe Tarifverhandlungen, wie Gruppe eins und zwei über die weitere Vorgehensweise feilschen. Es ist nicht mehr ganz klar, wer hier was jagt: Funsportler eine Weite, oder Quotenjäger zaghafte Jungs. Schließlich fährt ein Kleintransporter vor. Agentur, Fernsehleute und Fahrer haben sich auf einen weiteren Probesprung geeinigt. Danach wolle man weitersehen. Die Sonne zumindest steht im Moment stabil am Himmel.

»Können wir?!«, treibt der Fahrer des Kleintransporters an. Die Mountainbikes sind verstaut, die Fahrer hocken auf der Seitenplanke. Eigentlich könnte es jetzt losgehen zur Schanze. Doch die NDR-Frau will noch dringend einen Fahrer mit einer Helmkamera verdrahten, der zwar aus Bayern ist, aber sagen will, dass er aus Niedersachsen komme, für Bayern sei ja der BR zuständig, sagt die NDR-Frau, und macht einen nervlich ausgeschöpften Eindruck. »Null problemo«, beruhigt der falsche Niedersachse und wartet ungeduldig die Präparation seines Helmes zum Aufnahmegerät ab.

Dann geht alles rasend schnell. Der Kleintransporter hat gerade den höchsten Punkt erreicht, da verfinstert sich der Himmel in Sekundenschnelle, um sich erneut nasskalt über dem Gelände auszuschütten. Eine beeindruckende Choreografie von Tiefdruckwetter und Veranstaltungshöhepunkt, das muss man dem Wettergott lassen.

»Scheiße, verfluchte!«, schreit Vorjahressieger Peter, stampft auf den matschigen Boden und flüchtet unter die Schanze. Bobby Root gehen nun vollkommen die Nerven durch. Hastig zerrt er sein Bike auf die Plattform und rast entgegen den Anweisungen des Sicherheitspersonals ins Tal. Einfach so, ohne sicher zu sein, ob nicht vielleicht unten jemand herumläuft. Der Sound aus den Boxen ist feinste Ironie: »Flieger, grüß mir die Sonne« von Extrabreit. Die Zuschauer rennen davon, die Fernsehleute versuchen ihre Technik in Sicherheit zu bringen. Innerhalb weniger Minuten ist der Platz bis auf den Bratwurstverkäufer und ein paar Organisationsleute leer.

Das Grüppchen um Peter steht einsam und verloren unter der Schanze.

»Jetzt reicht es, die können sich mal ficken!«, schreit einer, den sie aus irgendeinem Grund Tarzan nennen: »Wenn ich nicht springen will, dann springe ich nicht! Hier geht es doch nur um Spaß!«

»Genau!«, sagt Peter, der Favorit.

Schließlich gibt auch der Moderator auf: »Die Eintrittskarten behalten selbstverständlich ihre Gültigkeit für das Bikefliegen in Oberhof«, begräbt er die letzte Hoffnung auf einen aufregenden Nachmittag.

Eine halbe Stunde später: Blau und wolkenlos hängt der Himmel über Braunlage. Die Sonne feuert aus allen Rohren. Der Wind hat sich verzogen. Keine Zuschauer mehr da, auch keine Fernsehleute.

Bobby Root trägt immer noch seine Plastikrüstung. Breitbeinig hat er sich vor seinem Zeltpavillon aufgebaut und schaut zur Schanze. Die Bedingungen sind perfekt. Er könnte springen. Aber warum sollte er das tun?

14.

Franky, König

Die Liste der amtierenden Könige ist lang und unübersichtlich, allein hierzulande gibt es Tausende. Erbfolge ist längst kein entscheidendes Kriterium mehr. Eine ordentliche Portion Verhaltensauffälligkeit genügt vollkommen und schon ist man zum Beispiel der König vom »Kegelklub Vierachtzig Burgsteinfurt«, der Karaokekönig vom »HappyHappyDingDong« in Dortmund-Mitte, oder – die Regentschaft ist nicht weniger zwielichtig – der König von Mallorca.

Es ist Punkt 18 Uhr, als der König vom Harz zeitplankonform von einer Lkw-Ladefläche mittenrein ins Braunlager Erdbeerfest springt. Irgendeine Lokalzeitung hat ihm irgendwann den albernen Titel verpasst, und nun ist Frank Faber eben der König vom Harz, der Moderator muss keine großen Worte verlieren, König ist König, der Herrscher seiner Sparte, die Krönung sozusagen, und das ist doch wunderbar griffig. Der König trägt Dienstkleidung. Speckig glänzende Rinderhaut an den Beinen, Folklorehemd um den Rumpf, profilstarke Freizeitboots an den Füßen. Den Sprung hat er für sein Alter gelenkig gemeistert. Das Mikro schwebt startklar vor den bartgerahmten Lippen. Leider hakt die CD mit dem eingespielten Halbplayback, also springt der König zurück auf den Lkw, haut mit der flachen Hand auf das störrische CD-Abspielgerät und kommt zum zweiten Mal dynamisch auf den Marktplatz gehüpft, der nun endlich mit DIN-genormtem Ohrenschmalz zugespachtelt wird. Hach, schnurren die Omas auf den Bierbänken und schunkeln selig mit zum muskelrelaxenden Deutschschlagervalium, das sich anhört, als sei es eine Co-Produktion von Panflötenindios, Münchner Wiesnwirten, Gunter Gabriel und Horst Köhler. Hach, denken die Omas und lauschen den gesungenen Alltagsmärchen, in denen es um Grundlegendes geht. Holzhacken. Frieden. Den Brocken. Die Liebe. »Ich war der König vom Harz und der Teufel war ich auch, mit Pferdefuß und Schwanz – und da saß 'ne Hexe drauf …«, bebt es aus den Boxen. Schwanz also auch.

Es ist normalerweise vollkommen unüblich, dass ich mich zu Konzerten mit Volksmusikthematik geselle. Ganz im Gegenteil. Volksmusik repräsentiert für mich das Grauen schlechthin. Volksmusik kommt direkt nach singenden Elektroweihnachtsmännern. Volksmusik ist Antipunk. Volksmusik ist all das, was Musik niemals sein darf. Ländlich, pathosgeschwängert, schunkelig, dröge. Das würde ich auch sehr gern mit einem umgehängten Schild grellorange unterlegt jedem kundtun, der mich ansieht. Weil das Bikefliegen abgebrochen wurde, bin ich plötzlich weitaus reichhaltiger mit Zeit ausgestattet, als ich für die abendliche Erkundung von Braunlage eingeplant hatte. Die Herzog-Wilhelm-Straße ist gut spaliert von Geschäften, bietet aber wenig Zerstreuung für Menschen ohne Interesse an Hinhänge-Brockenhexen, Kräuterlikören und Popelinemode. Die Harzburger Straße ist schon deutlich spärlicher gesäumt von Schaufenstern, die Elbingeröder Straße auch nicht gerade ein Prachtboulevard. Und nun, nach zwei Runden Herzog Wilhelm, Harzburger, Elbingröder Straße, nach Abschluss des Ausschlussverfahrens, dass es offenbar wirklich keine andere Option für diesen Abend gibt, erscheint das Erdbeerfest mit seiner Bierbude, dem Bowlestand und dem von der AOK ausgelobten Luftballon-Weitflug-Wettbewerb plötzlich doch noch actionreich und interessant. Der Eintritt ist frei, das Jugendblasorchester »Heide« bereits auf der Programmliste abgehakt. Dafür lässt die als Headliner angekündigte Californian Danceband auf feinste, realsatirische Unterhaltung hoffen. Ich tippe auf eigenwillig vorgetragene Roger-Whittaker-Coverversionen von Hobbykellermusikern in krachbunten Bee-Gees-Hemden, unbeholfen dastehend in Karibikrequisiten aus Kunststoff.

Wo stellt man sich hin, um nicht mit den schunkelnden Volksmusik-Groupies in Verbindung gebracht zu werden? Wäre ich ein Einwohner von Braunlage, würde ich mich einfach an einen der Biertische gesellen und die daran sitzenden Mitbürger nach dem werten Befinden fragen. Das Interesse wäre zwar womöglich geheuchelt, doch der König vom Harz wäre dann Kulisse, so wie der Getränkeausschankwagen und der überdimensionale, am Lkw lehnende Tennisschläger, der die Nähe zum ausrichtenden Tennisclub symbolisieren soll. Keiner würde den Verdacht hegen, ich sei extra wegen des Gesangs hergekommen, wegen der Volksmusik, dem Holzhacken, der Liebe, dem Schwanz. Das räumliche Aufeinandertreffen von mir und dem Lederhosenkönig würde zufällig wirken, absichtslos. Anders verhält es sich natürlich für einen Ortsfremden. Jeder weiß, dass man nicht dazugehört, weder zu Braunlage noch zum Tennisclub, und alle fragen sich, warum man hier steht, mitten im Pulk der Übersechzigjährigen und dann auch noch ausgerechnet jetzt, gerade rechtzeitig zum Sprung des Harzkönigs aus dem Lkw. Ich darf auf keinen Fall klatschen. Klatschen würde mich zusätzlich verdächtig machen. Klatschen würde den Verdacht erhärten, ich wäre ein weit angereister Fan des darbietenden Künstlers. Klatschen geht in diesem speziellen Fall gar nicht. Das Lied ist zu Ende. Alle klatschen. Na gut, ich auch.

Ich muss irgendwas tun, das Sinn ergibt. Ein Bier zu trinken wäre definitiv etwas Sinnvolles. Schließlich kann es sich bei einer Veranstaltung wie dieser ja kaum um etwas anderes als um einen Trinkvorwand handeln. Oder warum sonst bauscht man ein Gartengewächs zu einem Festanlass auf? Das Bier wird in 0,33-Liter-Gläsern ausgeschenkt. Das ist ungünstig. Ich müsste entweder sehr, sehr langsam trinken oder mir immer wieder Nachschub holen, was bald versoffen und niveaulos aussehen würde. Außerdem habe ich gerade absolut keinen Durst auf Bier. Bierdurst setzt eine vorangegangene Tätigkeit voraus. Ich habe aber heute nichts weiter getan, als an einer Skisprungschanze auf Mountainbikesprünge zu warten, die nicht passiert sind. Genau aus diesem Grund kommt auch der Bratwurststand als Option nicht in Frage. Ich habe beim Warten an der Schanze schon vier Würste gegessen und das ist nun wirklich mehr als genug, auch wenn ich mit dem Verzehr einer senfgebadeten Wurst vielleicht meinen Bierdurst ankurbeln könnte.

»Hohe Tannen waren Zeugen für das erste zarte Du, und das Rauschen der Wälder deckte unsere Liebe zu!«, kehlt es aus den Boxen. Der König macht eine bewusste Armstreckbewegung, in deren schwungvollem Verlauf der Zeigefinger erigiert, was wohl ein Zitat von John Travoltas »Saturday Night Fever« darstellen soll. Den Rücken müsste er etwas weiter durchbiegen und das Gewicht mehr auf das nach vorne gestellte Bein verlagern. Dann würde es tatsächlich dem Filmplakat ähnlich sehen. Also die Pose.

Ich gehe zu den Ständen, wo das Veranstaltungsmotto mit allerhand thematisch bezogenen Genussmitteln ausgereizt wird. Erstaunlich, was eine Erdbeere alles hergibt. Dabei berücksichtigt das Angebot noch nicht einmal die Themenklassiker Erdbeerschaumwein und diese Erdbeerspieße, die auf Rummelplätzen in Schokoladenfondues ersäuft werden und dann zu Feinkostpreisen verhökert werden.

Der Erdbeerkuchen sieht gut aus, nutzt aber nichts ohne Appetit und Hunger. Die Erdbeerbowle ist schon eher was. Sie wird das Ganze erträglich machen. Ohrentropfen, sozusagen.

Ich weiche geschickt der Brennweite der Lokalreporterkamera aus und stelle mich ganz außen neben das Biertischensemble. Von hier aus hat man einen guten Blick auf das Geschehen, ohne allzu sehr Teil desselben zu werden. Die Leute gucken. Schauen zu mir rüber. Mustern mich. Die Leute tragen eierschalenfarbene Popelinehosen und Mokassinslipper. Die jugendlich Fühlenden kombinieren Karottenjeans und Blousonjacken.

Ich falle zu sehr aus dem Rahmen. Meine giftgrüne Fitnessstudiohose und mein blaues Ramones-Shirt passen nicht zu einem Erdbeerfest. Jude Law trug dieselbe giftgrüne Fitnessstudiohose und ein blaues T-Shirt, als er so fotografiert in der Gala landete. »Eine Tragödie, dieses Outfit«, befand die für die Bildunterschrift zuständige Redakteurin.

Was soll's. Ich stehe in einer Outfittragödie auf einem Erdbeerfest, auf dem ein silberhaariger Mann zu Halbplayback übers Holzhacken singt. Mehr Punkrock geht nicht an einem Samstag um 18 Uhr in Braunlage.

Die Bowle schmeckt prickelnd, fruchtig. So prickelnd und fruchtig, dass ich keine andere Wirkung erwarte, als dass ich nun mit reichlich Vitamin C angereichert gelassen der nächsten Grippewelle entgegenblicken kann. Doch die Wirkung setzt schlagartig ein – und anders als erwartet. Ach was, schlagartig ... keulenartig! Mir wird heiß. Vom Magen her breitet sich starke Hitze in mir aus. Bis unter die Haarspitzen zieht sie sich. Ich merke, wie sich mein Mund zu einem breiten Grinsen verzieht. Ich will nicht grinsen. Grinsen ist dämlich, wenn man in einer Fitnessstudiohose allein am Rand eines Volksmusikkonzertes steht. Ich arbeite dagegen an. Doch je mehr ich mich anstrenge, das Grinsen zu vermeiden, desto breiter wird es, so kommt es mir vor. Ich denke an Hemdenbügeln. An Müllrausbringen. An Tellerabtrocknen. Hilft nichts. Meine Gesichtsmuskeln machen was sie wollen, entziehen sich der Kontrolle. Die komplette Wahrnehmung spielt verrückt. Ups, die Knie werden zu Gelee. Ich fühle mich wie aus Watte, jeglicher Starre beraubt. Das Tageslicht beginnt zu blenden. Ich muss die Augen zusammenkneifen. Offenbar haben sich meine Pupillen geweitet und sind nun mit der Helligkeit überfordert. Ein unkontrollierter Rülpser entfährt den Tiefen meiner Speiseröhre. Meine Herren, was bitte schön ist in dieser Bowle?

»Tödlich, was?«, lacht ein Bürohemdträger, der plötzlich neben mir steht, rasierwasserumweht. Er muss sich extra neben mich gestellt haben. Vorhin jedenfalls war er noch nicht da. Auch er hat ein leeres Bowleglas in der Hand.

»Oh ja, das Zeug haut ordentlich rein«, bestätige ich und nicke dem Heranwachsenden neben dem Bürohemdträger grüßend zu. 17, 18 Jahre alt, mit einem Dreiwettertaftscheitel auf dem Kopf. Er muss nach dem Versiegeln noch einmal mit dem Kamm durchgegangen sein. Man erkennt deutlich die Bahnen der Zinken, wie Ackerfurchen. Auch der Dreiwettertaftbengel hält ein Bowleglas in der Hand, allerdings noch mit den alkoholtoten Erdbeeren am Boden. Der Typ mit dem Bürohemd stellt sich als Matthias vor. Der Scheitelträger sei sein Sohn Marco. Beide würden in Braunlage ein Männerwochenende verleben, sagt Matthias, woraufhin beide breit und dreckig grinsen.

»Was heißt Männerwochenende?«, frage ich.

»Bisschen Wandern, paar Bierchen. Mal ohne Mutti. Gestern Abend war herrlich, da haben wir an der Hotelbar mit so ein paar Tätowiererinnen ge-schäkert, die hier ein Wochenendseminar haben. Die eine hatte ein geiles zweigeteiltes Tribal am Rücken«, grinst Matthias noch ein bisschen dre-ckiger als eben noch, entreißt seinem Sohn das Bowleglas und schüttet die Erdbeeren in seinen Rachen. Müsse doch nicht schimmlig werden, das Zeug.

»Ey, total geil hier, oder? Voll die Party!«, findet Matthias, dem Unterhal-tungsprogramm begeistert zugewandt. Er zieht sein Portemonnaie aus der Hosentasche, kramt im Kleingeldfach und steckt Dreiwettertaft-Marco schließlich gönnerhaft einen Zwanziger zu: »Holst du noch mal drei?«

Ich würde am liebsten ein paar Schritte zur Seite rücken. Doch ich gehe mal davon aus, dass das dritte Glas für mich bestimmt ist. Offenbar hat Matthias in mir einen potenziellen Trinkbruder ausgemacht, mit dem er nachher noch um die Häuser ziehen will. Das kann er vergessen. Ich wer-de jetzt das Glas trinken und mich dann dezent vom Acker machen. Man weiß ja, wie Abende ausgehen, die auf diese Art beginnen. Überhaupt: Was ist das eigentlich für eine Erziehung? Mit seinem grünschnäbligen Sohn nach Braunlage fahren, um dort mit ihm ein Männerwochenende zu ver-bringen? Schäkern mit Tätowiererinnen. Ich könnte mir so etwas weder mit meinem Vater noch zukünftig mit meinem eigenen Nachwuchs vor-stellen. Dabei bin ich früher oft mit meinem Vater verreist. Kurzausflüge in das Elbsandsteingebirge. Nach Dresden ins Verkehrsmuseum. Zu Mei-sterschaften auf die Radrennbahn Leipzig Großzschocher. Einmal, 1981, sogar zur Radsportweltmeisterschaft nach Prag. Bevor wir losfuhren, hat mein Vater jedes Mal eine Tüte R20-Batterien im »1000 kleine Dinge«-La-den gekauft. Ausreichend R20-Batterien waren das Allerwichtigste bei den Ausflügen. Eine Ladung Varta-Batterien hielt den Kassettenrekorder höch-stens drei oder vier Stunden am Laufen. Dann fing er an zu leiern. Mein Vater hatte vier Kassetten, jede mit einem anderen Schwerpunkt. Auf einer Kassette waren Seemannslieder, auf einer anderen ein Album von Man-fred Mann's Earth Band, eine weitere war mit einem 70er-Mix bespielt. Ich mochte eigentlich nur die vierte, die neueste Kassette, auf der aktuelle Hits waren und deren A-Seite mit »Eisbär« von Grauzone begann. Ich genoss die Ausflüge. Mein Vater lenkte den Trabi, ich hielt den Kassettenrekorder auf dem Schoß. Wir hörten Musik, schauten uns was an, gingen ein Schnitzel essen und hörten weiter Musik. Wir hörten Musik und sammelten Eindrücke. Prag war gewaltig. Prag war bunt. Prag war riesig und hektisch. In den Gaststätten gab es Gulasch mit Knödel, auf dem Zeltplatz Pepsi-Cola, an der WM-Strecke Gratisposter von Campagnolo. Ich sah zum ersten Mal in meinem Leben Profis. Sie trugen Schriftzüge auf ihren Trikots, die ich aus der Werbung des Westfernsehens kannte. Sie sahen viel besser aus als die DDR-Nationalfahrer in ihren betongrauen Trikots. Ich konnte nicht glauben, dass die Profis 281 Kilometer fuhren, viel mehr als die Amateure, zu denen meine Helden Bernd Drogan und Falk Boden gehörten. Mein Vater sagte, dass Profis Geld mit dem Radsport verdienen, manche Millionen, was meine kindliche Vorstellungskraft gänzlich überstieg. Der höchste Geldbetrag, mit dem ich bis dahin zu tun hatte, waren die 100 Mark, die ich zur Einschulung bekommen hatte. Zusammen. Von Eltern, Großeltern, Verwandten. 100 Mark waren ein Vermögen. Sie langen gesichert auf einem Sparbuch. Für später, wie meine Eltern sagten. Mit 100 Mark auf dem Sparbuch schien das »später« glanzvoll, sorgenfrei, verlockend. Und da sollte es Radsportler geben, die Millionen verdienen? Wie viele Nullen hat Million? Hatte dieser Klaus-Peter Thaler aus der BRD, den mein Vater beim Einrollen vor dem Start fotografierte und der angeblich berühmt war, etwa eine Million?

Mit 13 Jahren ging ich das letzte Mal mit meinem Vater auf Reisen. Dann fühlte ich mich zu alt dafür. Ich hatte mein eigenes Leben. Es gab Busse und die Eisenbahn. Ich hatte keine Lust mehr auf Grauzone und Seemannslieder. Was ist passiert, dass ein Quasi-Erwachsener zusammen mit seinem Vater ein Männerwochenende in Braunlage verbringt?

Marco teilt brav die Bowle aus. »Und, gab's was zurück?«, fragt Mattias und kassiert geizig das Wechselgeld.

Wir stehen und gucken. Es ist zu laut zum Reden. Der König vom Harz gibt gerade die Zugabe, also alles. »Sierra, Sierra Madre del sur!«, singt er den Schürzenjägerklassiker und wiegt seinen Oberkörper im Rhythmus. Und die Senioren auf den Bierbänken reißen ihre Arme so weit es noch geht nach oben und wiegen mit. Schließlich stimmen auch Matthias und Dreiwettertaft-Marco mit ein, und man muss es zwingend als Gruppenzwang werten, dass auch ich die Arme nach oben hebe, ironisch zwar, aber eben doch, und somit hochoffiziell Bestandteil der Volksmusikbranche werde – gnädig gestimmt von nunmehr zwei Gläsern Teufelsbowle.

»Und, was machen wir noch?«, fragt Matthias, als der König volksnah Hände schüttelt und der Marktplatz nur noch von Stimmengeraune und zuprostendem Gläserklirren eingehüllt wird.

Marco zuckt gleichgültig mit den Schultern. Bis jetzt hat er noch kein einziges Wort gesagt.

»Ich weiß nicht. Ist hier heute noch was los?«, frage ich und sehe mich in den folgenden Minuten mit einer lückenlosen Aufzählung sämtlicher Braunlager Kneipennamen konfrontiert. Matthias scheint bestens informiert über die örtliche Gastronomiestruktur. Dabei ist er doch erst gestern aus Bremen angereist.

Matthias schiebt den Ärmel seines lavendelblauen Markenhemdes über seine Taucheruhr, die noch nicht einmal 19 Uhr anzeigt. Ich verweise auf den weiteren Ablaufplan. Gleich kommt die Californian Danceband.

Es dauert eine weitere Stunde, beziehungsweise zwei weitere Bowlerunden, bis wir uns endlich darauf einigen, auf ein Getränk in der »Tenne« vorbeizuschauen, laut Matthias eine Art Hofbräuhaus von Braunlage. Livemusik. Kein Eintritt. Und! Matthias macht eine feierliche Pause: angetüdelte Frauen. Soll mir recht sein. Ich habe auf eine Entscheidung gedrängt, nachdem sich die Californian Danceband als skrupelloser Verwurster von Ballermannhits entpuppt hat, die zu allem Übel noch eine »Crazy Mountain Girls« genannte Frauentruppe in der irrigen Annahme bestärkt, das Publikum würde ihre unausgefeilten Squaredancekünste herbeisehnen. Seit einer halben Stunde drehen sie sich nun schon in Dreimaldreiformation gleichmäßig unkreativ im Takt.

Ich folge Matthias die Harzburger Straße entlang. Dreiwettertaft-Marco trottet stumm hinterher, während Matthias einen ununterbrochenen Informationsschwall von sich gibt. Die Wanderung zur Wurmbergschanze war schön, die Wiedervereinigung nicht ohne Schwierigkeiten für die deutsche Gesamtwirtschaft, die Fahrt in den Harz länger als gedacht, die geile Tätowiererin mit dem Tribal gestern womöglich an einer schnellen Nummer interessiert.

Die Tenne befindet sich kurz vor dem Ortsausgang. »Blueberry Hill – Schwof und Schmaus« leuchtet es auf einer riesigen Werbetafel aus der nun langsam beginnenden Nacht. Ein Reisebus spukt graumeliertes Partyvolk auf den Parkplatz. Die Männer zünden sich dezent nach vorn gebeugt Zigaretten an. Die Gattinnen eilen mit vollen Blasen zur Toilette. Sie haben sich schmuckgemacht. Kajal. Lidschatten. Eyeliner. Lipgloss. Wangenrouge. Achseldeodorant. Parfüm. Haarfestiger. Nagellack. Alles viel zu viel.

Das Gebäude ist stattlich. Es protzt mit Lichteffekten. Drinnen im Saal – ich kann es kaum glauben – die Fortsetzung des Marktplatztreibens: der König vom Harz, diesmal in Lichtspotgelb getaucht und mit Gitarre. Die nette Kellnerin klärt auf. Das da vorn sei ihr Chef, der Besitzer, sagt sie, der Franky, bekannt aus Funk und Fernsehen.

Es dauert eine Weile, bis ich begreife. Ein auf Bier wartender Hesse hilft mir beim Zusammensetzen meiner Informationsbrocken und fügt entscheidende dazu. Frank Faber, der Mann mit der Konzertgitarre, hört auf viele Synonyme. Der König vom Harz ist eines. Der singende Wirt ein weiteres. Faber sei ein ehemaliger Manager, der es im Zuge einer beruflichen Neuausrichtung als klampfender Erlebnisgastronom bis in die ZDF-Hitparade geschafft habe. Der Titel »Die Windjammer kommen« sei ein großer Erfolg gewesen, höre ich.

Plötzlich wirkt alles schlüssig. Die Menschen, die übermütig auf den Bänken stehen und mit den Füßen stampfen. Das bemühte Rustikalambiente, gezüchtet aus den Genen bayerischer Biertrinkzelte. Und vorn, im gleißenden Lichtspot, im Zentrum: der Franky, der Gitarrensportler, der Ohrwurmzüchter, bekannt aus Funk und Fernsehen, als zuverlässiger Lieferant von Seelenfutter. Singt von Liebe und Bergen und Begierde und von Hermann aus Gelsenkirchen, »Flug 308, auf dem Weg nach Bangkok, noch in dieser Nacht, Mastercard und T-Shirts im Gepäck, von Beate noch ein Sortiment für den einen Zweck«. Steht da und singt seine Vierzeilenreime. Liefert Lebensgefühl, verspachtelt die Narben des Alltags. Und mit jeder Strophe vergessen die Menschen auf den Bänken – die Welt da draußen, die Alltagsproblemchen und irgendwann, schlussendlich sich selbst.

Es ist ein wesentlicher Teil des Unternehmenskonzepts, dass Schunkeln durstig macht und Trinken immer durstiger. Und die Menschen auf den Bänken haben Durst. Auf Bier. Auf Leben. Auf Liebe. Sie füllen die Körper und leeren die Köpfe. Manche trinken bis sie schielen. Nicht jede Zunge befindet sich mehr in dem Mund, in dem sie in den Saal getragen wurde. Die Konstellationen sind lose und können sich minütlich ändern. Mit jedem Schluck wird das Schunkelvolk zutraulicher, lässt los vom gewohnten Sozialverhalten, macht sich frei von Selbstkritik. Es gibt noch genügend, also ist noch lange nicht genug. Ein, zwei Schierker Feuerstein zwischendurch sind Pflicht, schon zur Unterstützung der lokalen Wirtschaft. Dynamische Enthemmung. Dursteskalation. Ich muss meine Meinung über Volksmusik dringend revidieren. Das hier ist mehr Punkrock, als man sich in seinen kühnsten Träumen vorstellen kann. Ganz bestimmt hat die Hälfte dieser Menschen batteriebetriebene Blutdruckmessgeräte und randvoll gefüllte Tablettendosen in ihren Hand- und Armgelenktaschen. Ganz sicher leiden manche an Arthrose. Ganz wahrscheinlich sind viele Hüften aus Keramik. Und dann gehen diese Menschen so was von ab. Omas wie Nitroglycerin.

Vor ein paar Wochen war ich in München mal wieder bei einem Konzert. Die Punkrock-Musikanten Bouncing Souls aus New Jersey hatten mein Interesse geweckt. Man teilt ja sein Leben gern in Unterbereiche ein – Essen, Trinken, Filme, Bücher, Klamotten, Duft, und so weiter –, und in meinem persönlichen Unterbereich Punk sind die Bouncing Souls seit Jahren klar das, was kühlschrankkalter Kakao für mich in Sachen Trinken ist, die Nummer eins, mein Favorit, meine Lieblingsband. Ich hatte mich rasiert, meine Gesichtshaut mit einer dermatologisch einwandfreien Feuchtigkeitscreme beruhigt und mir das Deo einer bekannten Modeschneiderei unter die Achseln gesprüht. Ich roch viel zu gut für einen Abend mit Motto Punkrock, was mir leider erst auffiel, während ich mein Fahrrad mit einem gehärteten Stahlkabel an einen Lichtmast band. Die Mitglieder der aufführenden Gruppe und ich waren gleichaltrig. Der Rest des Publikums bestand ausschließlich aus blutjungen Abiabgängern, weil die Rebellen von einst geschafft von Bürojob, Aldi-Einkauf und Bibi Blocksberg-Gucken mit dem

Nachwuchs auf ihren teilbezahlten Polstersitzgruppen der Nachtruhe entgegendämmerten. Die Rotzlöffel vor der Bühne waren mit Papas Lederkombi gekommen und trugen die überteuerten Klamotten aus Fußgängerzonenboutiquen. Die wenigen »Black Flag«-Shirts stammten von Ebay. Manche hatten sich die Gehörgänge aus Angst vor der Musik schalldämmend mit Ohrstöpseln verpfropft. Vor dem Stagediven zitterten sie minutenlang unschlüssig auf der Bühne. Aus berechtigter Sorge. Denn kaum setzte einer der Bengel tatsächlich mal zum Sprung in die Menge an, gingen alle anderen in Deckung. Dafür wurde bei Mädels umso beherzter zugegriffen. Bouncing-Souls-Sänger Greg Attonito blickte verächtlich auf das Treiben zu seinen Füßen. Er tat das einzig Richtige. Er bestrafte dieses erbärmliche, unwürdige, gänzlich unpunkige Verhalten mit keiner Zugabe.

»Ein Medley ist angebracht!«, ruft der König ins Mikrofon. Das findet aber auch die Menge. Schon rauscht die akustische Achterbahnfahrt von München, wo ein Hofbräuhaus steht, »eins, zwei, g'suffa!«, über John Denvers »Country Roads« geradeaus durch sämtliche Kurven hin zu Frank Sinatras »My Way«. Ein sich immer schneller drehender, sich selbst voranpeitschender Vergnügungskreisel. Das vielleicht rundeste Gaststättenkonzept, das man sich vorstellen kann.

Matthias wirkt jetzt sehr aufgeheizt. Ganz hinten, in der Sitznische links vom König, hat er die Tätowiererinnen entdeckt. Die Kellnerin bringt das zweite Achtertablett Kölsch. Matthias zahlt und teilt die Lieferung nach dem Schema der ersten auf. Drei Kölsch für ihn. Drei für mich. Zwei für den nach wie vor schweigsamen Dreiwettertaft-Marco, dem der Scheitel im Zuge von Transpirationsschüben immer welker von der Stirn hängt. Ich habe inzwischen einige Probleme mit dem Sortieren der vielen Eindrücke. Der König hat die Bühne verlassen. Aus den Boxen hämmert nun ein Stimmungsmix von CD. Discolicht zuckt. Den Menschen ringsum geht das Temperament zunehmend ungehemmter durch, während Matthias ununterbrochen auf mich einredet, dass er die Tribal-Tussi heute Nacht aber so was von klarmachen will. Eine dicke Frau im Alter zwischen 50 und 60 zieht mich junger Mann nennend auf die Tanzfläche und stupst mich zu »Ein Stern (... der deinen Namen trägt)« immer wieder absichtlich mit ihrem weichen Popo an. Das hat sie wohl mal in einem MTV-Videoclip gesehen. Ich spüre das schöne Gefühl von Angeschlossen-sein, lege aber trotzdem einen Moonwalk ein, um den räumlichen Abstand wieder herzustellen, was die Popostupserin leider noch weiter in puber-täre Verhaltensmuster zurückfallen lässt. Schließlich muss ich auf die Toilette flüchten.

Es ist kurz nach 23 Uhr. »Live is Live!«, hämmert es aus den Boxen. Matthi-as hat sich dazu entschlossen, seine Ankündigung in die Tat umzusetzen. Mit brünstigem Blick krempelt er die Ärmel seines Hemdes hoch, in dessen Achselbereich sich dunkle Schweißflecken abzeichnen. Dann schreitet er gesteuert von einer Mischung aus Sexualtrieb und Mutanfall zur Tat. Doch schon der versteinerte Blick der Tätowiererin verrät sein Scheitern. Matthi-as kassierte eine erstklassige Abfuhr.

»Mann, Mann, Mann, was für eine üble Schabracke«, winkt Matthias ab. »Ey, die Olle hat richtig gelbe Zähne, so Raucherzähne. Voll faulige Ruinen. Igitt. Von dem Gebiss lasse ich mir nicht auf der Zunge rumkauen. Oder vielleicht noch sonstwo.« Matthias bestellt das nächste Kölschtablett. Die Niederlage muss erst mal verdaut werden. Er macht nicht den Eindruck, als dass er sich damit abfinden will.

Ich bin immer noch ganz fasziniert vom König und diesem Laden. Der König ist jetzt DJ und steht neben der Theke an einem Mischpult. Der König steht da und hat die Macht. Wenn er will, reißen die Menschen ihre Arme in die Höhe, und wenn er will, dass sie eng umschlungen tanzen, dann tun sie eben das. Er könnte sie auch als Polonaiseschlange durch den Saal mar-schieren lassen. Oder Macarena tanzen. Er ist der Stimmungsschaffner. Al-les nur eine Frage der Mikrofondurchsage und der richtigen CD. Und egal was er tut, es wird in seinem Sinne das Richtige sein. Die Menschen werden bestellen und trinken und eine CD kaufen. Und sie werden eine CD kaufen, das steht im Gegensatz zu den Menschen fest, selbst dann, wenn die CD als Tonträgerart irgendwann offiziell als ausgestorben gilt, was schätzungs-weise in einem Jahr der Fall sein wird. Volksmusikmenschen wissen ja nicht wie man Soundfiles verschickt. Sie haben Angst vorm Internet, füh-len sich von Computern bedroht. Das ist auch der Grund, warum Marianne und Michael die ganze Zeit so dämlich aus der Trachtenwäsche grinsen. Ihr Arbeitsplatz ist sicher.

Der König hat einen festen, authentischen Händedruck. Der König hat nicht wirklich Zeit. Wenn man ihm hier an seinem DJ-Pult, mitten im Chorgesang zu »Anton aus Tirol«, Fragen zur Tenne stellt, dann reicht er einem routiniert einen Faltprospekt, der ihn in herzlicher Gastgeberpose zeigt mit dem Versprechen: »The moon stood still on Blueberry Hill – einfach faberhaft!« Wenn man daraufhin erzählt, dass man die ehemalige Grenze mit dem Mountainbike abfährt und dabei zufällig in der Tenne gelandet ist, dann lächelt der König und holt eine CD, für die er ausnahmsweise kein Geld will.

»Ich habe mal einen Song über die Grenze geschrieben. Berge in Flammen. Er erzählt die Geschichte eines Liebespaares, das durch die Grenze getrennt war. Doch selbst der Stacheldraht konnte ihre Gefühle nicht aufhalten«, sagt er, um sich in der nächsten Sekunde schon wieder seinen Pflichten als Alleinunterhalter zuzuwenden.

Ich schaue auf die CD. Sie trägt den Titel »Im Harz wird wieder Holz gehackt«. Das Cover zeigt den König mit Beil und maskulinem Gegenlichtblick auf einem Holzhaufen, der mit einem Bildbearbeitungsprogramm mittelmäßig gelungen in die Brockenlandschaft montiert ist. Ich halte die CD wie eine Trophäe in meinen Händen. So schnell kann es gehen, denke ich. Da kommt man zufällig an einem Erdbeerbowlestand vorbei, trifft einen König und schon ist man selber einer: der König der Volksmusikfans.

15.

Sorge und Elend

Namen sind Glasur. Sie wecken Interesse oder das Gegenteil. Verlässliche Inhaltsangaben sind sie selten.

Es ist nun wirklich nicht so, dass in Braunlage ein Mangel an Unterkunftsmöglichkeiten besteht. Doch anders als bei den Produkten des täglichen Bedarfs, vor deren Kaufentscheidung ein unentschlossenes Abwägen von Preis, Leistung und Konkurrenzangebot steht, geht man bei der Hotelwahl stets nach einem einfachen Muster vor. Äußerer Eindruck und Name entscheiden, schlussendlich also der Bauch. Und nun liege ich eben im Romantik-Hotel statt woanders.

Als Durchreisender hat man es einfach. Man will nicht wohnen. Man will sich nicht einrichten. Man will nur die Zeit bis zum nächsten Morgen überbrücken. Waschmöglichkeit. Schlafmöglichkeit. Frühstücksmöglichkeit. Mehr Kriterien müssen bei der Auswahl kaum berücksichtigt werden. Im Gegensatz zu Urlaubsunterkünften, bei denen auch noch Strand- sowie Flughafennähe, Poolgröße, Sonneneinstrahlrichtung, empfangbare Satellitenprogramme, Inklusivmahlzeiten, Exklusivgetränke, Einkaufsinfrastruktur und Freizeitangebote eine wichtige Rolle spielen. Ein unglaublicher Abwägungsstress, der durchaus eine Beziehung zum Kippen bringen kann. Die Laune in jedem Fall.

Man hat ja so seine Erfahrungen gemacht. Schnörkellose, vorsätzlich an Verkehrsknotenpunkten platzierte Zweckbauten lassen nicht unbedingt auf Wohnlichkeit, wohl aber auf bezahlbare Zimmer mit Minibar hoffen. Es gibt keine Zimmerschlüssel. Nur Plastikkarten. Es gibt auch kein Foyer mit Clubsesseln. Nur eine Holztheke mit Kunststoffrosenranke und EC-Kartenlesegerät. Meist sind es Filialen kontinentaler Fast-Sleep-Ketten, die einem mit uniform gemusterter Auslegware und tiefgekühlten Früh-stücksaufschnitten das Heimweh eintreiben. Die Namen dieser Hotels gleichen denen von Computerchipherstellern. Aus Kürzeln zusammen-konstruierte Kompaktlogos, grafisch kühl, ohne erkennbaren Sinn. Kennt man eines dieser Hotels, kennt man alle. Man checkt ein und weiß plötz-lich nicht mehr wo man ist: Göttingen, Karlsruhe, Dresden, Osnabrück? Anfangs wehrt man sich noch gegen die Tristesse, liest den ausliegenden Hotelprospekt, legt sich auf das heißgemangelte, steife Bettzeug, schaltet durch das Fernsehprogramm, versucht sich mit aller Gewalt wohlzufüh-len. Ein paar Minuten lang funktioniert das. Doch dann fängt man doch nur wieder an darüber nachzudenken, wie viele Leute sich wohl schon in einem solchen Ambiente umgebracht haben. Die Pulsadern aufgeschnit-ten oder mit Tabletten vergiftet. Zermürbt vom Leben und der Aussicht auf gar nichts, außer Uniformtapete und Raffgardinen. Die Heizungsluft drückt Giftmoleküle aus der Billigauslegware, während man daliegt und auf die unfassbar schrecklichen Kunstdrucke an den Wänden starrt, die Se-gelboote zeigen oder die keinen Deut besseren Seerosen von Monet. Man versucht positiv zu denken und spürt Depression in sich aufsteigen. Und dann säuft man aus lauter Verzweiflung die Minibar leer – erst das Bier, dann den Piccolo, schließlich die Schluckflaschen – und pinkelt hasserfüllt ins Waschbecken, weil einfach die Sicherungen durchgehen in diesen see-lenlosen Bettenbunkern. Sterile Aufbewahrungsboxen, die mehr mit einer JVA gemein haben als mit einer Wohlfühloase. Offener Vollzug, nicht mehr. Quadratisch, praktisch, ungut.

Jugendstilhäuser, deren stolz geschwungene Namenszüge nächtens halogenbestrahlt werden, sind da schon eher nach meinem Geschmack. Sie versprechen Komfort der Extraklasse und liegen ruhig im Grünen. Auf Edelstahlkleiderbügeln hängen flauschige Bademäntel mit eingestickten Brustwappen für den inklusiven Wellnessbereich bereit. Man trinkt Fruchtsäfte, beißt krachend in Pink-Lady-Äpfel aus Echtobstschalen, watet durch knöcheltiefe Teppichfasern und darf sich aus einem Arsenal von Gratis-Kosmetik-Fläschchen bedienen. Dafür kostet das Zimmer für jede Nacht den Gegenwert einer Bitterfelder Monatsmiete. Und so weit kommt es noch, dass ich mein mühsam verdientes Geld für Schlafen herausschleudere, die nun wirklich einzige Tätigkeit, bei der man absolut nichts mitbekommt. Genau darum geht es ja beim Schlafen. Augen zu und Ruhe. Da bin ich wirklich geizig.

Fachwerkhotels in der Nähe von Fußgängerpassagen sind mir die liebsten. Mobiliar und Ausstattung sind nett abgewohnt und schon so lange in Benutzung, dass sie antiquarisches Flair ausstrahlen. Der Besitzer hat ein schlechtes Gewissen wegen der Jahrzehnte zurückliegenden letzten Renovierung und kompensiert das mit fairen Zimmerpreisen. Das Frühstück wird frisch zubereitet mit Vollkornsemmeln vom mehrfach ausgezeichneten Bäckereifachbetrieb. Der Chef sitzt höchstpersönlich hinter der Rezeption, beäugt einen neugierig durch seine Goldrandbrille, und wenn sich dessen Preisvorstellung mit der eigenen deckt, fischt er den Schlüssel mit Riesenmessingschild vom Hakenbrett, »das beste Zimmer!«, und heißt einen mit einem dollen Verbrüderungshändedruck willkommen. Dieser Moment bebt jedes Mal vor Spannung. Wie wird das Zimmer wohl aussehen?

Einen Fahrstuhl gibt es nicht. Man steigt knarrende Eichenholzstufen nach oben, beschleunigt im Gang erwartungsfroh den Schritt und lässt den Schlüssel unverzüglich ins Türschloss gleiten. Sekunden, in denen man sich wie ein Kandidat von »Geh aufs Ganze!« vorkommt, moderiert Anfang der Neunziger von Jörg Draeger mit dem öligen Charme eines Heiratsschwindlers. Damals neben Tutti Frutti meine Lieblingssendung. Der Kandidat in der Hauptrunde musste sich jedes Mal für eines von drei Toren entscheiden. Doch was war dahinter? Hauptgewinn? Trostpreis? Oder der Zonk? Ein Schlüsselerlebnis, buchstäblich.

Das Hotel, in dem ich gerade vor mich hindämmere, entspricht in etwa dieser Kategorie. Es trägt den fabelhaften Namen Romantik-Hotel. Das klang so nett und heimelig, dass ich es ungeachtet der zahlreichen Alternativen direkt angesteuert und ohne Preisvergleich gebucht habe, obwohl sich Romantik und Einzelzimmer ja eigentlich schon von der Sache her gegenseitig ausschließen. Oder soll das etwa Romantik sein? Ein Minizimmer mit moosgrünem Ohrensessel, Rustikalbett und Kunstdruckaquarell an der Tapetenwand, von dessen Fenster aus man die schmucklose Wand des Nachbargebäudes anguckt? Ohne Stereoanlage, ohne Weinregal, ohne Kaminfeuer-DVD. Dafür mit einem Massivholzkleiderschrank, der die ohnehin schon geringe nutzbare Zimmergrundfläche noch halbiert. Ich habe noch nie etwas in einen Hotelkleiderschrank gehängt. Fensterbrett, Tisch und Stuhllehnen reichen völlig aus, um alle getragenen Kleidungsstücke darauf auszubreiten. Der Rest bleibt in der Tasche. So wird es wenigstens ein bisschen wohnlich. Und ein bisschen wohnlich muss es sein, damit der Aufenthalt nicht endet wie in einem Fast-Sleep-Bunker. Zu zweit könnte man sich vielleicht noch eine mitgebrachte Kerze anzünden, ineinander verschachtelt aufs Einzelbett rollen und sich zumindest gegenseitig die Ohrmuscheln ausschlecken. Allein ist ein Romantik-Hotel aber eine traurige Sache. Erst recht, wenn man wie ich um halb sechs Uhr morgens mit stechendem Kopfschmerz und schalem Geschmack im Mund aufwacht und vor lauter Schwäche nicht mehr einschlafen kann. Eigentlich bin ich ganz froh, dass niemand anderes hier ist. Mit Romantik würde das so oder so nichts werden. Mir ist schlecht. Die Zimmerluft ist schlecht. Meine Atemluft ist schlecht. Ich habe keine Kopfschmerztablette. Das ist ganz schlecht.

Ich stehe auf Liegenbleiben. Mein Gehirn braucht einige Zeit, um die jüngsten Geschehnisse abzurufen und ins aktuelle Jetzt einzugliedern. Ich befinde mich in Braunlage, so viel ist sicher. Ich habe Erdbeerbowle beim Erdbeerfest getrunken und Kölsch in der Tenne. Auch das ist sicher. Wie viel und bis wann, da bin ich mir schon nicht mehr so sicher. Auch kann ich angesichts meines Vitaldefizits nicht ausschließen, mich gestern tanzend zu Schlagermusik bewegt zu haben. Auf meinem Nachttisch liegt eine CD mit dem Titel »Im Harz wird wieder Holz gehackt«. Tage, die auf diese Art beginnen, bringen erfahrungsgemäß wenig Freude.

Ich muss unbedingt weniger Alkohol trinken, denke ich. Der sportliche Anspruch meiner Tour und meine Lebensweise klaffen im Moment ganz schön auseinander. Das ist nicht das Frischegefühl, das ich mir erhofft habe. Heute fange ich an. Nur noch Wasser und Schorle. Die Versuchung wird in mir künftig einen umbarmherzigen Gegner haben! Aber wirklich! Nachsätze statt Vorsätze.

Mir scheint ein bisschen die Disziplin abhanden gekommen zu sein. Mit dem Brocken steht heute die allerletzte topographische Hürde auf dem Routenplan. Hatte ich anfangs noch gewaltigen Respekt vor der Strecke, den Bergen, der Distanz, so gilt meine größte Sorge inzwischen nur noch dem Wetter. Dass ich Mitte nächster Woche am Strand von Travemünde stehe, daran habe ich nicht mehr den geringsten Zweifel. Vielleicht ist das ja das Problem.

Die Stille ist Horror. Sie verstärkt die körperlichen Defizite bis zum Geht-nicht-mehr. Man konzentriert sich drauf, redet sie sich ein, spürt plötzlich hier noch ein Zwicken und da. Je länger man so liegt, desto mehr glaubt man, dass es mit einem zu Ende geht. Mein Körper ist irgendwas zwischen tot und lebendig. Die Todesbowle und die Kölsch dünsten aus mir heraus, als hätten sie das Interesse an mir verloren, wie Discogäste den Spaß an einer ausklingenden Partynacht. Sie verziehen sich einfach und lassen ihren Müll zurück, ihre Unordnung, ihr Chaos. Mir geht es grausam. Ich spüre viele kleine Sehnen, Muskeln, Knochen und Organe. Ich hätte nie gedacht, dass ich so viele Sehnen, Muskeln, Knochen und Organe habe. Mein strapaziertes Herz nagelt hochtourig. Die Schädeldecke droht auseinander-zuplatzen. Die Atmung röchelt flach. Wäre draußen vor dem Fenster der Gardasee, würde ich mich jetzt in ein Café an der Uferpromenade setzen und einen Wiederbelebungsversuch mit Cappuccino starten. Doch vor dem Fenster wird nur Braunlage vollgeregnet. Frühstück im Hotel gibt es in frühestens einer Stunde. Braunlage kann mir nicht helfen. Braunlage sendet noch keine Signale. Braunlage ist so tot wie ich.

Fernbedienung vom Fußboden angeln, wo ich sie Sekunden vor dem Einschlafen hingeworfen habe. Fernseher anmachen. Dudeln lassen. Hauptsache Geräusche. Geräusche vermitteln den Eindruck von Gesellschaft. Gesellschaft lenkt ab. Ablenkung tut gut. Der Fernseher steht auf einem Tisch am Fußende. Ich liege auf dem Rücken und sehe nur die Zimmerdecke. Das Kopfkissen ist zu dünn, um es als Kopfkeil zu benutzen. Knautschen. Geht auch nicht. Das Ding pufft einfach zusammen. Zweimal über Eck falten. Zwecklos. Das Kissen wird einfach nicht höher. Die Decke unter den Kopf legen. Funktioniert. Nun ist es aber an den Beinen zu kalt. Der Fernseher ist so klein, dass ich nicht mal die eingeblendete Schrift lesen kann.

Das Ding hat noch die Form einer Mikrowelle. Baujahr Mitte 80, würde ich schätzen. Wahrscheinlich flimmerte darauf schon die berühmte Prager Botschaftsrede von Hans-Dietrich Genscher, und zwar in der Liveversion. Bringt nichts. Hinlegen in Schlafposition, Decke bis zum Kinn, Augen zu. »Exklusiv! Läuft da was zwischen Carmen Nebel und Udo Jürgens?«, erzählt eine Morgenmagazin-Moderatorin blöde Promikacke. Der folgende Bericht offenbart auch ohne Bild enorme Recherchelücken. Nur Konjunktivsätze. Umschalten? Zu anstrengend.

Sabber läuft aus meinen Mundwinkeln und sickert ins Kopfkissen. Ich muss eingenickt sein. Der Sabberfleck hat die Größe einer Reiswaffel und erinnert an die Form von Afrika. »Hey Pippi Langstrumpf, trallerie, trallera, traller-hoppsassa!«, singt es aus dem Fernsehkasten. Das schnelle Aufstehen tut meinem Kreislauf nicht gut. Ich schaffe es bis zum Waschbecken und stütze mich mit beiden Händen dran ab. Das Badezimmer hat die Größe eines Seat-Ibiza-Innenraums. Man kann sich nicht bewegen. Man braucht sich aber auch nicht zu bewegen. Man könnte sich auf der Toilette sitzend die Zähne putzen. Oder sich rasierend auf die Toilette setzen. Die räumliche Enge lässt jede Kombination von Badezimmertätigkeiten möglich erscheinen.

Die Arme zittern beim Abstützen auf dem Waschbeckenrand. Bloß nicht in den Spiegel schauen. Ich schaue doch. Ach herrje. Die sollten die Alkoholproduzenten dazu zwingen Schockbilder auf die Etiketten zu drucken. Dann würde keiner mehr so verantwortungslos mit dem Teufelszeug umgehen. Ich würde mich sogar freiwillig als Modell zur Verfügung stellen. Ein schweißiger Film lässt meine Haut wachsig und blass erscheinen. Die Gesichtshaut schmiegt sich nicht mehr wie gestern straff an die Wangenknochen, sondern klebt aufgedunsen an mir dran. Irgendwas hat sich da zwischen Haut und Knochen eingelagert. Die Todesbowle? Vielleicht. Rasieren müsste ich mich auch mal wieder. Ich sehe aus wie ein verwahrlostes Moncicci. Ausgeschöpft, am Ende. Alkohol macht immer nur die anderen schön. Eine tiefe Depression durchfährt mich. Ich muss das lassen mit dem Trinken! Unbedingt!

Geduscht, zahngereinigt und unter den Achseln eingesprüht betrete ich den Frühstücksraum. Aus den Boxen rieselt Schlagermüll auf mich nieder. Eine Frau begrüßt mich übertrieben freundlich mit meinem Namen, obwohl weder ich sie zuvor gesehen habe noch sie mich. Es ist offensichtlich ihr Job mir vorzugaukeln, dass ich kein Zahlungspflichtiger in einem Hotelbetrieb, sondern zu Gast bei lieben Verwandten bin. Wobei sie mich dann auch duzen könnte. Und woher kennt sie eigentlich meinen Namen? Der Kopf der Frau guckt aus einem Trachtenkleid, dessen oberer Teil sich rege um die Betonung ihrer anatomischen Merkmale bemüht, während der weit ausladende Rock keinerlei Informationen über Poform und Beinlänge preisgibt. Ich bin nur eingewurstet in meine Campingklamotten, die in ihrem zerknitterten Zustand eine passende Abrundung zu mir darstellen. Die Trachtenfrau passt wunderbar ins Ambiente mit den geschnitzten Entenstatuen und den schweren Holzmöbeln. Sie ist wie dafür gemacht, für genau diesen Platz auf Erden. Ich dagegen, mit meinem Fünftagebart, den müden Bewegungen und der Jogginghose passe ganz und gar nicht hier rein. Das Drumherum ist zu schick für mich. Oder ich nicht schick genug. Wie immer man das sehen will. Ich gehöre unter eine Brücke oder in den Wald. Ich sollte mir einen Instantkaffee aus Bachwasser kochen und mit dem Taschenmesser einen Apfel schälen. Ich sollte Wildfrüchte suchen und den Vögeln beim Morgentratsch zuhören. In einem Romantik-Hotel warten keine Abenteuer. Hier warten nur Schlager, Schummerlicht und Bemutterung. Romantik-Hotels sind kein Ort für Abenteurer. Ich war mir niemals so sicher: Sie sind der perfekte Ort für Softietypen wie mich.

Ich setze mich an den für mich vorgesehenen Tisch. Auf einem Kärtchen steht fein säuberlich mein Name geschrieben. Ich fühle mich überrepräsentiert.

»Was darf ich Ihnen denn bringen, Kaffee oder lieber einen Tee?«, fragt die Frau mit einem Ton, der an Unterwürfigkeit grenzt. Ich muss in den Ausschnitt ihres Trachtenkleides starren. Der überlässt aber auch wirklich nichts der Fantasie. Großzügig ist die U-Form aus dem Kleid herausgezirkelt. Sie verdeckt gerade genug, um die Trägerin nicht unseriös wirken zu lassen. Ich muss unbedingt woanders hinschauen, sonst werde ich noch komisch eingeordnet.

»Kaffee bitte, das wäre sehr freundlich«, erwidere ich gönnerhaft und möchte mir dafür selbst einen Klaps auf den Hinterkopf geben. In Hotelatmosphäre neigt man automatisch dazu schwülstig zu reden. Man versteift auch immer den Rücken. Nur nicht zu leger rüberkommen, das könnte nämlich als provinziell aufgefasst werden. Vielleicht ist das sogar der deutlichste Beweis dafür, dass ein Hotel eben niemals wie die eigene Wohnung ist. Man ist zu Hause anders. Und man isst zu Hause anders. Man lässt sich gehen und zelebriert das. Ich finde es herrlich, den Tag unrasiert in Jogginghose mit einem mürrischen Brummen zu begrüßen, mich geschafft und halbwach auf die Tischkante zu fläzen und zum tausendsten Male den lustigen »Morning Man« im Frühstücksradio in die Abgründe der Hölle zu wünschen, um dann doch nie einen anderen Sender einzustellen, weil dies ja Teil des Rituals ist. Das wäre sehr freundlich… tztztz. Hallo! Ich habe 55 Euro dafür bezahlt, ein paar Stunden in einem Minizimmer ohne Ausblick ausharren zu dürfen. So viel hat wahrscheinlich nicht mal der Fernsehkasten gekostet. Da werde ich ja wohl die Anlieferung eines Kaffees erwarten können. Aber zack, zack!

Das Büfett nimmt drei riesige Tische in Beschlag und ist eine Qual für Leute ohne Entscheidungsfreude. Es gibt alles und alles in allen Variationen. Aufschnitt und Aufstrich, Gebackenes und Gebratenes, Kalorienarmes und Kalorienreiches. Sogar ein Kübel mit Gratissekt für einen rauschenden Start in den Tag steht bereit. Ich habe nicht das geringste Hungergefühl. Essen ist aber nun mal der Treibstoff der muskelbetriebenen Fortbewegung. Und davon brauche ich heute eine Menge. Der Brocken ist mit 1142 Metern der höchste Gipfel der Tour. Nicht besonders steil, so weiß ich aus einem Wanderführer, aber immerhin 500 Meter höher gelegen als Braunlage. Bis zum Tagesziel Oebisfelde werden etwa 140 Kilometer zusammenkommen. Nutzt also nichts. Ich muss frühstücken. Wenn nicht heißhungrig, dann wenigstens pro forma. Müsli wäre ideal. Es bietet den größten Menge-Energie-Quotienten. Aber schon beim Anblick des Trockenfutters kommt es mir hoch. Keine Flüssigkeit dieser Welt schafft es, das Zeug richtig durchzuweichen. Nicht mal warme Milch. Man kaut ewig auf den geschmacksbankrotten Flocken herum, die sich im Mund kein bisschen von Hobelspänen unterscheiden, und hat nicht das geringste Gefühl mit dem Verspeisen voranzukommen. Das Thema Essen ist Fluch und Segen zugleich beim Radfahren. Kein Schnitzel schmeckt besser, als wenn man es nach einem Tag im Sattel verschlingt. Auch kann man sich die eine oder andere Tüte Gummibärchen mehr erlauben, die ohne sportliche Betätigung sofort Teil der Hüfte werden würde. Der Vorgang des morgendlichen Einbunkerns jedoch ist ein Graus. Alles was aus ernährungswissenschaftlichem Hintergrund zu empfehlen ist, ist geschmacklich ohne Glanz. Körner, Schwarzbrot, Müsli. Was schmeckt, füllt den Tank nur unzureichend: Kuchen, Marmelade, Weißbrot. Ich starte mit Obstsalat. Das macht die Disziplinlosigkeit der letzten Nacht wieder ein Stück wett. Der Obsttrick funktioniert immer. Sobald man in einen Apfel gebissen hat, verblassen umgehend die Ernährungssünden im Gedächtnis. Leider nicht im Spiegel.

Außer mir und der Bedienungsfrau befindet sich nur ein einziges Rentnerehepaar im Frühstücksraum. Die beiden starren mich seit meiner Ankunft unentwegt an. Sogar beim Abbeißen von ihren Semmelhälften lassen sie ihren Blick an mir kleben. Das macht unsicher. Habe ich irgendwo Zahnpasta kleben? Hängt der Schlüpfer aus der Jogginghose? Ich gucke zurück, woraufhin die beiden ertappt die Köpfe wegschwenken.

»Das Frühstück hier ist wie in Portugal, gell?«, spielt die Dame eine Unterhaltung vor, die aber vom Gatten nicht aufgegriffen wird. Desinteressiert hypnotisiert er das Semmelfragment in seiner Hand. Was die beiden wohl in ein Romantik-Hotel geführt hat, frage ich mich.

Ich nehme mir ein Irgendwas-Tageblatt vom Zeitungstisch. Als Alleinreisender in einem Romantik-Hotel wirkt man schnell verzweifelt. Eine Zeitung ist der perfekte Haltegriff. Mit ihr fühlt man sich weniger allein. Lesen ist Vergnügen, und wer liest, ist folglich vergnügt. Ich blättere und tue interessiert. Was ist das denn? Da bin ja ich! Auf der mit »Braunlage« überschriebenen Lokalseite! Das Erdbeerfest hat es doch tatsächlich ungeachtet der weltweiten Finanz-, Wirtschafts- und Ökokrise zur Aufmachermeldung geschafft. Und nun kann ich mich in der Zeitung selbst angucken, wie ich in einem Pulk grauhaariger Schlagergroupies dem König vom Harz zuklatsche. Frontal von vorn. Das Foto ist offenbar von der Lkw-Ladefläche aus aufgenommen und qualitativ eher niedrig einzuschätzen. Der Künstler ist angeschnitten von hinten zu sehen und vollführt gerade seine typische Travolta-Pose. Dahinter, also mit den Gesichtern dem Zeitungsleser zugewandt, eine Wand von betagten Mitklatschern unter einem Brauereischirm. Mittendrin ich, mit Abstand der Jüngste, obwohl ich jetzt auch schon auf die 40 zusteure. Mir bleibt glatt das Obstkompott im Hals stecken. Ich spüre Stressschübe, spüre Schweißtropfen den Rücken herunterlaufen. So schnell ist der Ruf ruiniert. Ich besitze eine Tonträgersammlung, deren Schwerpunkt auf harter, verzerrter Gitarrenmusik liegt, erkenne jeden Punkrockklassiker an den ersten Akkorden, bin tätowierter als Campino und kann die meisten Unterarten von jugendorientierter Spartenmusik auseinanderhalten. Und nun denkt die ganze Welt, ich sei ein glühender Anhänger des Königs vom Harz. Ein Schlagergroupie! Es ist deutlich zu sehen: Ich lächle auf dem Bild. Und ich klatsche! Dabei habe ich während des gesamten Auftritts nur ein einziges Mal geklatscht. Ganz am Ende. Nur ganz kurz. Aus Erleichterung, dass es vorbei ist. Na gut, zwischendrin habe ich auch geklatscht. Aber das war ironisch gemeint. Wie hoch ist wohl die Auflage von diesem Tageblatt? Und wer wählt eigentlich die Meldungen aus? Das Bikefliegen ist mit keinem Wort erwähnt.

Brocken also. Nach dem König vom Harz nun die Perle vom Harz. Ein bisschen feierlich ist mir schon zumute. Obwohl der Brocken zu den Quotenhits der deutschen Tourismusbranche zählt, bin ich noch nie dort gewesen. Zu DDR-Zeiten war es verboten, danach hat es sich einfach nicht ergeben. Doch wo genau fahre ich lang? Von Braunlage aus sind es zehn Kilometer bis zum Gipfel. Keine große Sache. Eine halbe Stunde treten. Dann lange bergab. Ich beschließe noch eine kleine Schleife mit Sorge und Elend einzubauen. Passt erstens hervorragend zu meiner heutigen Verfassung. Zudem liegen die beiden Dörfer unweit von Braunlage auf der östlichen Seite der ehemaligen Grenze. Mitten im früheren Sperrgebiet. Der Name war eine Steilvorlage für westdeutsche Harz-Tourenführer. »Auf dieser Seite sehen sie Braunlage und Silberhütte. Dort drüben Sorge und Elend, die DDR«, so der Klassiker. Ich erwarte in den Orten genauso viel Sorge und Elend vorzufinden wie Romantik in einem Romantik-Hotel. Es ist eher eine Art Ortsschildtourismus, die mich anzieht.

Es gibt Orte, die empfehlen sich durch eine besondere Sehenswürdigkeit, eine alte Stadtmauer, eine Ausstellung oder ein Spitzenrestaurant für einen Besuch. Andere locken Schaulustige allein mit ihrem Namen an. Teures Marketing ist nicht erforderlich. Das Wort auf dem Ortsschild reicht. Mancher Ort genießt dadurch sogar ein Stück weit Berühmtheit, so wie das bayerische Tuntenhausen. In Deutschland gibt es eine Menge solcher Orte. Man fährt hin, freut sich über den Namen und will sich persönlich vergewissern, ob zum Beispiel die Männer in Tuntenhausen wirklich rosa Fingernägel tragen.

In der Nähe meiner Heimatstadt, 500 Kilometer von der bayerischen Landeshauptstadt entfernt, liegt München. Ein verträumtes Kaff im strukturschwachen Brandenburg, in dem weniger als 30 Leute leben. Schon zu DDR-Zeiten pilgerten die Leute dorthin, um einmal im Leben in München gewesen zu sein, wenn die Reise zum Original schon nicht möglich war. Man ließ im Bekanntenumfeld nebenbei die Bemerkung fallen, dass man am Nachmittag mal eben nach München fahre, genoss die fassungslosen, neidvollen Mienen, klärte die Sache auf und galt als gewiefter Scherzbold. Das war jeden Kilometer wert. Inzwischen gibt es im Miniatur-München ein richtiges Oktoberfest nach allen Regeln der Tradition. Mit Festhalle, Bayerndeko, Blaskapelle, Münchner Bier aus Maßkrügen und motorischen Totalausfällen der größtenteils übermotiviert trinkenden Besucher. Zu Tausenden rollen sie jeden Oktober in Reisebussen in den Ort, um sich innerhalb kürzester Zeit mit Bier dahinzuraffen. Der Vorlage entsprechend in Trachten von C&A. Das ist auch den Spaßvögeln des Privatfernsehens nicht verborgen geblieben, die in Köln einmal Bustickets für eine Reise zum Oktoberfest nach München verkauften, um die so krätzig gemachte Trinkerhorde bei Ankunft auf dem brandenburgischen Acker mit der Kamera zu begrüßen. Leider hat sich keiner der Verschleppten getraut, die angedrohten Schläge in die Tat umzusetzen. Denn das wäre doch wiederum prima Stoff für einen weiteren Beitrag gewesen. Barbara Salesch, Super Nanny, Akte Sonstwie, Lenßen & Partner und wie die Kunstperlen der telemedialen Verwertungskette alle heißen.

Von Braunlage aus ist man in 20 Minuten nach Sorge gekurbelt. »Sorgenfrei«, steht an einem holzvertäfelten Hotelgebäude, das nicht so leer und sanierungsbedürftig im Nieselregen stehen würde, wenn es denn wirklich so wäre. Die Schriftart heißt »Frankenstein« und wird von Grafikern besonders gern dann benutzt, wenn eine alte Lebensweisheit auf eine Einladungskarte gedruckt werden muss. Oder von Heavy-Metal-Musikern, die ihrer unangepassten Lebenseinstellung mit tätowierten Anglizismen Ausdruck verleihen wollen.

Das Dorf selbst sieht aus wie jedes andere auch in der Gegend. Geputzte Einfamilienhäuser. Brockenbahn-Bahnhof. Ausflugsgaststätte samt obligatorischem Hinweis: »Keine öffentliche Toilette!« Die Hecken haben Pilzschnitt, die Zierrasen Igelschnitt. Ein Grenzmuseum ist ausgeschildert, befindet sich aber wohl irgendwo im Wald. In der Wegbeschreibung eines Einheimischen kommen verdächtig viele Orientierungspunke vor, mit denen man auf jeden Fall hinfinden, ansonsten aber noch mal jemanden fragen soll. Die Irrfahrt schenke ich mir. Ich durchkreuze den Ort im niedrigen Kurbelumdrehungsbereich auf der leicht ansteigenden Försterbergstraße. Nichts außer glatten Mittelklasseeigenheimen, die von gejäteten Zierbeeten umgürtet im Nieselregen glänzen. Nach zwei Minuten stehe ich wieder im Wald. Sorge ist ein kleiner Ort, kleiner als gedacht. Ich drehe um und rolle zurück. Mich würde ja schon interessieren, was für ein Ort das hier ist. Die Grenze muss unmittelbar in der Nähe gewesen sein. Braunlage ist ehemaliges Westgebiet und nur acht Kilometer entfernt. Vor allem möchte ich wissen, wer sich diesen seltsamen Ortsnamen ausgedacht hat.

Adelberg Knabe steht in Latzjeans am Gartentor und scheint nichts dagegen zu haben, mich umfangreich mit Informationen zu Sorge zu versorgen. Knabe hat Zeit. Er ist Rentner. Seit drei Jahren. »Aber im Russlandgeschäft bin ich noch ein bisschen tätig«, erzählt er und fährt sich mit der Hand durch das silbergraue Haar.

»Wieso heißt Sorge eigentlich Sorge?«, frage ich.

Knabe lächelt geheimnisvoll, lässt mich noch ein paar Sekunden in meiner Ahnungslosigkeit schmoren.

»Wissen Sie, was eine Zarge ist?«, bereitet er seine Antwort vor, um meine erst gar nicht abzuwarten: »Das Wort kommt aus dem Tierreich und heißt Grenze, oder so ähnlich. Hier verlief mal die Grenze zwischen dem Herzogtum Braunschweig und dem Königreich Preußen. Die Grenzsteine sind noch vorhanden. Tja, und da wurde dann irgendwann einmal Sorge draus. So einfach ist das.«

Tja, so einfach ist das. Welche Geschichten wohl hinter den Ortsnamen Wixhausen und Katzenhirn stecken?

»Wollen Sie einen Moment hereinkommen?«, werde ich spontan eingeladen. Der Nieselregen ist stärker geworden. Offensichtlich hat Herr Knabe noch einiges zu erzählen. Die Einladung nehme ich gern an. Der Kater macht mir noch immer zu schaffen und lähmt die Sportlust.

Herr Knabe bittet in den Wintergarten, der aussieht wie der Verkaufsraum eines Ambientestübchens. Alles voller Kissen, Hydropflanzen, Hinstelldinge. Herr Knabe rollt die Ärmel seines Karohemdes nach oben. Dann beginnt er seine Geschichte zu erzählen, ausführlich und lückenlos. Eine Hammergeschichte.

1964 nach Sorge gekommen / Sorge ein Zentrum der Weißblechherstellung / von der Grenze nichts mitbekommen, nur die herrliche Ruhe im Ort wegen des Status als Sperrgebiet / am 9. November von der Grenzöffnung gehört, aber nicht geglaubt und deshalb beim Abschnittsbevollmächtigten nachgefragt / am 10. November mit dem Wartburg rüber nach Zorge, dort die Frau aus den Augen verloren und den ganzen Tag vergeblich gesucht, obwohl es überall Freibier gab / großes Fragezeichen über der Zukunft der Gießerei, in der er 30 Jahre lang gearbeitet hat, die meiste Zeit als Technischer Direktor / über zwei Mittelsmänner Kontakt zum russischen Ministerpräsidenten Gaidar bekommen, der für 24 Millionen D-Mark Öfen bestellte, »eine abenteuerliche Geschichte!« / keine Staatsbürgschaft für die Produktionskosten bekommen / Chef wollte hinschmeißen / den Chef überredet, alles auf eine Karte zu setzen, »was gab es schon zu verlieren?« / nach kurzer Zeit pleite, obwohl an manchen Tagen 30 Lkw mit Öfen beladen wurden / bei Deutscher Bank um Kredit gebettelt, um die Produktionskosten zu überbrücken / Deutsche Bank verlangt eine Million, »diese Gauner, die rochen den Braten genau!« / eine Million zugesagt, »zähneknirschend!« / Deutsche Bank gewährt Kredit / bei den Ausfuhrpapieren etwas getrickst / Auftrag durchgeführt / Firma gerettet / Sprung in die Marktwirtschaft geschafft.

»Was ich damit ausdrücken will«, sagt Herr Knabe und schaut mich mit festem Blick an, »man muss nur Ideen haben. Viele wussten mit der Marktwirtschaft nichts anzufangen, haben abgewartet und sind untergegangen. Man hat ja in der DDR nicht gelernt, Entscheidungen zu treffen. Unter Honecker ist der Geist verkrüppelt!«

Ich könnte noch ewig zuhören. Wie interessant so ein Ort plötzlich wird, wenn man die Geschichte dazu kennt. Hätte ich es vorhin beim Ortsschildfoto belassen, wäre mir der Ort allein wegen seines komischen Namens im Gedächtnis geblieben. Wenn ich wieder daheim bin, muss ich unbedingt recherchieren, was es mit Wixhausen auf sich hat.

Es hat aufgehört zu regnen. Vor mir liegen noch Elend, Brockenüberquerung und geschätzte 140 Kilometer.

Ich verabschiede mich und beschleunige mein Bike auf mittlere Reisegeschwindigkeit. Elend befindet sich nur wenige Kilometer von Sorge entfernt und liegt auf direktem Weg zum Brocken. Der Ort ist deutlich größer, vom grundsätzlichen Charakter her aber ähnlich angelegt. Im Zentrum befindet sich der Bahnhof der Brockenbahn, von dem aus Elend in alle Himmelsrichtungen ausfranst. Es gibt ein Waldfreibad, eine Kreisverkehrsinsel und ein Überkontingent an Ferienwohnungen. Das Friseurgeschäft heißt »Haar Werk Isolde«, ein Schild wirbt für Unterkünfte im »Elendstal«. Im Schaukasten der Gemeinde wird als Sehenswürdigkeit die »kleinste Holzkirche Deutschlands« angepriesen, Führungen am Dienstag um 16:30 Uhr und am Freitag um 16:00 Uhr, ansonsten nach Vereinbarung. Wo kein Superlativ greifbar ist, wird auf Winziglative gesetzt. Große und kleine Kirchen gibt es viele. Eine größte und eine kleinste aber jeweils nur ein einziges Mal. Warum also nicht? Im Hotel »Waldesruh« ist nach der metaphorischen auch die buchstäbliche Waldesruh eingekehrt. Pachtinteressierte sollen sich bei Herrn Dr. Hasselblatt melden, informiert ein Zettel, der so aussieht, als würde er schon seit einiger Zeit da hängen. Dabei wurde das

Haus 2002 vom »Schlemmer-Schlummer-Lexikon« empfohlen. Kann man sich nicht vorstellen. Behauptet aber ein Aufkleber an der verrammelten Eingangstür. Ich gehe zum Andenkenkiosk am Kreisverkehr. Die Auslage ist hoffentlich kein Seismograph des Kaufverhaltens. Hinstellquatsch wie Gipseulen, Kobolde in Schüttelkugeln, ein Babydalmatiner für den Setzkasten, der treudumm aus einer Gipseinkaufstüte guckt. Drinnen ein Getränkeregal. Erlebnisbier, ist eine der Bretterebenen beschriftet. Darauf dreifach verteuerte Braugetränke, die mit Spaßetiketten gleichermaßen die Kauflaune anfeuern und den Preis rechtfertigen wollen. Der samtweiche Blick der Verkäuferin nötigt mich trotz Antialkoholschwur zum Kauf einer Flasche mit dem Aufdruck »Staatsreserve – Der letzte Husten, gebraut nach dem deutschen Einheitsgebot von 1989«. Das werde ich am Strand von Travemünde trinken. Jetzt aber erst einmal einen belebenden Kaffee im »Eli Lenti« gegenüber. Seltsamer Name. Der von der Besitzerin?

»Nee, nee«, sagt der Wirtsmann und drückt mir die Broschüre für seine Ferienwohnungen im Dachgeschoss seines »allergikerfreundlichen Nichtraucherhauses« in die Hand. Die Headline verspricht einerseits so einiges, andererseits aber auch nichts: »Den Harz einmal anders erleben«.

Das Deckblatt ziert ein Text zur Namensgeschichte des Ortes, wohl um blöden Fragen vorzubeugen. Demnach ist das Wort Elend im Laufe der Jahrhunderte aus Eli Lenti evolutioniert, was »fremdes Land« bedeutet. Ich spüre eine leichte Enttäuschung über derlei Banalität. Der Name ist Folge einer Rechtschreibreform, nichts weiter.

»Fragen hier oft Leute, was Elend bedeutet?«, forsche ich nach.

»Oh ja!«, wischt sich der Wirt theatralisch den unsichtbaren Schweiß von der Stirn: »Die Leute kommen her, fahren sofort rechts ran und fotografieren sich erst einmal gegenseitig am Ortsschild.«

»Ist doch super, scheint ja Besucher anzulocken.«

»Wenn davon nur zehn Prozent hier übernachten würde, dann wären wir glücklich«, erwidert der Wirt. Im Schnitt sei der Ort immerhin zu 30 Prozent ausgelastet. Reich würde da keiner. Aber man könne auch nicht klagen: Die Harzbahn mit Brockenanschluss sei ein Segen. In Braunlage hätten sie die Gleise irgendwann nach dem Grenzschluss abgebaut und würden sich heute grünärgern darüber.

Es ist Mittag, der Kopfschmerz ist schwächer geworden, der Regen wieder stärker, als ich mich aufmache zum Gipfelsturm. Der Name Brocken flößt Respekt ein. Die topographische Wirklichkeit ist eine andere. Sanft und steigungszahm windet sich der fein geschotterte Weg Richtung Kuppe. Ich muss nur zwei Gänge nach oben schalten, um mit einer ähnlichen Geschwindigkeit voranzukommen wie vorhin im Flachen. Ein richtiges Naturgefühl will trotz des ehrwürdigen Schauplatzes nicht aufkommen. Man hat eher das Gefühl in einem Stadtpark unterwegs zu sein. Die Wege sind fehlerfrei angelegt und pumpen Unmengen von Wandergruppen von einer Picknickbude zur nächsten. Alle haben Rucksäcke und gute Laune. Überall Schilder, die kommagenau über Richtung und noch zu absolvierende Strecke informieren. Hingenagelte Navigationssysteme, die Unvorhersehbares unmöglich machen. Keine Chance sich zu verlaufen oder auch nur eine Minute zu spät zu kommen. Zum Kuchenessen. Zum Staunen. Zum Fotografieren. Oder weswegen man eben sonst eine windabweisende Markenhose mit abzippbaren Beinen angezogen hat und Schuhe mit Jeepsohle. Ein Naturpark, der so viel und so wenig Natur ist wie eine städtische Grünanlage. Niemals würde man es wagen, auch nur einen Kaugummi hinzuspucken.

Wenn ein Chirurg ein Dekolleté in Form bringt, dann bezeichnet man die Brüste als unnatürlich, als gemacht. Die Brüste sind dann außer Wertung. Sie stehen prall von der Besitzerin ab, sind aber nun einmal nur ein künstlich angelegter Plastebalkon. Der Brocken kommt mir vor wie eine gemachte Brust. Das hatte ich mir irgendwie rauer vorgestellt, härter, eindrücklicher. Selbst der Regen kann nichts daran ändern. Der Harz ist nicht Marokko und auch nicht die Alpen. Andererseits bin ich momentan auch nicht besonders erpicht darauf, Heldenleistungen von meinem verkaterten Körper abzurufen. Bis Travemünde ist es noch weit genug.

Ein steiler Panzerplattenweg des ehemaligen Grenzstreifens, der bald wieder ins Fast-Flache übergeht. Ein Ziehweg, neben dem die historische Harzbahn an mir vorbeidampft. Ein letzter Asphaltkilometer, auf dem die Dichte der Fußgänger noch einmal beträchtlich zunimmt. Dann stehe ich oben. Ganz oben. Auf dem Brocken. Auf dem Gipfel, der im Harz die größtmögliche Nähe zum Himmel markiert. Die Rundumsicht ist wunderbar.

Der Gipfel selber ist ausgesprochen hässlich. Ein kahler, windumwehter Granitschädel mit der Charakteristik von Manfred Krug, zugebaut mit Sendemasten, klobigen Nutzbauten und einer Vergnügungskulisse, die sich aus Andenkenbuden, Erbensuppeständen und Sonnenterrassen zusammensetzt. Der Abverkauf von Brocken-Hexen ist beträchtlich. Nichts mehr zu erahnen von dem, was der Brocken bis zum 3. Dezember 1989 war: russisch kontrolliertes Militärgebiet nämlich. Eine Festung mit zwei gewaltigen Abhörstationen. Eine gehörte dem russischen Militärgeheimdienst, die andere der Staatssicherheit. Zehn Jahre dauerte es nach der Brockenerstürmung durch friedliche Demonstranten am 3. Dezember 1989, bis der Irrsinn aus Militär- und Sperranlagen abgebaut war.

Ich inhaliere einen tiefen Atemzug und schaue in Fahrtrichtung, wo die Landschaft flach und knitterfrei unter der Quellwolkendecke liegt. Der Regen prasselt auf meinen Helm, tropft mir in den Nacken. Irgendwo da unten, ziemlich weit nordöstlich und nicht auf meiner Route, liegt Regenmantel. Auch so ein Ortsname.

16.

Ruinen der Hoffnung

Steven L. (34) hatte sich gerade mit seiner Freundin Victoria H. (28) zum Sonnenbaden an die Münchner Isar gelegt, als Sebastian P. (19) plötzlich mit einem Schwan auf ihn einprügelte. Der Schläger sei vom Ostdialekt des Dahindösenden genervt gewesen, gab er später zu Polizeiprotokoll. »Wessis prügeln Ossi mit einem Schwan«, textete Deutschlands auflagenstärkste Tageszeitung kaum zeitverzögert und brachte die Empörung über die rassistische Hassattacke in der Headline auf den Punkt: »Brutale Tierquälerei!«

Irgendwas ist schiefgelaufen bei der Vereinigung von Deutschland Ost und Deutschland West, das wird gerade auch bei meinem Mountainbike-Abenteuer immer offensichtlicher. Seit über einer Woche kurbele ich nun schon entlang der Nahtstelle, die das Zusammenwachsen symbolisiert. Bis gestern waren es vor allem Mentalitäten und Dialekte, die den Unterschied ausmachten. Hüben oder drüben? Oft nur zu erfragen. Bis der Brocken abflachte, der Harz, die touristische Relevanz. Nun, zwischen Niedersachsen und Sachsen-Anhalt, liegt der einstige Grenzverlauf plötzlich da wie ein Riss. Auf der einen Seite Wolfsburg, Braunschweig und Helmstedt mit ihren industriellen Hochleistungszentren, den plüschbesesselten Multi-plexkinos und bausparfinanzierten Reihenhauszuchten. Auf der anderen Seite Völpke, Weferlingen, Oebisfelde. Ruinen der Hoffnung, treuhändisch abgewickelt, vergreist, entkoppelt vom globalen Jetzt. Ortschaften wie Brigitte Nielsen. Einst feurig und brodelnd. Irgendwann vom Zeitlauf überholt. Im Rausch des Umbruchs noch einmal aufgepudert und teilsaniert – und so trudeln sie nun unaufhaltsam dem Irgendwas entgegen. »Multiplayhouse«, plärrt es in Schreifarbe von einem der wenigen Zeitvernichtungsfachgeschäfte mit jugendlicher Kernzielgruppe. Eine Boutique »Mode Textilien« provoziert Fragen über den Zusammenhang von Unternehmensbezeichnung und angebotener Maschenware. Ein Gemischtwarenladen glaubt sich mit Gartenzwergen und tönernen Hinstellschafen am Puls der Zeit. Das Konsum- und Freizeitangebot ist bestens auf Altersrentenbezieher zugeschnitten. Das sozialkulturelle Zentrum in Oebisfelde hat da ebenfalls so einiges in petto, empfiehlt aber ganz besonders die Altmarkrundfahrt mit Besuch einer Baumkuchenbäckerei, einem sich thematisch wunderbar anfügenden Mittagessen im Restaurant »Wolfsschlucht« und einem abschließenden, das Nahrungsthema dann aber doch langsam strapazierenden Abstecher ins Café »Feine Sache«. Und man spürt auch ohne detaillierte Regionalkenntnis, dass sich die Zeit bis zum Renteneintritt vielleicht anderswo besser überbrücken lässt als in dieser Erlebnissteppe zwischen Harz und Ostsee. »Hier lässt es sich gut leben!«, behauptet ein Werbeschild für einen Eigenheimstandort. Man kann der Aussage Optimismus unterstellen oder Unwissen, auf jeden Fall aber fehlende Prognosekraft. Der Acker, auf dem das Schild steht, ist bestens von Unkraut überwuchert und bietet nichts als optische Erholung, am Schild selbst nagen hungrig die Jahre.

Was wird einmal aus diesen Orten, die mit der Wiedervereinigung so energisch mit Hoffnung vollgepumpt wurden? Was wird aus den vielen teuer renovierten Häusern mit den staatlich bezuschussten Thermofenstern und den kupferroten, matt schimmernden Flachdachziegeln? Was wird aus den Innenstadtgeschäften, den Handwerksfirmen, den Restaurants, den Straßen, den Badeseen? Was wird aus meinem Heimatort, in dem das Durchschnittsalter schon heute von Menschen repräsentiert wird, die Howard Carpendale hören und Popelinejacken gut finden? In dem Seniorenheime lukrative Geschäftsmodelle darstellen, Musikkneipen aber genau das Gegenteil. Was wird werden in zehn Jahren, in 20 Jahren, in 30 Jahren, in 100 Jahren? In der Lausitz, so war zu lesen, gibt es bereits derart verlassene Gebiete, dass sich dort ungestört Wolfsrudel ansiedeln konnten. Werden sich weite Teile meiner Heimat eigenständig zu einem Wildpark renaturieren, weil Helmut Kohl den Mund mit seinen blühenden Landschaften etwas vollgenommen hat, beziehungsweise weil er diese Aussage womöglich gar nicht im Sinne von Bildsprache, sondern im Dudensinn gemeint hat? Wurde sein berühmter Satz nur falsch interpretiert? Ich habe ihm wegen des Versprechens bei der entscheidenden Wahl am 18. März 1990 meine Stimme gegeben. Waren ich und die vielen anderen gutgläubigen Menschen nur der Steigbügelhalter für Kohls Ruhmesritt?

Es war wenige Tage vor der Währungsunion, im Juni 1990, als wir wieder mal Besuch aus Hamburg hatten. Seit die Grenze offen stand, kam die Brieffreundin meiner Mutter mit ihrem Ehegatten regelmäßig auf ein paar Tage vorbei. Sie wurden nach wie vor als Westdeutsche bewundert, spürten noch die Kraft ihrer D-Mark und fanden es aufregend, die Verwandlung des grauen Parteistaates zum kunterbunten Warenhaus mitzuerleben. Sie nannten die DDR den »Wilden Osten« und wurden nicht müde, alles abzulichten, was ihnen vor die Pocketkamera kam. Abends guckten meine Mutter und ihre Brieffreundin, die Elvira hieß, Dirty Dancing mit dem neuen Videorekorder, während mein Vater und der Ehegatte, der Jochen hieß, sich in stundenlangen Gesprächen darüber verloren, wie es nun weitergehen würde bei uns im Osten. Ich saß daneben und hörte gespannt zu. Nichts interessierte mich mehr, als das, was nun mit unserem, mit meinem Leben passieren würde. Jochen arbeitete als Vertreter für Fußbodenbeläge, fuhr 70 000 Kilometer Auto im Jahr, konnte synchron eine Zigarette ausdrücken und die nächste anzünden und machte insgesamt einen kompetenten Eindruck. Jochen genoss es, uns zu zeigen, wie viel weltmännische Erfahrung er uns Ossis voraushatte. Er brachte auch immer eine Palette Hamburger Büchsenbier mit, obwohl es das in der Garage unseres Nachbarn längst auch zu kaufen gab. Diese war nämlich zu »Günters Getränkestützpunkt« umfunktioniert worden, ein guter Anlass, sich Abend für Abend zwei bis drei Sorten weit durch den unendlichen Artenreichtum an Westbieren zu trinken.

Jochen benutzte eigenartige Worte wie »Absatzmarkt« und »Kosteneffizienz« und »Gewinnorientierung«, und was er in diesen Zusammenhängen dem Osten prognostizierte, machte einen dunklen, einen finsteren, einen zappendusteren Eindruck. Eine These hat sich besonders unauslöschlich in mein Gedächtnis gefressen. Sie klang nach Untergang. Sie klang nach Zusammenbruch. Sie klang leider ziemlich plausibel. Wir sollten nicht glauben, sagte Jochen und klopfte vor dem Weitersprechen die Zigarettenasche in seine leere Bierdose, langsam, zeitlupenartig, die brisante Information genussvoll dramatisierend. Wir sollten nicht glauben, begann Jochen den Satz noch einmal, dass der Osten als Produktionsstandort gebraucht werden würde. Der Osten, sagte Jochen mit ernster Stimme, wäre für den Westen vielleicht als Absatzmarkt interessant. Höchstens! Sie würden im Westen einfach die Fließbänder schneller laufen lassen. Und das wäre es auch schon.

Bedrückende Stille erfüllte den Raum. Mein Vater schaute euphorieleer auf sein Bier. Jochen schnippte mit dem Feuerzeug die 25. Zigarette in Brand. Ich zog verlegen die PVC-Folie von einer Packung »Partyknabbermix«, während Patrick Swayze im Videofernsehen die arme Jennifer Grey zu »Time of my Life« schwindligschleuderte. Es war der Moment, in dem mein Glaube an die Worte von Helmut Kohl zur Hoffnung verblich. Sollte das Wahlversprechen der »Allianz für Deutschland« – »Freiheit und Wohlstand für alle!« – wirklich nur eine Phrase gewesen sein, um mir ein Kugelschreiberkreuz zu entlocken? Der Spruch klebte auf allen Schränken meines Zimmers, auf meinem Fahrrad, auf unserem Trabi, ja, sogar auf unserem Briefkasten. Den Aufkleber hatte es gratis an den Wahlkampfständen gegeben. Er klebte überall in der Stadt. Er stellte für mich nicht weniger als eine verbindliche Zusage dar.

Die Elektrofirma, in der ich als Lehrling beschäftigt war, hieß bereits nicht mehr VEB Elektroanlagenbau, sondern SBEAG GmbH. Seit Wochen saßen wir nur noch untätig auf der Baustelle herum und langweilten uns. Die meisten Arbeiten lagen auf Eis, weil die Aufträge gebenden Kombinate gerade von der Treuhand aufgelöst, verkauft oder verhackstückt wurden. Der Betrieb meines Vaters ging für eine einzige D-Mark in den privaten Besitz eines Karlsruhers. Mein Vater verlor wenig später seinen Schlosserjob, ich bedingt durch die Fußschmerzen und die damit verbundenen Krankschreibungen die Stelle als Elektriker, was ich allerdings keineswegs bedauerte. Der Großteil meines Bekanntenumfeldes wurde arbeitslos und zu Datenfachverarbeitern, Altenpflegern oder Rettungssanitätern umgeschult. Viele zogen in den Westen oder pendelten im Wochentakt. Die Arbeitsmarktstruktur eines ganzen Landes hatte sich innerhalb von Wochen in Nichts aufgelöst. Noch überwog die Goldgräberstimmung. Torsten Jaug verschuldete sich hoffnungslos für ein abgelegenes Wiesengrundstück und gab das Haus seiner Eltern als Sicherheit an, weil es Gerüchte über eine geplante Autobahn von Cottbus nach Leipzig gab, die angeblich genau über diese Wiese führen sollte. Torsten Jaug sah sich schon als erfolgreicher Betreiber einer Autobahnraststätte mit Tankstelle, Hotel, Angestellten und allem Pipapo und signalisierte, dass er eventuell auch bereit wäre, das Grundstück zu verkaufen, wenn der Preis stimme. Die Autobahn wurde nie gebaut. Seine Eltern waren nicht erfreut über den Zwangsumzug in eine Zweizimmerwohnung; die Polizisten noch viel weniger über den stark verformten CRX, den Torsten Jaug nach seinem Selbstmordversuch nach Hause torkelnd im Straßengraben zurückgelassen hatte; und Torsten Jaug am allerwenigsten über sich selbst, weil er die klingelnden Polizisten trotz oder gerade wegen seiner vielen Promille in die Wohnung gelassen hatte, wo sie ihm einen Zusammenhang zwischen seinen Weißbierbäuerchen und der Reparaturbedürftigkeit des CRX nachwiesen.

Mir tat Thorsten Jaug leid. Was konnte der arme Kerl dafür, dass die dämliche Autobahn nicht gebaut wurde? Im Gegensatz zu so vielem anderen. Jeder Acker auf jedem Dorf wurde mit Rohren und Elektrokabeln vollgestopft. Erschließung nannte sich der Irrglaube, mit anschlussfertigen Grundstücken eine flächendeckende Ansiedlung mittelständischer Firmen vorantreiben zu können. Es war bittere Realsatire, dass die millionenteuer erschlossenen Flächen bald wirklich zu blühenden Landschaften verwucherten. Buchstäblich, nicht metaphorisch. Auf manchen Äckern, die nun Gewerbegebiete hießen, wuchsen zögerlich einige Autohäuser, Discounter, Baumärkte und lokale Handwerksbetriebe. Wirklich verhindern konnten sie den Wegzug junger, arbeitsmotivierter Menschen nicht. Dass ich fünf Jahre nach der Wiedervereinigung mit Katrin nach München ging, geschah nicht aus Liebe zu Bayerns Landeshauptstadt. Ich wäre gern daheim geblieben, doch es gab einfach keine Arbeit mehr. Ich war 22 Jahre jung. Ich hatte eine sanierte Schulter und zwei generalüberholte Füße. Ich hatte das Leben vor mir. Doch ich wurde von meiner Heimat nicht gebraucht. Es schien tatsächlich auszureichen, die Fließbänder im Westen schneller laufen zu lassen. Das Wohlstandsversprechen von Helmut Kohl war das erste große Missverständnis im neuen Gesamtdeutschland. Und Jochen, der akkordquarzende Fußbodenvertreter, hatte es von Anfang an gewusst.

Ich fahre östlich der ehemaligen Grenze. Hoch ist hier nur der Himmel. Doch die Natur, die sich langsam ihren Raum zurückerobert, ist allgegenwärtiger als anderswo. Alles dämmert im kontinuierlichen Stillstand. Herrlich, die vergessenen Kopfsteinpflasteralleen, aus deren Ritzen das Gras hüfthoch sprießt. Gnädig, die sogenannten Berge, die den Muskelsensoren gänzlich verborgen bleiben. Von Ruhe übersättig die Dörfer, in denen die Geschäfte vier Räder haben, weil es ausreicht, nur alle paar Tage vorbeizukommen. Eine Bäckerei hat sich für ein regional bezogenes Werbekonzept entschieden: »Ehrliche Ostbrötchen!«, steht auf einem Klappaufsteller. Die gastronomischen Brennpunkte heißen »Getränkestützpunkt« oder »Klause«. Einer, der zur Übertreibung neigt, hat »Kneipodrom« an seine Kaschemme geschrieben. Und immer wieder: »Eier, Milch, Kartoffeln – frisch vom Hof!«

Ich rausche im 28er-Schnitt durch Darsekau, Jeebel, Mechau, Kaulitz, Schrampe. Unsichtbare Orte, einer wie der andere. Auffallend nur durch ihre Unauffälligkeit. Aber auch stetig anschwellende Weite. Irgendwo hinter Gollensdorf stellt sich schließlich die Empfindsamkeit für Töne und Farben wieder ein. Und man weiß plötzlich gar nicht mehr, was sie meinen in den Nachrichten – mit Schwarzgeldaffäre, Umweltkatastrophe, Bankenkrise.

Es ist fortgeschrittener Nachmittag, als ich nach 120 Tageskilometern Schnackenburg und damit die Elbe erreiche. Bis 1989 markierte der Fluss auf knapp 50 Kilometern Länge die Grenze zwischen der DDR und der Bundesrepublik. Drüben, auf der anderen Uferseite, pumpt der Elberadweg erholungswillige Radtouristen über den Damm. Brücke? Fehlanzeige. Nur überall Vogelgucker, die gebannt durch riesige Vergrößerungsrohre starren. »Biosphärenreservat!«, appellieren Schilder an Rücksicht und Vernunft.

Ich rolle runter zum Hafen. »Einfach durchgehen«, begrüßt mich der Fährmann, winkt mich auf die stählerne Ladefläche und gleitet zurück hinters Steuerpult.

»Wo genau verlief eigentlich die Grenze?«, rufe ich gegen den stampfenden Motorenlärm an. Woraufhin der Fährmann seinen Oberkörper geschmeidig aus dem Führerstand biegt.

»Da, genau in der Mitte vom Fluss.«

Die Überfahrt dauert keine vier Minuten. Doch das Thema Grenze lässt die Worte des Fährmanns sprudeln. Binnenschiffer bei der DDR-Staatsreederei sei er gewesen und nur verhalten euphorisch, als die Mauer fiel. Sehe man ja an seiner alten Firma. Noch 45 Leute da, von ursprünglich 2000.

»Bei der Wiedervereinigung haben alle gedacht, jetzt fliegen einem die gebratenen Tauben in den Mund. Ich war nicht so blauäugig«, sagt er, schwenkt den Blick selig lächelnd übers Wasser und fügt hinzu: »Wenn ich ehrlich bin: Für mich persönlich hat sich eigentlich nicht wirklich was geändert.«

Dömitz, südlichste Stadt von Mecklenburg-Vorpommern. Festung. Wanderdüne. Elbbrücke. So die offizielle Top-3-Liste der empfohlenen Sehenswürdigkeiten, die mir gerade die örtliche Homepage auf meinem Handydisplay mitteilt. Gähn, denke ich. Auch, weil der Tag langsam an den Augenlidern zupft. Zelten wäre gut. Bierchen. Feuerchen. Brötchen mit was Fleischigem drin. Unten an der Elbe. Doch da haben die Vogelgucker sicher berechtigte Einwände.

Ich rolle auf der Hauptstraße durch den Ort. Irgendwo wird sich eine Zeltplatzalternative finden. Da bin ich mir sicher. Eine Wiese am Waldrand zum Beispiel, außerhalb des sensiblen Biosphärenreservats. Einen netten Eigenheimbesitzer, der mir seinen Zierrasen zur Verfügung stellt. Vielleicht auch eine leer stehende Fabrikhalle, in die ich meine Isomatte legen kann. Die Viersternenächte im Romantik-Hotel haben das Abenteuergefühl schon wieder gänzlich zu Erinnerungsschorle verwässert. Das Gefühl von Selbsthärte und Unabhängigkeit muss dringend reaktiviert werden.

Die Kleinstadt kuschelt sich lang gezogen an das Elbufer. Ich war noch nie hier. Trotzdem wirkt alles vertraut. Dömitz entspringt derselben Vorlage wie die meisten anderen Städte, durch die ich in den letzten beiden Tagen gefahren bin. Tankstelle, Discountmarkt, modernisierte Einheitswohnblöcke, doppelstöckige Arbeiterwohnhäuser, ein in dieser Art von Ort pompös und großkotzig wirkendes Hafenhotel, Sparkasse, Bäcker, schließlich eine menschenleere Kopfsteinpflasterinnenstadt mit einem vor sich hin verwesenden Kaufhauskadaver und einer mittig im Zentrum platzierten Kirche, vor der »Wöbbeliner Spargel« aus einer übergroßen, fahrbaren Erdbeere heraus verkauft wird. Die Umrundung des Marktplatzes wird durch ein kompliziertes Einbahnstraßensystem verhindert. Ich will zu einer Bank, die zehn Meter weit in verbotener Richtung steht, und wähne mich schon fast dort, als mir ein empört den Halbglatzkopf schüttelnder Kleinkraftwagenfahrer den Weg abschneidet, um mich vatihaft über den Inhalt der Straßenverkehrsordnung und die darin niedergeschriebenen Pflichten von Verkehrsteilnehmern im Zusammenhang mit den Paragraphen zur Einbahnstraßenbenutzung zu belehren. Ich bedanke mich mit einem griffig ausformulierten Kurzreferat über meine Assoziationen zu ihm und rüsselnasigen Lebewesen aus dem Haustierreich und merke an der Reaktion des Gegenübers, dass ich wohl nicht auf ein Bier eingeladen werde. Die Kopfhaut unter seinen Resthaaren wechselt im LED-Stil stufenlos von Lachsrosa in plakatives Erdbeermarmeladenrot. Dann rast er davon, zwei Paragraphen der StVO missachtend. Mindestens.

Ich setze mich auf die Bank, nehme einen Schluck aus der Radflasche. Ruhe umhüllt mich. Seltsame, pure, ungewohnte Ruhe. Ich merke das angenehme Absinken meines Blutdrucks. Derartige Ruhe findet man sonst nur im Wald. Normalerweise fasert das Leben einer Stadt zum Rand hin aus. In Dömitz scheint es genau entgegengesetzt zu sein. Der Hafen am Ortseingang wirkte noch einigermaßen belebt. Dort parkten Autos, fütterten Reiseradler ihre Fotokameras, schlenderten Menschen mit Motorradhelmen unter dem Arm am Bootssteg entlang. Im Herzen von Dömitz ist von alledem nichts zu spüren. Das Zentrum scheint erstarrt in der Stunde null, im Zwischenstadium von DDR und Bundesrepublik, in der Zeit, als die Wiedervereinigung noch ohne Schatten war. Auf den ersten Blick scheint sich in all den 20 Jahren nichts verändert zu haben. Es ist 17 Uhr, Feierabend-zeit. In München bricht gerade wieder der Nahverkehr unter dem geballten Hochdruck von Leben zusammen. Und hier? Kein Puls. Kein Zucken. Nur der spärliche Versuch von Kleinhandel. Eine Oma, die mit ihrem Rollator der fahrbaren Erdbeere entgegenruckelt. Und alle paar Minuten ein Auto, das über das Kopfsteinpflaster bollert. Ich überlege weiterzufahren, ver-werfe diesen Gedankenblitz aber beim Blick auf die Karte. Auf der anderen Elbseite liegt Dannenberg, größer als Dömitz, allerdings abseits der ehema-ligen Grenzlinie. Bis zum nächsten nennenswerten Ort entlang der Route dürften es 30 Kilometer sein. Wahrscheinlich sogar 40. Außerdem: Ich habe keine Zeit mich zu beeilen. Eile ruiniert den Augenblick.

Ich laufe ziellos durch die Straßen. Das Mountainbike hoppelt am ausge-strecktem Arm neben mir über die Pflastersteine, als würde ich mit ihm Gassi gehen. Dömitz ist ein idyllischer Ort, wobei das Adjektiv entspre-chend dem persönlichen Anspruch variabel ausgelegt werden kann. Ich persönlich jedenfalls würde äußerst misstrauisch reagieren, wenn bei-spielsweise in einer Hotelbeschreibung von einem idyllischen Umfeld die Rede ist. Idylle ist oft nur die Schönschreibung von Tristesse. Trist kommt mir Dömitz nicht vor, jedenfalls nicht im klassischen Sinne. Die Fachwerk-häuser erinnern an Regensburg, das Verhältnis von urbaner Fläche und Population erinnert an Hirschberg. Das Kaufhaus ist wirklich hässlich. Ein verrammeltes, mit Veranstaltungsplakaten vollgeklebtes Monstrum aus schlammbraunen Klinkersteinen, das mit seiner Traurigkeit die An-mutung des gesamten Stadtzentrums bestimmt. Der riesige, wundervoll schnörkelige, handwerklich hochwertige »Kaufhaus«-Schriftzug ist von Moos befallen, transportiert aber noch ein bisschen den Stolz vergangener Tage. Wahrscheinlich waren die Buchstaben einst indirekt beleuchtet. Hel-les Neonlicht hinter Milchglas. Ein glanzvolles Symbol für die Sehnsucht nach Zukunft: nach einer neuen Hose, mit der die Herzensliebste zum Essen ausgeführt werden sollte, oder nach einer Fönhaube, um der Frisur zu modischer Eleganz zu verhelfen. Irgendwann müssen die Menschen in Dömitz dann damit aufgehört haben, in diesem Kaufhaus in ihre Zu-kunft zu investieren. Vielleicht hatten sie keine Lust mehr auf ständige Erneuerung und Veränderung. Vielleicht fanden sie es aber auch einfach nur bequemer, daheim in Katalogen zu blättern und Bestellnummern ins Telefon zu sprechen oder den Samstagvormittag in einem dieser neumodischen, seelenlosen Shoppingcenter zu verschwenden. Kurz vor dem Ende muss sich das Leben im Kaufhaus noch ein letztes Mal aufgebäumt haben. Ausverkauf! Megarabatt! Superprozente! Diese Worte müssen den Sterbeprozess begleitet haben. Hingeklebt an die Schaufenster, die ab diesem Moment weder neu dekoriert noch geputzt wurden. Es gab nur noch das Jetzt. Die Zukunft war bereits gestorben. Wozu noch Glanz und Eleganz? Es reichte den Menschen, dass die Ware billiger war als vom Hersteller empfohlen. Es muss ein melancholischer Moment gewesen sein, als sich die Kaufhaustür eines Morgens nicht mehr öffnete. Es muss gewesen sein, als hätte das Herz von Dömitz aufgehört zu schlagen. In München hätte sofort ein kommerziell intelligenter Gastronom Sperrmüllsofas und ABBA-Bilder in den Verkaufsraum getragen und Guccibrillenmenschen den spröden Charme des Kaufhauses als Kult verkauft. Atmosphärische Beats würden jetzt aus Musikboxen rieseln, die Bierflaschen in 0,33er-Abfüllung für je 5,90 Euro über den Tresen gehen und auf den Sperrmüllsofas Menschen sitzen, die so aussehen, wie Karl Lagerfeld es will. Die Kneipe würde sich natürlich nicht Kneipe nennen, sonder Bar und den originellen Namen Kaufhaus tragen. Auch wäre es jetzt nicht 18 Uhr, sondern selbstverständlich »After Work Happy Hour«. Irgendwann würde ein Fußballspieler des FC Bayern München (Transfersumme: 80 Millionen) auf einem der Sperrmüllsofas eine verheiratete Fernsehmoderatorin küssen, die nicht seine Ehefrau ist. Die Gala würde die Fotos bringen, und dann müsste der Gastronom wegen der »Promotion« grimmige, karatehändige Türsteher beschäftigen, um trendfarbenuninteressierten Leuten wie mir zu zeigen, dass es unüberwindbarere Grenzen gibt als die ehemalige innerdeutsche.

Anbieter regionaler Waren sollen sich unter einer Handynummer melden, will ein Zettel, der an einer der staubigen Scheiben klebt: »Neueröffnung in Kürze!«

Ich entdecke eine »Radlerpension«, fühle mich angesprochen, will mich dem Reiz des Komforts aber nicht so schnell geschlagen geben. Ein Plakat bringt mich auf die Idee. »Zirkus-Sensation! 16 Hengste in einer Manege«.

Das ist es! Ich werde mein Zelt neben den Wohnwagen der Artisten aufstellen. Die haben sicher einen ganzen Platz gemietet. Und wo ein Zweihundertmannzelt steht, wird ja wohl noch Platz für meine Einmannbehausung sein. Vielleicht darf ich mir die Tiere angucken und später kommen die Akrobaten zu mir ans Feuer. Männer mit dicken Bizepsarmen erzählen Zirkusgeschichten und bringen mir das Jonglieren mit brennenden Fackeln bei.

Eigentlich bin ich kein großer Zirkusfreund. Die Tiere, die von einer Stadt in die nächste kutschiert werden, tun mir noch mehr leid als die im Zoo. Das Unterhaltungskonzept entstammt der Vorzeit des Stummfilms. Ein analoges Fossil inmitten einer großen, flimmernden Multimediawelt. Menschen mit Gummiknollen auf der Nase stolpern über ihre zu großen Schuhe und finden sich dabei superlustig. Die dargebotene Akrobatik erscheint wahnwitzig, allerdings nur dann, wenn man Schweinebaumeln auf Kinderspielplätzen als Bewertungsgrundlage nimmt und nicht über das Niveau des internationalen Turnsports informiert ist. Wer einmal Fabian Hambüchen bei einer zweifachen Riesenfelge mit anschließendem Kolman-Salto am Reck gesehen hat, wird sich nicht mehr von einer bulgarischen Wanderartistin beeindrucken lassen, die sich in zwei Metern Höhe in einer Strickleiter verknotet. Nervig auch die Pferdedressuren, bei denen jedes Mal schreckhafte Kinder Heulkrämpfe bekommen, weil die Peitsche des Longiermeisters zu laut knallt. Dazu orgelt dann in einer Tour Softeisautomatenmusik. Die Pferde haben bunte Bommeln im Gesicht. Der nächste Mensch mit Gesichtmalfarbe stolpert über seine extragroßen Schuhe. Und von hinten hält einem irgendein verhaltensgestörtes Kind seine angesabberte Zuckerwatte an den Hals. Nee, danke.

Ich fahre zum Festplatz, der auf dem Plakat als Standort des Zirkus angegeben ist. Der Platz befindet sich linker Seite der Durchgangsstraße, kurz vor dem Ortsausgang. Die Fläche ist riesig und umgeben von gewaltigen Bäumen. Das Zelt, das Tiergehege und die Wohnwagen füllen die Fläche gerade mal zur Hälfte. Laut Plakat beginnen morgen die Vorstellungen. Alles scheint fertig aufgebaut. Die Zirkusleute dürften also entspannt und aufgeschlossen sein.

Ich gehe zu einem der größeren Wohnwagen, der durch seine imposanten Ausmaße und die Farbgestaltung darauf schließen lässt, dass ein Entscheidungsbefugter darin wohnt. Ich könnte mir nie vorstellen in so einem Wagen zu leben. Kaum hat man sich daran gewöhnt, dass sich die Bäckerei zwei Straßen weiter rechts befindet, muss man seine Koordinationsreflexe schon wieder auf die neue Umgebung umprogrammieren, weil es die Brötchen nun drei Straßen weiter links gibt. Ich brauche Vertrautheit. Sie ist die Grundlage von Zuhausegefühl. Ich liebe es, das Krustenbrot von der Bäckerin gereicht zu bekommen, ohne ein Wort sagen zu müssen. Ich mag es, in schöner Unregelmäßigkeit ein Bauernbrot zu bestellen, genau in der Sekunde, wo die Bäckerin ins Fach mit den Krustenbroten greifen will. Was ist los, denkt sie dann und schaut verdutzt. Warum will er kein Krustenbrot? Hat er eine andere Frau kennengelernt? Eine, die es nicht mag, wenn beim Reinbeißen die Kruste durch die ganze Küche splittert? Ein Zirkusartist wird niemals wortlos ein Krustenbrot gereicht bekommen und auch nicht fragend angeschaut werden, wenn er sich für ein Bauernbrot interessiert. Ein Zirkusartist kann so oft in seinem eigenen Bett schlafen wie er will. Solange sich unter dem Bett Räder befinden, wird er für Bäckerinnen immer ein Fremder bleiben.

Der Wohnwagen ist alt. Er ist aus richtigen Holzlatten zusammengezimmert und mit einer kleinen Veranda versehen. Das Holz verstärkt mein Klopfen zu einem amtlichen Geräusch. Ich höre Dielen unter Schritten ächzen. Die Tür schwenkt auf. Heraus schaut ein hagerer Mann in einem schon oft getragenen, grauen Strickpullover. Genau so hatte ich mir einen Zirkusmenschen vorgestellt.

»Hallo! Ich wollte fragen, ob ich auf dem Platz mein Zelt aufstellen darf? Ich bin mit dem Rad unterwegs und die Elbwiesen sind ja Biosphärenreservat«, sage ich.

Der Mann braucht einen Moment, um den Inhalt meines Anliegens zu begreifen.

»Zelten? Hier, oder was?«, vergewissert er sich. Der Mann hat seine Arme auf dem Verandageländer abgestützt und schaut mich argwöhnisch an.

»Ja, hier. Da drüben ist doch noch Platz. Nur bis morgen früh. Auf den

Elbwiesen ist Zelten verboten, wegen der Vögel«, konkretisiere ich meine Anfrage.

»Zelten? Muss der Chef entscheiden. Der ist aber nicht da. Da musst du morgen wiederkommen!«, versucht mich der Mann abzuwimmeln. Er ist nicht unfreundlich. Doch er hat offensichtlich kein Interesse, sich um die Wünsche von irgendwelchen Fahrradfahrern zu kümmern, die nichts Besseres zu tun haben als an seinen Wohnwagen zu klopfen. Vom roten Zirkuszelt her hallt das harte, knallende Geräusch eines Hammers über den Platz, der offenbar auf Metall schlägt. Wahrscheinlich ist der Boden hier so hart, dass sich meine Titan-Heringe verbiegen. Ich könnte versuchen, ihn mit dem restlichen Wasser meiner Radflasche aufzuweichen. Dort, wo ein Hering reinkommt, spritze ich einen Schluck hin. Das könnte funktionieren. Irgendwann werde ich noch ein richtiger Survival-Held und gebe Tipps auf einer eigenen Homepage.

»Nee, morgen ist zu spät, ich muss ja heute irgendwo schlafen. Können Sie das nicht entscheiden?«, bleibe ich hartnäckig und spüre die Tiere, das Lagerfeuer und das Jonglieren mit jeder Sekunde weiter in die Ferne rücken. Wer weiß, wann dieser Chef wieder da ist.

»Ich habe hier nichts zu sagen, ich spiele nur den Dummen August. Komm nach 21 Uhr noch mal, da ist der Chef vielleicht da. Aber ich kann nicht garantieren, dass er gute Laune hat. Manchmal hat er gute, manchmal schlechte«, sagt der Mann und grinst breit. Seine Worte klingen wie eine Warnung.

Ich spüre ohnmächtige Wut in mir aufsteigen. Der Platz ist riesig und vom Zirkus nicht mal halb belegt. Vielleicht muss ich die Atmosphäre erstmal durch Small Talk auflockern. Für den Dummen August bin ich schließlich nichts anderes als ein Eindringling. Wahrscheinlich lebt er seit seiner Geburt in diesem Wohnwagen. Solche Wohnwagen werden doch sicher seit Jahrzehnten nicht mehr gebaut. Gut vorstellbar, dass er einst von Pferden durch die Gegend gezogen wurde. Der Zirkus ist die Welt vom August. Das Zelt. Das Tiergehege. Die Wagen. Und nun komme ich und will da einfach ein Zelt aufstellen. Ich würde auch nicht einfach einen Wildfremden mit Dreckspritzern im Gesicht bei mir im Garten zelten lassen. Und dieser Festplatz hier ist eben der Garten vom Dummen August. Für ein paar Tage zwar nur. Aber so lange eben doch.

»Wo ist der Zirkus eigentlich her?«, versuche ich ein Gespräch in Gang zu bringen.

»Cottbus«, sagt August, wechselt die Beinstellung und lehnt sich bequem über die Veranda. »Naja, eigentlich ist unser Zuhause überall«. Ich meine kurz ein freundliches Blitzen in seinen Augen gesehen zu haben.

»Und wie ist das so, immerzu unterwegs im Wohnwagen?«

»Herrlich ist das! Im Winter hatte ich mal eine Wohnung. Ach Gott! Das war ein Gefängnis! Nee, nee, nee ...«, schüttelt August angewidert den Kopf: »... wenn man raus wollte, musste man durch drei Türen. Hier habe ich nur eine.« Ein Lächeln hat sich auf seine Lippen gearbeitet. August wirkt plötzlich aufgetaut und zugewandt. Wahrscheinlich ein ganz netter Kerl. Vielleicht klappt es ja doch mit dem Zelten.

»Und wenn ich mein Zelt da ganz hinten aufstelle«, starte ich einen erneuten Versuch und zeige auf die Bäume der entgegengesetzten Platzseite, die sich friedlich im Wind wiegen. August schüttelt bedauernd den Kopf.

»Ich kann ja die Tiere füttern«, biete ich an.

August winkt ab.

»Tiere füttern? Fahr mal ein halbes Jahr hier mit. Da wirst du fix und fertig sein, das schwöre ich dir. Zelt! Gehege! Wasser! Tiere! Heu! Sägespäne!«, lässt er einen Finger nach dem anderen nach oben klappen. Finger Nummer sieben steht bereits:

»Und Plakate aufhängen! SPD, NPD, CDU, die zahlen alle nix. Die dürfen ihre Plakate umsonst hinhängen. Aber wir: 300 Euro! An die Stadt! Nur für hier. Ist das gerecht?«, ruft August. Hitziger, als es für mich gut wäre.

»Ach ja, und eine Nummer musst du natürlich auch einstudieren, Feuerspucken zum Beispiel!«, bemüht der Dumme August Finger Nummer acht und verstummt schlagartig. Ein roter Mercedes nähert sich dem Wohnwagen. Von der Straße her zuckelt er in Schrittgeschwindigkeit über die Wiese. Eine dunkelhaarige Frau ist hinter dem Lenkrad zu erkennen.

»Die da kannst du ja fragen«, dimmt August die Stimme auf Zimmerlautstärke und richtet sich auf, um Sekunden später in dieser Körperhaltung zu erstarren. Denn »die«, das wird beim unzimperlichen Zuplautzen der Mercedestür klar, ist ganz offensichtlich seine schlecht gelaunte Gattin. »Zelten?«, faucht die stämmige Frau und pumpt Blut in ihren Kopf, dass es mir schon vor der Antwort heißkalt den Rücken runterläuft: »Du kannst mal zehn Säcke Hafer holen! Dann sehen wir weiter!«, zertrümmert sie jede Hoffnung auf eine Nacht im Zelt. Der Dumme August wirkt am Tiefpunkt seiner männlichen Ausstrahlungskraft. Schüchtern zuckt er mit den Schultern. Er kann nichts machen. Ich verstehe.

Ich fahre zurück ins Zentrum, steuere entgegengesetzt in die Einbahnstraße – diesmal extra – und setze mich zurück auf die Bank. Doch in die Radlerpension? Das wäre das Einfachste, käme aber einer Niederlage gleich. Ich habe doch nicht tagelang meteorologischen und topografischen Widrigkeiten getrotzt, um nun vor der schlecht gelaunten Gattin eines Dummen August einzuknicken. Ich werde noch etwas die Karte studieren und es nachher erneut beim Zirkuschef versuchen. Warum sollte er mich nicht mein Zelt aufstellen lassen? Am besten lasse ich noch die schmutzigen Radsachen an, damit ich authentisch und bemitleidenswert aussehe.

Zwei Stunden später der nächste Versuch, diesmal am Wohnwagen des Zirkusdirektors. Der Wohnwagen ist vom gleichen Typ wie der von August. Das Klopfen wird vom Holz zu einem hellen Plockplock verstärkt. Die Tür fliegt unerwartet zeitnah auf. Zackiger und schwungvoller als nötig. Doch statt des Zirkusdirektors steht mir wieder eine grimmige Frau gegenüber. Diesmal eine grauhaarige Oma, deren Einstellung noch um einiges düsterer scheint als die der Gattin vom August. Knurrend lehnt sie in dem Türrahmen, saugt mit unfassbar tiefem Zug das letzte Nikotinatom aus ihrer Filterzigarette und faucht mir einen Eissturm entgegen, der keinen Interpretationsspielraum zulässt. Zelten ist nicht. Jedenfalls nicht hier.

Ich entferne mich noch unverzüglicher vom Platz, als ich es vorhin getan habe. Im Wegfahren schaue ich ein letztes Mal zur einsamen Baumgruppe, deren Grün langsam von der beginnenden Dunkelheit geschluckt wird. Einfach hingehen und das Zelt aufbauen? Lieber nicht. Vielleicht hat der Zirkus neben den 16 Sensationshengsten auch eine Raubtiernummer im Programm und die zornige Oma hetzt einen der Löwen auf mich. Heutzutage muss man ja mit allem rechnen. Steven L., der Sonnenanbeter mit dem Ostdialekt, hätte sicher auch nie im Leben gedacht, dass ihm einmal jemand einen lebenden Schwan über die Rübe haut.

17

Inkubation ins pure Jetzt

Da stehe ich nun. Müde und geschafft im Restlicht des Tages. Im südlichsten Ort von Mecklenburg-Vorpommern. Ratlos mit Rad. Dömitz macht es einem nicht leicht. Ich spüre akuten Handlungsbedarf. Zu den Zirkusleuten werde ich nicht noch einmal gehen, auch wenn der Chef selbst vielleicht sogar ein netter Typ ist. Die Gefahr, abermals einer unausgeglichenen Wohnwagenfrau in die Arme zu laufen, steht in keinem ausgewogenen Verhältnis zur dünnen Wahrscheinlichkeit auf eine Zeltgenehmigung.

Was nun? Im Moment deutet alles darauf hin, dass ich die harten Bretter einer Bushaltestellenbank zu spüren bekomme. Noch so eine Episode für meine Nächtesammlung. Aber warum nicht? Falsche Frage. Ich wüsste eine Menge Gründe, warum nicht. Erstens sind Bushaltestellen erfahrungsgemäß nicht an das örtliche Strom- und Wassernetz angeschlossen. Zweitens verfügen die darin aufgestellten, aus löcherigen Haushaltskassen bezahlten Bänke nur über rückenunfreundliche Sitzflächen. Und drittens riecht es drinnen garantiert nach Pisse, weil irgendwelche Halbstarken vom hemmungslosen Alkopopmissbrauch gleichermaßen dicht und undicht geworden sind. Auch ist die Übernachtung im besten Fall umsonst, nicht aber kostenlos. Das eingesparte Hotelgeld investiert man in den folgenden Wochen doppelt und dreifach in Physiotherapie und Muskelentspannungsbäder, weil Banklatten nun mal ein ähnliches Komfortlevel haben wie Stahlbetonplatten und Futonbetten. Wirklich dafür spricht eigentlich nur der zu erwartende Erlebnisfaktor. Vielleicht kommt ja die Polizei und kontrolliert meinen Ausweis, woraufhin ich ein paar zusammenfassende Worte zum Thema Freiheit und Überwachungsstaat verlieren könnte.

Es ist noch zu früh, um in einer Bushaltestelle nicht auf einen Bus zu warten. Ich laufe zurück Richtung Innenstadt. Ich könnte fahren, aber mir erscheint es sinnvoll, die Zeit bis zur Nachtruhe so lange wie möglich auszudehnen. Je kürzer der Schlaf, desto kürzer das Rückenleiden. Laufen ist ein bewährtes Mittel, um Zeit in die Knie zu zwingen. Man könnte mit einem Mountainbike nur so dahinrollen, die Pedale gelegentlich anstupsen, dem Freilauf seinen freien Lauf lassen. Trotzdem ist die Minutenvernichtungsquote beim Laufen um ein Vielfaches höher. Der Fortbewegungsmodus, in den ich gerade überwechsle, fällt auch gar nicht mehr unter Laufen, sondern unter Schlendern. Die Schritte rollen nicht über die Füße ab, sondern fließen locker aus der Hüfte, geben sich der Schwerkraft hin. Schlendern ist die Königsdisziplin im Zeitvernichten, besonders dann, wenn man sie in der Extremvariante ausübt, dem sogenannten Schaufensterbummeln. Die Maximilianstraße in München ist der berühmteste Parcours zum Ausüben dieser durch und durch energiezehrenden Sportart, die von schlafwandelnden Omas und mobilkommunizierenden Vollzeittussis dominiert wird. Die Maximilianstraße bietet zigfache Möglichkeiten, das Ankommen mit Blicken auf hindrapierte Warensortimente ins Unendliche hinauszuzögern. Ich bin in dieser Hinsicht wenig geübt. Ich trainiere einfach zu wenig. Zweimal im Jahr tue ich es trotzdem, Diana zuliebe. Uhrengeschäfte sind perfekt dekoriert, Parfümerien dagegen oft nur spärlich, Friseure meist gar nicht. Am liebsten sind mir Läden mit Namen wie »Dies und das«. Wie und was?, denkt man und fühlt sich schaurig unterhalten vom angepriesenen Geschenkequatsch. Man sieht Aufziehbrüste, ironisch gemeinte Grillschürzen mit aufgedruckten Waschbrettbäuchen und Backmischungen mit der Aufforderung: »Back Dir den Traummann!«, denn das, so muss es ja irgendeiner in der langen Kette zwischen Idee und Erwerb finden, ist Humor. Wer kauft das?, fragt man sich und stellt sich die eben verlassene

Ehefrau heulend mit der Backmischung vor, aufmunternd gemeint von ihrer unsensiblen Yoga-Freundin und, ups, schon haben sich wieder zehn Minuten in Nichts aufgelöst.

Dömitz scheint für Schaufensterbummel gänzlich ungeeignet. Bei meinem ersten Rundgang vor ein paar Stunden habe ich nur vereinzelt Geschäfte entdecken können. Ich werde also auch das Bäckereifachgeschäft und die leere Auslage des Kaufhauses in die Schaufensterstopps einbeziehen müssen. Aber ich kann ja die Plakate durchlesen, die an die Scheiben geklebt sind. Das bringt noch einmal zwei Minuten pro Veranstaltungshinweis, mindestens. Und wenn alles nichts hilft, gehe ich eben bis zur Tankstelle am Ortseingang, kaufe ein alkoholfreies Kaltgetränk und lerne die Inhaltsangabe auf dem Etikett auswendig.

Ich schlendere so langsam es mir möglich ist. Ein bisschen bewegen muss ich mich schon. Sonst bleibe ich stehen und das würde auf diesem trostlosen Gehweg an dieser Hauptstraße nun wirklich keinen Sinn machen. Ein paar Meter nur noch, dann habe ich das Zeitvernichtungspotenzial der Schweriner Straße aufgebraucht. Die Hauptstraße biegt im Neunziggradwinkel nach rechts ab und geht in die Torstraße über. Nach der Rechtskurve werde ich innerhalb der nächsten Minute den Marktplatz erreichen. Bis dahin habe ich Zeit zu überlegen, ob ich meine Runde linksseitig mit dem Schaufenster des Bäckereifachgeschäftes oder rechtsseitig mit dem der Modeboutique beginne. Mein Bauchgefühl ist für das Bäckereifachgeschäft. Man schaut viel zu selten in die Schaufenster von Bäckereifachgeschäften. Ich bin mir nicht mal sicher, ob das Schaufenster überhaupt dekoriert ist. Wahrscheinlich staubt nur eine PVC-Vase mit PVC-Osterglocken darin vor sich hin, um die im Halbkreis PVC-Brezeln ausgelegt sind. Bäckereifachgeschäfte brauchen keine Anschauungsmodelle. Sie erklären sich durch den Namen. Hat man Hunger, geht man rein. Hat man keinen Hunger, geht man vorbei. Bestenfalls könnten mayatempelartige Mustertorten Angehörige von Geburtstagsjubilaren in den Laden locken. Die Torten wären dann aus Styropor geschnitzt und mit Farbe lackiert, damit sie keine Fliegen anlocken und damit das Gesundheitsamt. Ich bin schon richtig gespannt, was mich gleich erwartet.

Die Straßenlaternen flackern an. Ich folge der Rechtsbiegung, die mich geradewegs zu »Martins Music Cafe« führt. Der Laden befindet sich in einem rustikalen Eckgebäude, das an den Marktplatz grenzt. Ich bin einigermaßen überrascht, so unerwartet vor einem amtlichen Music Cafe zu stehen. Es ist mir vorhin gar nicht aufgefallen. Das Café muss vorhin noch geschlossen gewesen sein. Jetzt scheint warmes, honiggelbes Licht von innen durch die hohen Scheiben. Kerzenlicht. Ich mag Kerzenlicht. Kerzenlicht ist der zuverlässigste Gemütlichkeitsverstärker, den ich kenne. Das übelste Dreckloch wird zur Lounge, sobald Kerzenlicht die Ausleuchtung übernimmt. Die Scheiben sind groß wie Schaufenster. »Cafe to go«, steht mit Fettstift drangeschrieben. Warum bitte gibt es in Dömitz »Cafe to go«? Dieses Zeug wurde für Großstadthektiker erfunden, damit sie Tätigkeiten übereinanderschichten können, zwei Dinge in ein und dasselbe Zeitfenster quetschen, um Zeit herauszuarbeiten beziehungsweise einzusparen, wie immer man das sehen will. Alles gibt es »to go«. Belegte Frühstückssemmeln, Mittagessen, Kaffee. Man weiß nie: Speisen sie beim Gehen, oder gehen sie beim Speisen? Als wenn die Volkswirtschaft wegen fünf Minuten Kaffeepause zusammenbrechen würde. Letztlich rennen sie mit ihrem Gehkaffee doch auch nur von einem Meeting zum anderen, wo sie dann an Konferenztischen voll mit Pumpkaffeekannen versuchen wichtig zu wirken. Und dann ausgerechnet hier in Dömitz, inmitten dieses Zeitmagneten, wo man doch eigentlich froh sein sollte über jede Möglichkeit, mit irgendetwas beschäftigt zu sein.

Ich schaue an den »Cafe to go«-Buchstaben vorbei durch die Scheibe. Der Laden ist einladend eingerichtet. Die Wände sind mit Zeitungen tapeziert, offenbar vorsätzlich. Vorn, über einer Art Minibühne, hängt eine Lichttraverse von der Decke. Eine 4-Punkt-Alu-Traverse, stabil und tragfähig, aber deutlich teurer als eine eigentlich auch ausreichende 3-Punkt-Traverse. Die daran befestigten Lampen sind Kompaktspots, silbernes Gehäuse, edler als die baugleichen Strahler in Mattschwarz. Ob es sich um die ventilatorgekühlte LED-Version oder die glühbirnenbestückte Hobbykellerausführung mit Farbfolien handelt, kann ich auf die Distanz nicht genau erkennen. In der Agentur nennen wir solche Anlagen das kleine Besteck. Perfekt für Betriebsfeste oder Ehrenpreisvergaben in kommunal bezuschussten Kulturhaussälen. Billig und leicht zu transportieren.

Die Tische im Café sind aus schwerem, dunklem Holz. Darauf Tee-
lichter. Es sitzen nicht viele Leute an den Tischen. Rechts in der Ecke, auf
einem Sofa, ein Pärchen. Links, an einem großen Tisch, eine Männerrunde.
Gott muss Regie führen. Dieser Laden ist noch weitaus perfekter zum Zeitvernichten als Schaufensterbummel. Wenn ich mein Mountainbike gegen
die Scheibe lehne, kann ich es sogar von drinnen sehen.

Meine Schuhe treten auf abgezogenes, neu versiegeltes Parkett. Ich rieche
dicke, schwere, herrlich abgestandene Kneipenluft. Aus den Boxen perlt
Neil Youngs »My My, Hey Hey (Out of the Blue)« und liebkost meine Ohren.
Ein Gefühl von Vertrautheit durchfährt mich. Es ist, als würde ich nach einer langen Seereise wieder festen Boden unter den Füßen spüren. »My My,
Hey Hey«! Ich drehe durch! Dieses Lied lief im Radio, nachdem Diana und
ich uns das erste Mal geküsst hatten. Das Schicksal hatte uns in einem Stau
auf der A 9 zusammengeführt. Irgendwo hinter Greding. Sie stand mit ihrem Twingo auf der Mittelspur. Ich rechts daneben mit dem Kleinlaster der
Agentur, mit dem ich Tontechnik zu einem Konzertabend in einen Möbelmarkt nach Nürnberg transportiert hatte, bei dem unter anderem auch Rex
Gildo auftrat, kurz bevor der arme Kerl depressiv von derartigen Auftritten
aus dem Fenster seiner Wohnung stürzte. Diana und ich standen eine halbe Stunde nebeneinander. Sie kam von ihren Eltern aus Gera. Ich bemerkte
wie sie immer wieder rüberschaute. Ich bemerkte, dass sie wild fallende,
schwarze Haare hatte und große, runde Augen. Ich bemerkte, dass ich
gern so eine Frau als Freundin hätte, jetzt, wo Katrin zu diesem Apothekerheini abgehauen war. Ich ging rüber, fragte, ob sie im Verkehrsfunk irgendwas gehört hätte, sah das Leuchten in ihren eisbonbonblauen Augen, fiel
fast um vor Herzklopfen, schrieb meine Telefonnummer auf die Tankquit-
tung, die ich eigentlich in der Buchhaltung hätte einreichen müssen, dann
rollte die Blechlawine weiter. Ich lag schon im Bett, als sie kurz vor Mitternacht anrief. Sie wolle meine Stimme hören, sagte sie, und so wie sie es
sagte, wollte sie offenbar noch so einiges mehr. Ich raste eingehüllt in eine
Wolke »Fahrenheit« zu ihr. Und als ich zwei Stunden später glücklich und
aufgewühlt die Heimreise antrat, lief im Radio »My My, Hey Hey«. Ich habe
vielen Erlebnissen Lieder zugeordnet. »My My, Hey Hey« ist die Lied gewordene Konserve meiner Liebe zu Diana. Es ist der erste Song des Albums

»Rust never sleeps«, auf dem sich auch noch eine längere Version befindet. Einmal hatte ich es als Endlosschleife in meinen MP3-Player programmiert und ununterbrochen eine Autobahnfahrt lang von München nach Heidelberg und zurück gehört. »Hey Hey, My My – Rock 'n' Roll will never die!« Was für ein göttlicher Song! Diana und ich hatten zwar vereinbart, uns in diesen beiden Wochen nur sparsam zu kontaktieren, um uns nicht gegenseitig mit Ich-vermisse-dich-Sprüchen die Stimmung zu versauen. Aber, sorry, dies hier ist ein dringender Fall, und was für einer. Ich muss Diana gleich eine SMS schicken.

Ich nehme den ersten Tisch links vom Eingang und spüre, dass ich meinen in Braunlage geleisteten Antialkoholschwur leider auf Eis legen muss. In einem solchen Laden gehört ein Bier auf den Tisch, so wie in eine Radflasche Wasser gehört und ein Kaffee neben ein Frühstücksei. Zwei Stunden braucht der Körper, bis er ein Bier neutralisiert hat. Wenn ich zwei Stunden bleibe und jede Stunde ein Bier trinke, werde ich bei Verlassen des Ladens rein rechnerisch nur ein einziges Bier getrunken haben. Ein Bier ist auch mit einem frisch geleisteten Antialkoholschwur zu verantworten.

»Schönen guten Abend, ich bin der Martin«, begrüßt mich ein angehender Senior mit hanseatisch plattem Dialekt. Ein Martin in Martins Music Cafe? Offenbar der Namensgeber.

»Hallo! Eine Frage: Wie lange habt ihr denn auf?«, versuche ich die maximal mögliche Aufenthaltsdauer in diesem wundervollen Hort der Gemütlichkeit auszuloten.

»Open end«, sagt Martin. Er trägt eine rote Strickjacke offen über einem schwarzen Polohemd. Die silbernen Haare treten nur noch seitlich in konzentrierter Form auf. Die Brille ist kunststoffmodern.

»Open end? Was heißt das genau?«

»Bis der Letzte geht«, sagt Martin. Die Jeans ist lässig geschnitten, wirkt aber insgesamt zu jugendlich. Das rechte Knie ziert ein aufgenähter Schriftzug der Sprechgesangmusiker Fettes Brot. Ungewöhnlich für einen schätzungsweise 60-Jährigen. Die Gruppe auf dem Knie verdankt ihren Bekanntheitsgrad unter anderem jenem Gassenhauer, in dem Bettina ihre Brüste einpacken soll.

»Wann geht denn so der Letzte? Normalerweise?«, stochere ich nach.

»So gegen elf«, sagt Martin und registriert meinen neugierigen Blick, der noch immer an seinem Knie haftet.

»Ach«, lacht er: »Mit denen habe ich mal 'ne Platte gemacht.« Dann geht er Bier holen.

Um elf ist ja nicht so lange, denke ich. In München gibt es Läden, aus denen torkeln die Letzten, wenn sich die Stadt bereits wieder in den Tag zurückräkelt. Überhaupt ist es für ein Café dieser Qualitätsklasse reichlich übersichtlich an den Tischen. Ach wie schön: Aus den Boxen rieselt »Waterloo Sunset« von den Kinks.

Wie beschreibt man Glück in einer SMS? Wie beschreibt man mit ein paar Tastendrücken, dass man nach einem großartigen Tag auf dem Mountainbike den Fängen einer zornigen Zirkusoma entronnen ist; dass man jetzt in genau der richtigen Kneipe sitzt; und dass man die Nacht in einer Bushaltestelle verbringen wird – die ganze Zeit natürlich an Mausebärchen denkend. Ich schaffe es nie, mit den zur Verfügung stehenden 160 Zeichen auszukommen. 160 Zeichen sind zu kurz, um auch nur irgendetwas mit Tiefe oder Zusammenhang auszudrücken. 160 Zeichen haben die Entwickler der SMS festgelegt, nachdem sie monatelang Buchstaben, Leerstellen und Satzzeichen von Postkarten gezählt haben. Traurige Postkarten müssen das gewesen sein. Postkarten von Pauschalurlaubsstränden. Postkarten mit Pflichtcharakter. Postkarten von Menschen an Menschen, die sich auch sonst nicht viel zu sagen haben. Viel mehr als »Hallo« und »Viele Grüße« kann da nicht draufgestanden haben. Dazwischen vielleicht noch ein Standardsatz zum aktuellen Heizwert der Sonne, der Farbe des Wassers, der Größe des Büfett. Und das war es. Die Kunst einer SMS liegt nicht im Schreiben. Die Kunst einer SMS liegt im Weglassen. Eine Postkarte ist zwar auch nur eine SMS, eine analoge eben, sie macht das Defizit an geschriebenem Inhalt aber wenigstens durch ihr Motiv wett. Eine SMS hat nichts, woran sich die Augen festhalten können. Nur 160 Buchstaben, Leerstellen und Satzzeichen. Ich hasse SMS. Sie lassen einen allein mit ein paar Wortbrocken und viel Interpretationsspielraum. Der ganze Digitalkram macht alles einfach immer nur komplizierter. Meine Tochter benutzt ausgeklügelte Codes, um die 160 Zeichen auf Romanlänge zu dehnen. Sie hat mir die Codes mal erklärt. Ich habe das meiste gleich wieder vergessen. Da gab es zum Beispiel »gn8«. Das heißt gute Nacht, abgeleitet von »good night«. Spart sieben beziehungsweise acht Zeichen. Oder »hdgdl« als verschrumpelten Rest von »hab dich ganz doll lieb.« Spart sogar 18 Zeichen. Am schlimmsten finde ich diese dämlichen Satzzeichengesichter ;-), :-(, oder :-P. Wenn ich so ein Ding sehe, werde ich aggressiv. Da fliegen Satelliten durch das Weltall, die eine halbe Milliarde Euro kosten. Da stehen gewaltige Mobilfunksendemasten in der Landschaft, derentwegen Menschen angeblich krebskrank werden. Und wofür wird das alles genutzt? Für Morsezeichen und digitale Höhlenmalerei. Ich glaube, eine SMS ist keine gute Idee. SMS schreibt man an Leute, die einem nicht wichtig sind. Ich werde Diana morgen anrufen.

»Ey, bist du von hier?«, werde ich von einem Typen aus der Männerrunde am Nebentisch angekumpelt. Er hält mich in meiner Jogginghose wohl für einen waschechten Dömitzer. Doch da muss ich ihn enttäuschen.

»Nee, ich bin auf der Durchreise, mit dem Bike«, antwortete ich.

»Wir sind auch Biker. Heute Nachmittag sind wir direkt aus Hamburg hergebrezelt«, sagt der Typ, offenbar erfreut, in mir ein Gesprächsopfer gefunden zu haben. Nicht schlecht, denke ich. Von Hamburg. Gebrezelt. Am Nachmittag. Hierher. Der stattliche Bauch, der dem Motörhead-Kopf auf dem totgewaschenen T-Shirt eine täuschend echte 3D-Optik verleiht, lässt so viel Sportlichkeit gar nicht vermuten.

»Sauber. Heute Nachmittag? Wie weit ist es von Hamburg?«, frage ich.

»Ach, 130«, winkt der Typ betont gelangweilt ab und arbeitet sich mit einem gekonnten Schluck zum Glasboden vor.

»Respekt! Alles heute, über den Elberadweg?«

»Wie, Elberadweg?« Der Typ stellt das Glas auf den Tisch, starrt mich ein paar Sekunden lang an. Dann lacht er blechern los.

»Fahrradfahren? Alter! Bin ich eine Schwulette? Habe ich etwa rasierte Beine wie der Lance Ullrich, oder was? Fahrradfahren, ach du Scheiße! Nicht doch! Das Leben ist zu kurz um fünfunddreißig zu fahren. Wir zittern mit zwohundert über die Bahn. Tausend Kubik, Junge! Prösterchen!«, lacht er und kann es immer noch nicht fassen, dass ich ihn mit muskelbetriebenen Fahrzeugen in Verbindung gebracht habe. Ihn, den todesmutigen Recken der Landstraße, für den Typen wie ich Schwuletten sind, und der mit beiden unrasierten Beinen in einer grindbraunen, seitengeschnürten Rindlederhose durchs Leben geht. Quatsch, nicht geht. Zittert natürlich. Mit zwohundert.

Ich habe keine Chance. Heiko, wie er sich vorstellt, labert Vollgas los, ungestüm und laut, so wie er wahrscheinlich Motorrad fährt. Ich solle mir mal im Internet das Video von einem amerikanischen Teufelstypen namens Soundso angucken, der alle Rekorde gebrochen habe, sich vor einem wichtigen Supercross-Rennen aber leider auch mehrere Finger, plappert Heiko. Die Finger habe sich der Typ dann nämlich direkt »abmontieren« lassen, also abschneiden, weil ihn die lädierten Finger sonst zu sehr behindert hätten. Heiko schwitzt. Er wirkt überhitzt. Er denkt nicht dran, Stille an mein Ohr zu lassen. Der höhepunktreichen Geschichte vom wilden Ungarntrip und Günter, der mit einem geklauten Einkaufswagen durch Budapest gefahren ist, kann ich beim besten Willen nicht mehr folgen. Eine Gefängnisnacht ist im Spiel und plötzlich sind sie auf dem Bahnhofsvorplatz von Bratislava aufgewacht und auf der Digitalkamera waren Bilder von einer Frau oben ohne. Oder so ähnlich. Spam mit Bierfahne. Es ist eine Erlösung, als die Truppe endlich geschlossen abrückt. Kurz darauf zahlt auch das Pärchen auf dem Sofa. Ein kalter Luftzug schlüpft durch die Tür, streicht mir über den Nacken. Dann bin ich allein. Mit mir. Mit Martin. Mit seinem Kollegen am Tresen. Mit den Zeitungsseiten an den Wänden. Mit der Kuschelrundenmusik, die schwerelos auf mich rieselt. Allein mit dem Jetzt.

»Na«, sagt Martin, der plötzlich neben mir steht, »was dagegen, wenn ich mich dazusetze?«

Es ist seine ruhige, souveräne Art, die mir gefällt. Ich kenne ihn nicht. Aber Martin ist keiner dieser hemdsärmligen Jeanswestentypen, die normalerweise Gastronomiegeschäfte dieser Art führen. Martin hat den Laden nicht Pub genannt, sondern Music Cafe. In der Anlage leiert keine CD der derben Pogues, sondern poetische Musik für Auskenner. Kleine, feine Details, die den Unterschied machen zwischen Trinkkulisse und Trinkkultur. Man muss Martin nur zusehen, wie genussvoll er die Musik in sich einwirken lässt, die über einen Computer in die Boxen gespeist wird. Man spürt, dass dieser Laden nicht das Geschäft von Martin ist, sondern seine Seele, seine ganz persönliche Coverversion vom Paradies. Wahrscheinlich hat Martin Wochen gesessen, um die Playlisten zusammenzustellen. Hat sich vorgestellt, in welcher Reihenfolge welche Lieder am besten an einem Dienstag wirken. Hat eine Playliste für den Freitag angelegt, die etwas lauter und rockiger ist als die Liste für den Donnerstag. Aber nicht »zu laut« und »zu rockig«, damit es Klangambiente bleibt und nicht Störgeräusch wird. Es ist sensibel in Gitarrensaiten massierte Woodstockmusik, von der ich mir gleich morgen jeden einzelnen Titel auf CD kaufen werde. Verdammt, ich habe schon das dritte Bier.

»Wer ist das, der da singt?«, frage ich.

Martin wiederholt es lauter, an den Burschen hinter der Theke gewandt. »Hey, Jan, wer singt da?«

»Leonard Cohen!«, schallt die Antwort zackig zurück.

»Ah, habe ich mir gedacht. Der Cohen. Der geht doch zum Lachen in den Keller«, sagt Martin, lächelt selig und lässt sich in den Stuhl fließen.

Ich habe noch nie von einem Künstler namens Leonard Cohen gehört, verkneife mir die Nachfrage aber angesichts meines bestens über Musikzusammenhänge informierten Gegenübers. Martin hat sicher alle Leonhard-Cohen-Alben, von Anfang der Sechziger bis heute. Alle auf Vinyl und natürlich inklusive einiger seltener Sonderpressungen, die in Sammlerkreisen inzwischen Unsummen wert sind. Typen, die Platten mit Fettes Brot machen, bekommen einen Lachkrampf bei der Frage nach Leonard Cohen. Andererseits: Martin wusste zwar von der Sache mit dem Lachen im Keller. Dass es Leonard Cohen war, hatte er sich aber nur gedacht. Und das ist nicht dasselbe wie gewusst. Ich werde ihn nachher mit meinem Handy schocken, das Titel erkennt, indem man es in Richtung einer Musikbox hält. Ich kann ja ein Titelraten vorschlagen.

»Was treibt dich nach Dömitz?«, fragt Martin und stellt das Mineralwasserglas mit der schwimmenden Zitronenscheibe, das ihm Jan gerade gebracht hat, auf einen Untersetzer.

»Ich fahre die Grenze ab. Immer Richtung Travemünde«, sage ich und spule zum x-ten Mal seit meinem Start an der Tankstelle in München die Kurzzusammenfassung meiner Reise runter. Martin hört interessiert zu.

»Der Mauerfall, das war groß«, sagt er.

Ich bin immer noch angenehm eingelullt von der Atmosphäre in diesem Café. Ich kann gar nicht verstehen, dass es so leer ist. Es ist noch nicht einmal 23 Uhr und ich sitze mit dem Besitzer und seinem Angestellten allein da. In meiner Heimatstadt gibt es einen ähnlichen Laden, den »Alten Hut«. Der Hut, wie die Stammgäste sagen, kartographiert das Problem meiner Heimatregion wie kaum etwas anderes. In Dömitz ist es wohl genauso. Es gibt keine Menschen mehr, die jung, vergnügungswillig und lebensdurstig genug sind, um abends ein Feierabendbier in einer Musikkneipe zu trinken. Vor zehn Jahren war es noch die größte Kunst, im Hut einen Stehplatz zu ergattern, der eine reibungslose Nachbestellung möglich machte. Jedenfalls an den Freitagen und Samstagen. Ein Platz an einem der Tische zu bekommen war völlig aussichtslos. Die Menschen kamen in den dunklen, verqualmten, mit allerhand Flohmarktzeug vollgehängten Raum, lachten, tranken, schoben sich hin und her und verkniffen sich das Wasserlassen, weil kein Durchkommen war zur Toilette. Man war im Hut luftdicht verpackt von Menschenmasse. Vor zwei Uhr morgens war kein Ende in Sicht. Mit jedem Jahr lichteten sich die Reihen. Heute kann man Samstag um 21 Uhr in den Hut gehen und sich einen strategisch günstigen Sitzplatz aussuchen. Die Gäste von einst sitzen in Kneipen in Hannover, Osnabrück, Wiesbaden, Koblenz, Offenburg und sonstwo. Zehn Prozent der Ostdeutschen sind seit der Wiedervereinigung in den Westen gegangen.

Während es im Westen tobende Ü30-Partys gibt, haben sich im Osten Ü25-Partys etabliert, damit der Laden überhaupt noch voll wird. Ich habe viel über die Abwanderung aus meiner Heimat gelesen. Besonders intensiv, als eine Studie von einem Institut für Bevölkerung und Entwicklung herausfand, dass die neuen Bundesländer in der Altersgruppe der 18- bis 29-Jährigen nicht nur immer weiter ausbluten, sondern dass ein weit überproportionaler Weggang junger Frauen besteht. Der Frauenmangel ist heute schon größer als in jeder anderen Region in Europa, ländliche Regionen in Griechenland und Nordskandinavien eingeschlossen. Ich hatte die Studie angefordert, ein 80 Seiten dickes Heft, weil wir uns in der Agentur überlegt hatten, eine Verkupplungstournee durch ostdeutsche Städte zu organisieren, powered by Radio Irgendwas. Die Idee war, gleichviele Tickets an Frauen und Männer zu verkaufen. Flatrate-Getränke presented by Rotkäppchen, Lounge-Ambiente, fluffige Beats, alles ganz modern. Zu späterer Stunde dann eine ausgedehnte Kuschelrunde nach Vorbild der DDR-Diskos. Die Studie sollte bei der Suche nach den männerüberschüssigsten Städten helfen. Tatsächlich kommen in den neuen Bundesländern im Durchschnitt nur noch 80 bis 90 Frauen auf 100 Männer. In einigen Landkreisen sogar noch weniger. Jobs gibt es im Osten weder ausreichend für Jungs noch für Mädels. Doch weil die Mädels bessere Schulabschlüsse hätten, würde es ihnen leichter fallen, sich woanders eine Existenz aufzubauen. Und weil so in den betroffenen Gegenden die schlecht gebildeten, schlecht gelaunten, schlecht vermittelbaren Jungs langsam überhandnehmen, flüchten die Frauen der Studie zufolge erst recht. Das unausgewogene Geschlechterverhältnis wächst. Und wo keine Frauen sind, besteht auch kein Grund für einen Diskothekenbesuch. So kommt eins zum anderen. Wir hatten das damals nach reiflichen Überlegungen mit der Verkupplungstournee gelassen. Das Risiko war nicht abschätzbar. Vielleicht wären nicht genügend Mädels gekommen und die frustrierten Jungs hätten es als Provokation empfunden, wenn wir mit der Kuschelrunde begonnen hätten.

»Sag mal, Martin, wie hast du das vorhin gemeint, du hättest 'ne Platte mit Fettes Brot gemacht?«, komme ich endlich zur entscheidenden Frage.

»Och, die kamen mit 'nem Demotape ins Studio. Nette Jungs. Und dann haben wir losgelegt«, sagt Martin und beginnt zu erzählen. Wie er in den Siebzigern als Musikfotograf in Hamburg angefangen hat – »mit geilen Fotos von Clapton mit Vollbart, wo ihm das Heroin nur so aus den Augen quillt«. Wie er die Fotos an den »Musical Express« verkauft hat – »die Zeitungen an den Wänden sind meine Belegexemplare«. Wie er in Hamburg einen Fotoladen eröffnete und später einen Secondhandshop für Platten. Wie Anfang der Neunziger die Menschen in den Laden kamen und plötzlich nach Technoplatten fragten, die es damals noch fast nirgendwo zu kaufen gab. Wie er nach Chicago flog zu Barney von Barney Records, der zu jener Zeit als Technokönig galt – »die Leute, die wir in Chicago nach dem Weg gefragt haben, warnten uns: This is a bad area!« Wie er von Barney 10 000 Technoplatten für je 1,50 Dollar in bar kaufte. Wie plötzlich der Plattenladen »auseinanderknallte« und die Leute mit 100-Mark-Scheinen darum flehten, eine der Platten kaufen zu können – »der Michi Käfer vom P1 aus München kam mit dem Flugzeug angejettet und deckte sich komplett mit Platten ein«. Wie er auf der Reeperbahn das Label Container Records mit eigenem Tonstudio gründete und zum Technopionier aufstieg, obwohl er doch eigentlich viel lieber Gitarrenmusik mag – »die Metronom zahlte mir 100 000 Mark im Jahr, damit ich einmal in der Woche in ein Meeting kam und ein bisschen was über Westbam und Marusha erzählte.« Wie er schließlich zermürbt war von all der Arbeit, den Reisen, dem Stress, den Partys, den Drogen. Dass er vor neun Jahren alles verkaufte und der Liebe nach Dömitz gefolgt ist, sei die beste Entscheidung seines Lebens gewesen, sagt er. Er sei durch die Stadt gegangen und habe dieses Haus gesehen. Runtergekommen, komplett vergammelt. Ein paar Wochen später habe er es von der Treuhand gekauft. Für 8000 Mark. Das Mindestgebot bei der Versteigerung.

»Ich hatte Rock 'n' Roll gehabt seit meiner Jugend. Ich hatte eine Scheißkindheit, einen Scheißstiefvater. Ich habe in Dömitz praktisch ein neues Leben begonnen«, sagt Martin, schiebt den Stuhl nach hinten, steht auf und nimmt ein Foto aus dem Regal über der Theke. Darauf ein älteres Schwarz-Weiß-Foto von Moby. »To Martin + Container, Thank you, Moby«, steht in krakeligen, unsicher gemalten Buchstaben drauf. Wahrscheinlich im Stehen und ohne Unterlage geschrieben. Auf einer After-Show-Party, oder auf einem Flughafen, to go.

»Ist eines der wenigen Dinge, die mich hier an die alten Zeiten erinnern«, sagt Martin und betrachtet das Bild. »Der Moby, der alte Veganer, bei dem muss ich mich auch mal wieder melden.« Die Zitronenscheibe im Mineralwasser schwimmt noch immer auf Höhe des Eichstriches. Martin dreht sich zu Jan.

»Bist du so nett und bringst mir eine Cola Whiskey?« Jan ist so nett. »Wie lebt es sich in Dömitz, im Vergleich zu Hamburg?«, frage ich Martin.

»Anders, aber auf eine positive Art. Ich habe hier meinen Frieden gefunden, das muss ich wirklich sagen. Was mich nur manchmal wirklich ärgert, das ist die Tristesse im Ort. Die Innenstadt hat so viel Potenzial, ist aber komplett tot. Aber wenn wir mal einen Sänger im Café haben, beschweren sich gleich Anwohner über den Krach. Was war das für ein Krampf, als wir die erste Kneipennacht organisiert haben, was, Jan? Ich meine, hier im Ort gibt es ja quasi keine Jugend mehr, da sollte doch jeder froh sein, wenn mal was los ist«, sagt Martin und lauscht den Klängen von Lambchop, die weich und herzerwärmend aus den Boxen rieseln. Ein Lied später nimmt er den Gesprächsfaden wieder auf: »In Dömitz haben angeblich mal 8000 Leute gewohnt, jetzt sind es keine 4000 mehr.«

»Kenne ich. In meinem Heimatort sieht es ähnlich aus. Man geht abends in die Kneipe und ist quasi allein. Ich frage mich, wie das wohl in 20, 30 Jahren sein wird. Ich meine, jedes Haus im Osten wird doch mal vererbt. Vielleicht zieht der Großteil meiner Generation ja mal zurück, sobald das Rentenalter erreicht ist. Leben kann man da super, wenn man nicht arbeiten muss«, sage ich. Das Bierglas ist schon wieder leer.

»Spannende Frage, ja. Ich organisiere regelmäßig Konzerte, oben auf der Burg. Das ist meist defizitär, aber man muss der Jugend doch was bieten. Sonst kommen die Rechten und locken mit Zeltlagern.«

Martin lehnt sich zurück, verschränkt die Arme vor der Brust.

»Manche im Ort denken, ich sei so ein typischer Wessi, der nur schlaue Ratschläge geben will. Aber das stimmt nicht. Ich lebe hier. Ich fühle mich als Dömitzer. Ich will, dass sich im Ort was tut. Hier wird kein VW-Werk mehr entstehen, hier kommt keine Autobahn. Man muss schauen, wie man das Beste aus den Möglichkeiten macht. Morgen früh um halb fünf werden die Autos wieder Richtung Hamburg rollen. Die meisten pendeln jeden Tag. Wirtschaftlich wird sich hier kaum noch etwas ändern. Man kann den Ort aber kulturell aufwerten. Ich werde jetzt parteilos für das Stadtparlament kandidieren. Ich habe so viele Ideen. Da kam letztens so ein Typ zu mir, auch aus Hamburg nach Dömitz gezogen, der fragte mich, ob ich Interesse daran hätte, einen Wessi-Stammtisch zu gründen. Ich habe gesagt: Ey, ich will mich hier integrieren und nicht abgrenzen.«

Es ist ein Uhr morgens, als ich mich auf die Suche nach einer Bushaltestelle begebe. Die Luft hat Zimmertemperatur. Von der Uferpromenade her zwitscherquakt mir die Elbauen-Overtüre in Dolby 5.1 entgegen. Eine Bushaltestelle wäre Quatsch. Hier draußen ist es herrlich. Ich rolle meinen Schlafsack auf der Bank hinter der Radlerpension aus, lehne das Mountainbike von hinten dagegen. Ausgerechnet in diesem Moment biegt ein Auto in die Straße und rangiert in eine Parklücke. Dass man im Wald nicht campen darf, kann ich mir vorstellen. Wie ist das aber auf einer innerstädtischen Bank? Das Ding wurde ja wohl deshalb aufgestellt, damit man sich draufsetzt. Wie lange darf man draufsitzen? Darf man auch nachts darauf sitzen? Und wie ist es, wenn ich mich im Sitzen zur Seite fallen lasse? Ist das schon Liegen oder noch eine bequeme Form von Sitzen?

Das Auto steht nicht so in der Parklücke wie es eigentlich müsste. Ein Vorderrad steht auf dem Gehweg, das Hinterrad derselben Seite deutlich auf der Fahrbahn. Der Typ, der sich mühsam aus dem Auto schält, hat ein ähnliches Defizit. Er stemmt sich derart schief gegen die Schwerkraft, dass man von sportlicher Einnahme fahruntüchtig machender Getränke ausgehen kann. Weggucken, nur kein Gespräch provozieren. Oh nein, der Typ hat mich gesehen. Mit eckigen Schritten arbeitet er sich auf mich zu. Der Typ ist älter als ich. 50, schätze ich. Der Typ bleibt auf dem Gehweg gegenüber stehen, von wo aus er mich nun wortlos anstarrt. Er steht einfach da. Schief zwar, aber immerhin. Wieso starrt der so? Es gibt keinen Grund zu starren. Es gibt nur mich zu sehen und einen durchschnittlich aussehenden Schlafsack.

»Ja?«, frage ich. Keine Reaktion.

»Hallo?« Nichts.

»Ist was?« Kein Zucken.

Ich spüre Wut in mir aufsteigen. Wie ich es hasse, nachts um ein Uhr todmüde mit ungeputzten Zähnen und einem Schafsack auf einer Bank in einem fremden Ort zu sitzen und von einem schräg dastehenden Typen angestarrt zu werden. Ich beschließe, den Typen mit seinen eigenen Waffen zu schlagen und ihn so lange stumm anzugucken, bis er geht. Ich werde das aussitzen, beschließe ich, kann zu diesem Zeitpunkt aber natürlich nicht ahnen, dass ich es mit einem äußerst zähen Stummgucker zu tun habe, für den der Spaß bei einer Stunde erst so richtig anfängt.

Wie affig ist das, bitte? Da starren sich ein schräg stehender Typ und ein übermüdeter Auswärtiger mitten in der Nacht in einer Gasse in Dömitz an. Ich spüre ein Knacken im Kopf und das Hochkochen ungekannter Aggression. Ich habe wirklich selten das Bedürfnis einem Menschen Schmerzen zuzufügen, aber jetzt würde ich am liebsten über die Straße gehen und diesem Typen gegen das Schienbein treten.

»Verdächdich, würglisch verdächdich«, lallt der Typ. Als er schließlich davonschlurft, zeigt meine Handyuhr 1:52 Uhr morgens an.

Nicht viel Kommunikation für eine Stunde, denke ich. SMS-Länge. Keine 160 Zeichen.

❦

18.

Ausblick mit Schießscharte

Die Gewohnheit will das Radio anknipsen und sich von flachen Moderatorenwitzen aus dem Dämmerschlaf nerven lassen. Doch die Gewohnheit ist fehl am Platz, wenn man um fünf Uhr morgens vom einsetzenden Pendlerverkehr geweckt wird, der nun ununterbrochen über das Dömitzer Kopfsteinpflaster donnert. Gewohnheit wird nutzlos, wenn man den Ort des Aufwachens realisiert, der nichts weiter ist als eine Holzbank in einer Innenstadtgasse.

In einem Hotelzimmer funktioniert Gewohnheit zumindest noch mit einem Rest ihrer ursprünglichen, in Jahrzehnten herausgebildeten Form. Es gibt Wände um einen herum, die der Außenwelt das jämmerliche Bild vorenthalten, wenn man schlaftrunken, desorientiert und quasi nackt Richtung Toilette schlurft, so wie es daheim tagtäglich mit roboterhafter Präzision abläuft. Man kann in einem Hotelzimmer auch von einer Dusche ausgehen, die einen auf Knopfdreh mit Frische versorgt. Hier in Dömitz, auf einer Holzbank, in einer halbdunklen Gasse der südlichsten Stadt Mecklenburg-Vorpommerns, hilft Gewohnheit kein bisschen weiter. Der Prozess des Aufwachens ist unangenehm offensichtlich. Es gibt kein Klo, kein

Waschbecken, kein Handtuch, keinen Spiegel, kein bisschen Privatsphäre. Eine Holzbank bleibt öffentlicher Raum, auch wenn man dort seit Stunden liegt. Theoretisch könnte jeder x-beliebige Mensch neben meinem Kopf Platz nehmen, und gar nichts könnte ich dagegen machen. Ich strample mich unwillig aus dem Schlafsack. Der Rücken ist angesichts der speziellen Übernachtungsart erstaunlich verspannungsfrei. Leider fühle ich mich wesentlich müder als vor dem Einschlafen, und das kann ja wohl nicht im Sinn der Sache sein. Die Nachtruhe noch etwas ausdehnen? Kann ich vergessen. Gleich werden die Menschen aus den Häusern kommen und es sicher äußerst merkwürdig finden, wenn ich da mitten in ihrer Stadt mit schlechtem Atem liege.

Toilettengang, Zähneputzen, Duschen, Rasieren, Einsprühen und Anziehen habe ich aus Mangel an Möglichkeiten übersprungen. Jetzt rieche ich nicht besonders und habe mächtig Druck auf der Blase. Dafür fügt sich der nächste Tagesordnungspunkt wieder einhundert Prozent in mein Gewohnheitsschema. Ich beginne keinen Tag ohne frische Backwaren. Bäckerläden sind die letzten Bollwerke der sich auflösenden Romantik. Frühstück ist Seelenmassage. Kein Aufwand ist mir zu groß, um Erdbeermarmelade auf eine restwarme Scheibe Krustenbrot zu schmieren, das einen Wimpernschlag zuvor den Ofen verlassen hat. Man muss zeitig beim Bäcker sein, am besten pünktlich zur Ladenöffnungszeit. Schon eine halbe Stunde später ist das Brot abgekühlt. Nicht direkt kalt, aber eben doch nicht mehr ganz warm. Und damit hat es bereits einen großen Teil seiner Herrlichkeit verloren. Und spätestens gegen zehn, elf Uhr, wenn die Kruste nicht mehr beim Reinschneiden splittert, wenn sie kein Panzer mehr ist, sondern spannungsmüde wie eine Kunstlederjacke, wenn sie dem Messer keinen Widerstand mehr bietet und sich bereitwillig aufschlitzen lässt, ist es vorbei. Dann kann man auch gleich in eine erbärmliche Toastbrotscheibe beißen.

Die Aussicht auf warmes Knusperbrot ist gerade bestens. Die Uhr zeigt 5:30 Uhr. Das Bäckereifachgeschäft befindet sich nur eine Straße weiter. Es hat schon auf. Offensichtlich hat sich der Laden dem Rhythmus von Dömitz angepasst. Ab sieben Uhr wird der halbe Ort Bestandteil des Hamburger Berufsverkehrs sein. Dann ist kaum noch jemand hier, der all die leckeren Blechkuchenstücke, Semmeln und variantenreichen Brote kaufen könnte. Die Bäckerei scheint perfekt für ein ausgedehntes Frühstück. Vor dem Laden steht eine Holzbank. So langsam müsste ich alle Holzbänke in Dömitz durchhaben.

Ich trete in den Laden, wo mir eine Duftmelange aus Mehl, Hefe und Röstkaffee in die Nase steigt. Der Verkaufsraum ist eng, die Einrichtung traditionell. Offenbar handelt es sich nicht um eine dieser halogengefluteten Filialen jener seelenlosen, am Rande von Gewerbegebieten gelegenen Brötchenfabriken, in denen die Ware über Fließbänder von einem Produktionsautomaten zum nächsten und schließlich direkt in die Laderäume kastiger Lieferfahrzeuge gespült wird. Kein Backroboter dieser Welt kann es mit den sensibel eingestellten Geschmackssensoren eines Brötchenkünstlers aufnehmen. Wie wahr das ist, wird einem spätestens klar, wenn das »Wir haben Urlaub«-Schild in der Ladentür hängt. Der Bäcker will Sandburgen kneten statt immer nur Brötchenteig, und dann irrt man verzweifelt durch die Straßen auf der Suche nach einer vorübergehenden Alternative. Doch die gibt es nicht, sondern nur uniforme Großbäckereifilialen in Lebensmitteldiscountern, in denen vor acht Uhr morgens kein Licht angeht. Die Einrichtung verströmt modische Unterkühltheit, das untertariflich bezahlte Verkaufspersonal steht in keinerlei Zusammenhang mit dem Herstellungsprozess der lustlos angebotenen Ware. Man steht in der Schlange und sieht die brummenden Aufbackschränke, in denen die gefrorene, leichenblasse Rohware auf optische Augenhöhe mit den überall abgebildeten Knuspersemmeln gebracht werden soll. Rote Digitalzahlen blinken, zählen den Countdown. Bling, macht es und das Ergebnis kann sich sehen lassen. Der Geschmack jedoch erinnert an Styropor. Es ist die größte Barbarei am Frühstückslebensgefühl, die Illusion von Holzöfen und Backhandwerk mit der gläsernen Transparenz vollautomatischer Aufbackschränke zu zerstören. Vielleicht schmecken einem die Brötchen aus den Filialen auch nur deshalb nicht. Weil man zu viel weiß über den Entstehungsprozess.

»Ja, bitte?«, fragt die Verkäuferin und mustert mich mit neugierigem Blick. Sie sieht, dass ich kein Dömitzer bin, fragt aber auch nicht weiter nach. In den Laden kommen elberadwegbedingt viele Fahrradfahrer. Jetzt eben einer schon im Morgengrauen. Na und?

Was isst man auf einer Holzbank vor einem Bäckereifachgeschäft? Ohne Schneidbrett. Ohne Geschirr. Ohne das ganze Sortiment von Aufstrichen und Schnittkäsen und Wurstscheiben, das normalerweise im Kühlschrank bereitsteht. Ich muss etwas finden, das in sich abgeschlossen ist, das keinen Zusatz benötigt. Das Arsenal von Land-, Dinkel-, 3-Korn-, Kürbiskern-, Gersten-, Mehrkorn-, Roggen-, Knusper-, Bauern- und Ciabattabrot brauche ich gar nicht erst durchzuschauen. Mein Schweizer Messer, ein Geschenk von Diana anlässlich dieser Tour, verfügt zwar über eine Klinge, doch deren Leistungsfähigkeit fiel dem ebenfalls integrierten, umso arbeitsfähigeren USB-Stick zum Opfer – 2 GB mit 2.0Hi-Speed device und 8MB/s. Was für ein Witz: Ich kann alle meine Fotoalben, sämtliche je aufgenommenen Morrissey-Alben und dazu noch ganze Online-Ausgaben der Süddeutschen Zeitung auf meinem Messer speichern, nicht aber eine Scheibe Brot damit abschneiden. Demnächst bekommt das Brot noch einen USB-Anschluss. Es wird einfach nichts besser durch den Computerkram. Alles löst sich permanent auf in Möglichkeiten, die kein Mensch braucht. Man ist nur noch damit beschäftigt am Ball zu bleiben. Ein unaufhörliches Treten auf der Stelle. Mit Höchstgeschwindigkeit.

Das Kuchenangebot ist reichlich und ich muss einen Jubelschrei geradezu unterdrücken. In der Auslage liegt doch tatsächlich der Lieblingskuchen meiner Kindheit. Weicher, dominant mit Vanillepudding gefüllter Streuselkuchen. Ich kann es kaum fassen und gehe in die Knie, damit ich einen seitlichen Blick auf den Kuchen erhaschen kann. Von oben sieht ja jeder Streuselkuchen nach 08/15-Streuselkuchen aus. Tatsächlich. Rapsgelber Pudding. Bis unter die Streuseldecke. Seit Jahren suche ich in München verzweifelt nach einem Bäcker, der diesen Kuchen im Angebot hat, doch die Bäcker im Westen kleistern, wenn überhaupt, nur Sahnecreme zwischen Boden und Streusel. Sahnecreme geht gar nicht. Nicht in einem gefüllten Streuselkuchen. Gefüllter Streuselkuchen gehörte früher zu meinen Hauptnahrungsmitteln. Es gab ihn in jedem Konsum und in jeder HO-Kaufhalle. Verpackt in durchsichtiger PVC-Folie, hingestapelt ins ganz normale Warenregal, 1,35 Mark der halbe Quadratmeter. Die Menge hätte locker für eine Baubrigade gereicht, für mich war sie gerade richtig. Ich pulte die PVC-Haut vom Kuchenblock, griff ihn schulterbreit und biss so lange rein, bis er weg war. Herrlich, wie die Zähne durch die buttersüßen, mit feuchtem Puderzuckermatsch überzogenen Streusel fuhren, um dann durch weichen Vanillepudding in Richtung Boden zu gleiten. Hatte man kein Geld dabei, klingelte man sich einfach durch einen Hauseingang und fragte nach Altstoffen. Altstoffsammeln war weit verbreitet, gerade unter den Jung- und Thälmann-Pionieren. Regelmäßig gab es große Sammlungen, die im Rahmen von Pioniernachmittagen durchgeführt wurden. Man klingelte, fragte: »Haben Sie Altstoffe?«, lud Zeitungen, Gläser und Flaschen in den Handwagen und tauschte den Krempel an den Annahmestellen gegen Geld. Um 1,35 Mark zu verdienen, genügte es, einen Stapel alter »Leipziger Volkszeitungen« (30 Pfennig/Kilo) und fünf leere Flaschen (20 Pfennig/Stück) zur Sekundärrohstoffannahmestelle zu bringen. In den »Sero«-Annahmestellen roch es säuerlich nach gegorenen Getränkeresten. Ein Mann in blauer Arbeitskombi oder eine Frau in Kittelschürze zählte, wog, sortierte und trug die Abgabemenge auf einem Zettel ein, woraufhin eine graue Registrierkasse ratterte. Dann gab es Bargeld.

Weiße Likörflaschen brachten mehr als grüne Weinflaschen, Papier mehr als Glas. Die älteren, spitzbedachten Wohnblöcke waren am rentabelsten. Diese waren hauptsächlich von ischiasgeplagten Senioren bewohnt, die froh waren, ihren Müll nicht selbst durch die Gegend schleppen zu müssen. Neue Plattenbaublöcke erwiesen sich dagegen oft als ungeeignet. Dort gab es eine erhebliche Kinderdichte, und jedes Kind war ein potenzieller Konkurrent im Kampf um die wertvollen Altstoffe. Wilderte man in einem fremden Revier, riskierte man schon mal, verprügelt zu werden. Man kannte sich aus, sammelte effektiv. Manchmal hatte man das Geld innerhalb von zehn Minuten zusammen. Sekundärrohstoffannahmestellen ermöglichten unkompliziertes, schnelles Geldverdienen. Sie waren wie Geldautomaten. Sie waren das beste Recyclingkonzept, das man sich vorstellen kann. Meinem Heißhunger auf gefüllten Streuselkuchen verdankt mancher Baum sein Leben. Ein schöner Gedanke. Man sollte ihn mir auf meinen Grabstein meißeln: Er mampfte für das Wohl der Bäume.

Gefüllter Streuselkuchen ist abgespeicherte Erinnerung. Er ist der Geschmacks-Soundtrack meiner Kindheit.

Ich nehme zwei Stücke. Dazu eine Tasse Filterkaffee, der wieder mal so großzügig eingeschenkt ist, dass er das Zugeben von Milch unmöglich macht. Und eine Bild. Eine Bild ist die perfekte Zeitung für ein Frühstück auf einer Holzbank um halb sechs Uhr morgens in Dömitz, wenn man im Grunde genommen nur blättern und eigentlich nichts wissen will.

Die Holzbank vermittelt ein Gefühl von Freiheit. Auf ihr fühle mich entbunden von Zwängen und Pflichten. Sie steht einfach da und ich sitze drauf, hergeführt durch eine Verkettung von Zufällen, die am Wohnwagen des Dummen August gestern Nachmittag ihren Lauf nahm. Für das Leben da draußen spielt es in diesem Moment keine Rolle, ob ich auf dieser Holzbank sitze oder auf einer anderen. Ob ich hier in Dömitz sitze, in Wolfsburg oder sonst wo auf der Welt. Ich sitze hier und habe Pause vom Leben da draußen. Alles was zählt ist mein eigenes. Und das muss sich gerade einzig und allein mit der Frage befassen, ob ich das zweite Stück vom gefüllten Streuselkuchen vor dem Durchblättern der Bild-Zeitung esse oder lieber hinterher. Was für ein herrliches, überschaubares Problem.

In München werden sich meine lieben Kollegen gerade wieder den Kopf darüber zerbrechen, mit welchem Outfit sie die größtmögliche Kompetenz ausstrahlen. Welche Hose oder welche Bluse am besten darüber hinwegtäuscht, dass sie im Studium versagt haben und nun in einer mittelmäßig erfolgreichen Veranstaltungsagentur auf die Rente warten müssen. Wie ich sie verachte für ihre Kreativität, mit der sie versuchen, sich gegenseitig mit gespielter Wichtigkeit zu übertrumpfen. Ich kenne alle ihre Tricks. Das möglichst atemlose Gehetze zur Espressomaschine, das in einem extralauten Fluch über die angeblich unpräzise eingestellte Milchschaumfunktion mündet. Ungeduld signalisiert Stress und Stress in einem Büroumfeld Unverzichtbarkeit. Und sobald das geklärt ist, können sie wieder stundenlang intensiv tatenlos auf den Computerbildschirm glotzen, mit der Maus auf was auch immer klickend. Oder das ständige Ausdrucken von Mails, mit dem sie Geschäftigkeit vortäuschen – signalstiftkauend, kopfschüttelnd, unterstreichend –, weil ja alles an Bedeutung gewinnt, sobald es ausgedruckt und signalstiftmäßig bekrakelt wird. Und dann die dauernden Kommentare, die hingeplapperte Luftpolsterfolie, die aus jedem Brainstorming aufgeblasene, inhaltsleere Braintornados macht. Kein Mensch kann in einer Veranstaltungsagentur so viel zu tun haben, dass er den ganzen Tag lang am Anschlag ist. Schon gar nicht, wenn zwölf Leute ihre Arbeit auf noch einmal so viele Praktikanten abladen können, die für die vage Aussicht auf eine Festanstellung unterwürfig alles tun, was man ihnen sagt. Aber man hat einfach keine Chance, gerade auch wegen der Praktikanten. Man muss mitmachen bei der Selbstpromotion, sich selbst und seinen für die Agentur ruinösen Festanstellungsvertrag (vermögenswirksame Leistungen!) bei jeder Gelegenheit rechtfertigen. Gegenhalten gegen den Druck der Gratis-Praktikanten, die sich nur deshalb bereitwillig ausbeuten lassen, weil sie genau wissen, dass man irgendwann nicht mehr kann. Dass man auf die 40 zugeht. Dass mit jedem Jahr die Kräfte schwinden. Dass man schlappmacht, früher oder später. Dass sie einen dann vielleicht ersetzen können. Bis sie schließlich einsehen, dass sie sich die Zähne ausbeißen werden und endlich kellnern gehen. Doch dann sitzt auch schon der Nächste da und alles geht von vorn los.

Ich kenne keinen größeren Stress als die Simulation von Stress. Hier auf meiner Holzbank vor dem Bäckereifachgeschäft in Dömitz muss ich nicht wichtig gucken. Hier bin ich in Sicherheit.

Ich beiße in den gefüllten Streuselkuchen. Der Pudding quillt seitlich raus, tropft auf die Hose. So muss das sein.

SMS und E-Mails checken: Diana vermisst mich, jemand aus Hongkong empfiehlt mir dringend eine Penisverlängerung und irgendeine Ivana aus Bratislava hofft sehr, dass ich es ernst meine mit ihr und zurückschreibe. Ich wäre ja dafür, auf jede versendete E-Mail eine Steuer von einem Cent zu erheben. Dann würde diese Spam-Pest augenblicklich aufhören, da bin ich mir sicher.

Ich tippe ein kurzes Liebesgedicht an Diana. Nicht als SMS. Als E-Mail. Diana ist mir definitiv mehr wert als 160 Zeichen.

In vier Minuten habe ich die Bild durchgeblättert, der das zwei Meter weite Wegrollen von Sara C.s Einkaufswagen beim Beladen ihres Autos vor einem Supermarkt eine Viertelseite mit zwei Fotos wert ist, während die drohende Karstadtpleite in sieben Zeilen abgehandelt wird, ohne Foto. Der gestrige Tag war nach Bild-Maßstab ein äußerst langweiliger. Immerhin ein sterbenslangweiliger! Ein 08/15-Terroranschlag im Irak, ein mittelschweres Erdbeben in Südamerika, die deutsche Wirtschaft im stinknormalen Sinkflug. Niemand cool ermordet, kein Prominenter geil an Krebs erkrankt. Bloß Blake Fieder Civil, der diesmal seine Ex Amy Winehouse auf sieben Millionen Euro verklagen will, weil er sie zum Sentimentalalbum »Back in Black« inspiriert habe – durch unermüdliches Fremdgehen. Hätte ihn beim Fremdgehen der Blitz getroffen, wäre das natürlich besser gewesen, headline-technisch.

Ich bin froh, dass ich zu müde bin, um tiefgründigen Journalismus herbeizusehnen, und beobachte den spärlichen Verkehr, der nach Abebben der Pendlerwelle übrig geblieben ist. In München gibt es zwei Arten von Verkehr, also automobilem. Den von A nach B. Und den um Häuserblockquadrate kreisenden, den Parkplatzsuchverkehr. In Dömitz gibt es nur die erste Variante und diese auch nur in der flüssigen Art, wie sie in München höchstens in den Stunden nach Mitternacht mal vorkommt.

Ich sitze noch eine Weile, bis ich mir absolut sicher bin, dass ich vorerst keinen Hunger mehr auf gefüllten Streuselkuchen haben werde, und fahre weiter auf dem Elberadweg. Die Beine haben noch Probleme mit ihrer Aufgabe. Träge und willenlos verrichten sie die Arbeit, die ich ihnen auftrage. Ab sofort werde ich mich wieder an den Antialkoholschwur halten. Wieder ist gut. Langsam zweifle ich wirklich an meiner Charakterstärke.

Das Wetter ist frühlingshaft warm. Vorhin hat es kurz genieselt. Für die Horden von Elberadwegreisenden Grund genug, sich auf einen baldigen Weltuntergang einzustellen. Mit ihren übergehängten, signalfarbenen Gummiplanen sehen sie aus wie fahrende Zweimannzelte mit aufgepfropften Köpfen.

Es ist kurz nach zehn Uhr, als ich das kleine Örtchen Rüterberg erreiche. Auch so ein Symbol der Teilung. Ich bin vorinformiert. Rüterberg gehörte durch seine unmittelbare Nähe zur Grenze zu den Orten, die von den beiden Zwangsaussiedlungswellen »Aktion Ungeziefer« 1952 und »Aktion Kornblume« 1961 dezimiert wurden. Als es 1966 zu Streitigkeiten zwischen West- und Ostseite über den genauen Verlauf der Grenzlinie kam, ließ die DDR-Führung zusätzlich zum äußeren Zaun noch einen weiteren direkt am

Ortseingang von Rüterberg errichten, der das Dorf sowohl von der BRD als auch von der DDR isolierte. Rüterberg war umzingelt von Stacheldraht, Suchscheinwerfern, Signalmeldern, Hundelaufanlagen und Panzersperren. Grenzsoldaten patrouillierten rund um die Uhr. Abends tauchten die Scheinwerfer den Ort in gespenstisches Licht. Regelmäßig zerriss fehlerhaft ausgelöstes Sirengeheul die Stille. Zutritt zu Rüterberg hatten lediglich die Einwohner selbst, und das auch nur bis jeweils 23 Uhr. Als die DDR schon im tiefen Fall war, wagten sich die etwa 180 verbliebenen Menschen auf die Straße und erklärten Rüterberg zur Dorfrepublik. Es war der Tag vor dem Mauerfall. Einen wirklichen Donnerhall verursachte der Aufstand nicht. Doch der Status wurde nach der Wiedervereinigung vom Innenminister des Landes Mecklenburg-Vorpommern rückwirkend anerkannt. Und nun heißt Rüterberg eben nicht mehr nur Rüterberg, sondern »Rüterberg – Dorfrepublik 1967–1989«. Die Vermarktung des Unikums scheint gut voranzuschreiten: Der kleine Campingplatz ist bestens gefüllt, das Restaurant »Elbklause« topmodern. Aus Rüterberg ist ein geputztes, keimfreies, aufpoliertes Stück deutsche Geschichte geworden. Ein idyllischer, ballungsraumnaher Ort aus Ziegelsteinhäusern, wie ihn sich gut betuchte Immobilieninteressenten wünschen. Mehr Blankenese als Mecklenburg-Vorpommern.

»Privat«, steht an einem Grundstückszaun, der aggressiv wirkt, verglichen mit den anderen im Ort. Das wuchtige Zufahrtstor ist aus einem originalen Grenzzaun gefertigt. Aus denselben scharfen Rautenmaschen, wie ich sie in Bad Sooden-Allendorf berührt habe. Die Maschen dieses Zauns sind hämatomfarben angestrichen. Ein Panzerplattenweg führt ins Grundstücksinnere, direkt hin zu einem Grenzwachturm. Der Turm ist hoch. Und breit. Höher und breiter als das Modell BT6 in Mödlareuth. Efeu rankt sich vom Boden bis zum Dach. Die Fassade ist hautfarben getüncht, die Wärmeschutzverglasung ganz bestimmt auch nicht original. Dass jemand in einem Wachturm lebt, kann ich mir nicht wirklich vorstellen. Der Turm ist zwar geräumig. Aber nur im Vergleich. Auf einer Etage dürften nicht mehr als drei Yogamatten nebeneinanderpassen. Andererseits hat der Turm das mit den Münchner Reihenhauskerkern gemein, für die manche Menschen bereit sind, eine halbe Million Euro abzuzahlen.

Irgendeinen Grund muss das »Privat«-Schild ja haben. Ich gehe durch das offene Tor zum Turm. Ein Kleinwagen steht davor. Eine Klingel gibt es nicht. Ich klopfe.

Die Tür geht auf. Vor mir steht ein älterer Herr in grauer Schlumperhose und einem karierten Langarmhemd, das müde an seinem hageren Körper hängt. Auf dem Kopf sitzt eine ursprünglich mal weiße Baseballkappe. Nicht so eine wie sie trendgehetzte Jugendliche angesagt schief auf dem Kopf tragen, um effektvoll BMX-Räder durch Fußgängerpassagen zu schieben, mit denen sie nicht fahren können. Kappen dieser Art haben wattierte Stirnteile, auf denen die Namen von Firmen stehen, die sich nicht zu blöd vorkommen, hohe zweistellige Summen für die chinesisch produzierte Billigstware zu verlangen.

Die Kappe meines Gegenübers ist aus Baumwolle. Gekauft wahrscheinlich in einem Laden für Segelzubehör, Anfang der Neunziger. Vielleicht ist er mit der Kappe tatsächlich mal über die Ostsee geschippert, mit einem Segelboot, das Maria hieß, oder Erika. Eine Kappe wie diese ist eigentlich zu maritim zum Unkrautzupfen. Menschen in Altersvorsorge-Werbespots tragen solche Kappen, wenn sie am Strand mit lässig über die Schulter gelegtem Zopfmusterpullover in den Sonnenuntergang stapfen.

Der Mann heißt Herr Bailer und hat natürlich überhaupt keine Zeit. Die Hecken müssen noch geschnitten werden und die Rücksitzbank ins Auto eingebaut, die ausgebaut werden musste, um das Fahrrad zu transportieren, das auch noch zu reparieren ist. Und morgen müsste er außerdem zurück nach Freiburg, eine Menge Dinge seien noch zu erledigen. Also bitte, »kommen Sie doch erst mal rein«, sagt Herr Bailer schließlich, »na gut«, fügt er an, aber nachher solle ich dann mal nach seiner Gangschaltung gucken. Wenn hier schon mal ein Fahrradexperte vor der Tür stehe.

Wir sitzen im Vorraum des Turmes Knie an Knie auf weißen Kunststoffstühlen. Die Stühle stehen um einen kleinen, weißen Kunststofftisch. Eine farbenfrohe Tischdecke verstrahlt schwache Gemütlichkeit. Der Rest wirkt zweckeingerichtet wie ein Gartenbungalow.

»Und, Sie als Fahrradprofi: Kennen Sie Jan Ullrich persönlich?«, fragt Herr Bailer, während er zwei Gläser mit einer Kanne Leitungswasser befüllt. Er schiebt mir eines der Gläser hin.

»Nur aus dem Fernsehen. Mit Erik Zabel bin ich aber mal Radrennen gefahren«, erwidere ich und nippe am Glas. Das Wasser tut gut. In meinem Mund schmeckt es abgestanden. Ich sollte mir nachher noch die Zähne putzen. Herrn Bailer ist begeistert. Er gucke die Tour de France gelegentlich im Fernsehen. Erik Zabel sei ein prima Radfahrer, sagt er.

»Ja, und Sie interessieren sich für den Turm?«, lenkt er das Gespräch schließlich auf den Grund meiner Anwesenheit. »Da haben Sie aber Glück, dass Sie mich antreffen. Ich lebe nämlich eigentlich in Freiburg und bin vielleicht dreimal im Jahr hier, wenn es hochkommt. Mein Nachbar kümmert sich um das Grundstück, 3000 Quadratmeter, 250 Büsche. Der Herr Möller ist ein guter Mann. Ich habe ihm einen fahrbaren Rasenmäher gekauft«, sagt Herr Bailer und schlägt die Beine übereinander.

Dann fasst er die 20 Jahre lange Geschichte von sich und dem Turm zusammen, die Goldrandbrille abwechselnd in der Hand oder auf der Stirn, aber nie auf die Nase.

Seine Frau Karin sei in Dannenberg aufgewachsen, beginnt Herr Bailer mit sanfter Stimme, drüben, auf der Westseite, wo sie zusammen ein Mietshaus geerbt hätten – »betreuungsintensiv, nicht mehr ganz neu«. Damals seien sie oft an der Elbe spazieren gegangen und hätten dabei jedes Mal den Turm von Rüterberg gesehen, der grau und bedrohlich aus der Elbauenlandschaft ragte. Karin und er hätten sich stets gefragt, was für ein Leben die Menschen da drüben wohl führten. Die Menschen in der DDR und die im Turm. Kurz nach der Grenzöffnung seien sie dann sofort mit der Fähre nach Rüterberg gefahren. Sie seien Arm in Arm durch den Ort spaziert und hätten sich sofort verliebt. In die Ruhe, in die Aussicht, in die Stimmung, die vor Aufbruch brodelte. Sie hätten angefangen nach einem Grundstück zu suchen und sofort zugegriffen, als sie vom offerierten Turm gehört hatten, der zu jener Zeit die Touristenattraktion im Ort darstellte.

»Anfangs waren die Eigentumsverhältnisse nicht ganz klar. Der Turm steht auf dem Grundstück eines ehemals enteigneten Bauernhofs. Der Kaufpreis war dann auch relativ beträchtlich. Westniveau!«, sagt Herr Bailer, knetet die Finger und fährt fort: »Aber dieses Grundstück ist nun mal einmalig. Für mich war der Turm hochinteressant. Meine Frau wollte ihn zuerst abreißen lassen und neu bauen. Aber dann haben wir uns doch entschieden ihn stehen zu lassen. Wissen Sie, als Besitzer eines solchen Gebäudes hat man ja auch eine gewisse Verantwortung. Die Nachwelt soll sehen, was die DDR gewesen ist. Die meisten Wachtürme haben sie geschreddert, drüben in Dömitz, wo eine riesige Betonschredderanlage war«, sagt Herr Bailer und steht auf. »Naja, ich hatte ja immer gehofft, dass meine Frau mal nach Schwerin ziehen will. Dann hätten wir es heute nicht so weit bis zu unserem Ferienhaus. Aber damals war Schwerin noch nicht so toll restauriert wie heute, so sind wir in Freiburg gelandet.« Ich glaube einen Seufzer in seinen Worten zu hören. Herr Bailer macht eine winkende Handbewegung. Der Rundgang beginnt. Die Schuhe könne ich anlassen.

Eine schwere Eisentür führt direkt in die Küche, die beinahe das gesamte Untergeschoss ausfüllt. Die Einrichtung ist unglamourös. Hängeschränke, Spüle, Herd. Schlicht und funktionell. Links, in einem engen Extraraum, eine Duschkabine.

»Habe ich selbst eingebaut. Der Raum war die Schaltzentrale, die mit den Bewegungsmeldern am Grenzzaun verbunden war. Hier drinnen gab es ja nicht mal ein Klo. Die Grenzer mussten ihre Geschäfte drüben auf dem Nachbargrundstück erledigen. Alles war provisorisch, rohbaumäßig«, sagt Herr Bailer und schiebt mit dem Fuß den Teppich auf dem Küchenfuß-boden zur Seite, wo eine Luke zum Vorschein kommt.

»Da geht es runter in den Keller. Keine Ahnung, wie oft ich mir da schon den Kopp angestoßen habe.« Herr Bailer reibt sich grinsend die virtuelle Beule.

Dann lotst er die Holztreppe hoch, die in den ersten Stock führt.

»Echte DDR-Wertarbeit! Kommen Sie ruhig!«, ruft Herr Bailer und ist auch schon oben. Ich tapse hinterher. Steil ist die Treppe. Mehr eine fest installierte Leiter. Auf einer Ablage eine Sammlung NVA-Mützen, ein Stahlhelm, zwei Koppeltaschen. An der Wand Propagandawimpel. »Für aktive Mitarbeit und Leistungen im sozialistischen Wettbewerb«, steht auf einem. »Sportstafette DDR 40 – für gute Leistungen«, auf einem an-deren. In den Wänden Schießscharten, die provisorisch mit Glasscheiben verschlossen sind. Gegen die Kälte. Ein schmales Einzelbett ist der einzige Einrichtungsgegenstand dieser Zwischenetage.

Ganz oben ein Panoramaraum in 360 Grad.

»Sechs Kilometer Elbe im Sichtfeld, unverbaut!«, sagt Herr Bailer und zupft zum gefühlten hundertsten Male die Goldrandbrille von der Stirn. Dann lässt er sich von der gewaltigen Aussicht gefangen nehmen. Gebannt von dem Ausblick in die Weite steht er da, minutenlang, unfähig, sich vom Moment loszureißen. Dann macht er einen Schritt nach vorn und nimmt einen der Feldstecher vom Tisch, der an der dem Fluss zugewandten Fensterfront steht. Mit breit ausgestellten Ellenbogen hält er das Fernglas vor die Augen, dreht an der Schärfeeinstellung und schaut wortlos auf die Elbe, die an seinem Turm vorbei eine kleine Biegung macht. Er sieht die Wolken, die sich im Wasser spiegeln. Er sieht den Feldweg, auf dem er mit Gattin Karin auf die Grenzzäune geguckt hat. Er sieht aus wie der Kapitän eines Kreuzfahrtdampfers.

Man sieht ihn dastehen mit seinem Feldstecher und denkt: Was für eine Wahnsinnsgeschichte! Da veranstalten sie so einen Zirkus wegen dieser Grenze. Und dann kommt Herr Bailer aus Dannenberg mit der Fähre angefahren und übernimmt den Kommandostand.

19.

Nummer 145

Es war der 24. Mai 2007, ein Donnerstag, als Erik Zabel in einem weißen Polohemd weinerlich vor einem Tischmikrofon saß, um sich öffentlich zu entschuldigen für etwas, das angeblich mehr als ein Jahrzehnt zurücklag. Ausschlaggebender Impuls war nach Zabels Selbstauskunft sein überstrapaziertes Gewissen. Doch man ahnte, dass die treibende Kraft seiner Beichte wohl eher das unmittelbar vor der Veröffentlichung stehende Buch »Memoires van een Wielerverzorger« des Belgiers Joseph Leon D'Hont war – Erinnerungen eines Pflegers, so die deutsche Übersetzung.

Wenn gänzlich unprominente Menschen ihre Erinnerung verkaufen, dann wird es für umso prominentere Menschen oft unangenehm. So war es auch diesmal. Der »Spiegel« hatte Wind davon bekommen und gleich ein ganzes Team gnadenlos nachbohrender Frontreporter ins belgische Desteldonk geschickt. Das Thema war heiß beziehungsweise kalt, je nachdem wie man das sehen will. Man hatte Blut in einem Kühlschrank gefunden, das den Indizien nach von Jan Ullrich stammte. Literweise abgezapft, um es mit allerhand Tricks in Supertreibstoff zu verwandeln, damit Deutschlands Radstar Nummer eins künftig von den Gesetzen der Biochemie befreit die

Berge hinaufpreschen konnte. Presse, Polizei, Dopingjäger, Staatsanwälte und Fans gierten nach Detailinformationen. Also hatte sich D'Hont in das Wohnmobil vor seinem Haus gesetzt (»Spiegel«: »Hellblau, Marke Iveco«) und alles in seinen tragbaren Computer getippt, was er im Zusammenhang mit Jan Ullrichs Arbeitgeber Team Telekom über Spritzen, Tabletten und Blutveredlungspräparate wusste. D'Hont wusste eine Menge. Schließlich war er zwischen 1992 und 1996 Pfleger beim Team Telekom gewesen. D'Hont hatte auch jahrelang mit einem selbst gepanschten Teufelsgemisch aus Herzmitteln und Koffein gedealt, das in der Szene als Zaubertrunk berüchtigt war. Doch darum ging es weniger. Was interessierte, waren die medizinischen Gepflogenheiten im Team Telekom. Es waren schmutzige Dinge, die D'Hont mit seiner Tastatur ans Tageslicht zerrte. Sie erzählten von Monstermenschen in Lycra, die sich, getrieben von Geldgier, manipulierte Blutkonserven in die Venen jagten, immer dreister, immer süchtiger, bis das Blut die Konsistenz von Marmelade hatte. Bereits im vorab veröffentlichten »Spiegel«-Bericht tauchten beinahe alle Namen deutscher Radsportgrößen auf. Und es schien fast schon ein Hauch Bewunderung in der Einschätzung von D'Hont mitzuschwingen, dass Erik Zabel von allen Betrügern wohl noch der ehrlichste war.

Als Erik Zabel im zuckenden Blitzlicht der Pressekameras sein Theaterstück aufführte, als er sich in bester Endspurtmanier bemühte, den Enthüllungen zuvorzukommen, weil ein Sieg in diesem Finale gerade noch Läuterung bedeutete, ein zweiter Platz aber schon peinliche Überführung, saß ich mit einem Stück Erdbeerkuchen vor dem Fernseher. Es war ein quadratisches Stück aus einer Bäckerei. Ich hatte es mir gegönnt, weil ich diesen Tag frei genommen hatte. Ich besaß keine intakte Jeanshose mehr und wollte den Nachmittag mit der Suche nach einem geeigneten Modell verbringen, weit geschnitten, nicht zu modern. Ich hatte vor lauter Zeitüberschuss den Fernseher eingeschaltet und sah die Bilder, das Schluchzen, das Beteuern, das Bereuen. Dass nun auch mein ehemaliger Sportkollege Erik Zabel im Dopingsumpf steckte, nahm ich mit Bedauern auf. Es verdarb mir jedoch keineswegs den Appetit. In der gehäuften Form, in der das Wort Doping in jener Zeit Textspalten und Sendeminuten füllte, hatte sich die Schockwirkung ziemlich abgewetzt. Das Wort war so normal geworden wie Steuerhinterziehung, Tempolimitüberschreitung oder Dienstwagenaffäre. Es war zu einem Alltagswort verkommen. Zu einem Hintergrundrauschen. Das Wort Doping war gerade noch stark genug, um in Verbindung mit einem Prominentennamen den Umschaltreflex im Fernbedienungsdaumen für ein paar Minuten zu unterdrücken.

Doping also. Jetzt auch Zabel. Soso. Es war eine Nachricht. Weiter nichts. Was mich bei dieser Pressekonferenz viel mehr umhaute, was mich regelrecht sprachlos machte, war Zabels Frisur. Diese eiserne Konsequenz, mit der er seit Anfang der Achtziger seine Haare zur Bürste aufstellt, obwohl die »Gala« mittlerweile sicher mit Geht-gar-nicht-Rubriken gegen derartige Haarhaltungsmethoden vorgeht. Die Mode hätte Zabel allein im vergangenen Jahrzehnt zahlreiche Möglichkeit geboten, sich optisch weiterzubewegen. Er hätte die Gardinenscheitelmode mitgehen können, so wie er bei der Tour de France ja schließlich auch jede Sprintattacke mitging. Die Dreimillimetermode hätte sich angeboten. Und selbst die Pomadenirokesenmode hätte einen Fortschritt bedeutet angesichts der Büstenreliquie, wenn auch nur einen winzig kleinen. Doch Zabel hat all das ignoriert. Er hat einfach weiter geföent, gegen den Strich gekämmt, gegen die Zeit. Vielleicht hat er die beginnenden Geheimratsecken sorgenvoll registriert. An seiner Gewohnheit hat er nichts geändert. Er hat die Bürste einfach konsequent auf sich verharren lassen. Mir war es im Film »Höllentour« schon aufgefallen. Diese steil nach oben gestellten, zwingend spraygestützten Haare, die sich Zabel wahrscheinlich einst von Dave Gahan abgeguckt hatte und die er nun entweder trotzig oder unwissend als Achtziger-Accessoire auf dem Kopf herumtrug. Dabei hätte er doch spätestens seit Einführung der Helmpflicht einsehen müssen, dass eine Bürste die denkbar unpraktischste Frisur für einen Radrennfahrer darstellt. Die Styroporschale hat die Eigenschaften einer Formpresse. Und dennoch standen die Haare bei Zabel stets korrekt, sobald er sich den Helm vom Kopf riss, synchron TV-Mikrofone abwehrend. Man kann behaupten: Die Bürste ist sein Markenzeichen.

Als ich die Zabel-Bürste das erste Mal in natura sah, war ich 14 Jahre alt. Das Wetter an diesem Sonntag war nicht besonders. Die Morgenkälte lag noch träge über dem Clara-Zetkin-Park, der sich von der Käthe-Kollwitz-Straße bis zum südlichen Stadtrand von Leipzig erstreckt. Ich hatte ausgeschlafen und lange gefrühstückt. Es bestand kein Grund zur Eile. Vom Sportinternat in der Marschnerstraße bis zum Clara-Zetkin-Park waren es mit dem Rennrad keine zwei Minuten. Selbst wenn ich getrödelt und vorschriftsmäßig die Rotphase der Ampel Marscher-/Käthe-Kollwitz-Straße abgewartet hätte – was niemand tat, den ich kannte –, hätte ich nach höchstens drei Minuten den Park erreicht. Ich hatte mir schon im Internat das Mannschafts-Outfit angezogen und die frisch rasierten Beine mit Nicodan-Salbe eingerieben, die wir »Schlangengiftsalbe« nannten, warum auch immer. Die Salbe hatte auf den Beinen einen hitzigen Flächenbrand ausgelöst. Trotzdem war ich die Wettkampfstrecke noch ein paar Mal abgefahren. Natürlich kannte ich jeden Meter der Strecke. Es war meine Heimstrecke. Jedes Schlagloch auf den drei Kilometern war mir vertraut, jeder Gullideckel, jede Kurve. Mit Flatterband und dem auf die Straße gemalten Zielstrich sah jedoch alles ein wenig anders aus als an normalen Tagen, wenn vor den Jugendstilvillen die Autos am Straßenrand parkten.

Von der letzten Kurve bis zur Ziellinie auf der Karl-Tauchnitz-Straße waren es ungefähr 300 Meter. Ich rechnete mir gute Chancen aus. Kriterien auf engen, kurzen Kursen waren meine Spezialität. Alle zwei Runden gab es eine Wertung, in der Punkte für die Schnellsten vergeben wurden. Fünf für den Ersten, drei für den Zweiten, zwei für den Dritten und einen für den Vierten. Sieger war, wer am Ende die meisten Punkte auf dem Konto hatte. Für uns Bahnsprinter stellten Kriterien ein unterhaltsames Kraftausdauertraining dar. Wir mussten sie nicht so ernst nehmen wie die Straßenfahrer. Ich hatte mich ausgiebig aufgewärmt. Vielleicht ein bisschen zu lange. Denn nun stand ich in einer ungünstigen, hinteren Startreihe. Mein Trainer hatte mir eine Liste von Startnummern genannt, auf die ich in Vorbereitung auf die Sprints achten sollte. Ich blickte mich suchend um. Eine der Nummern stand direkt neben mir. Die 145. Der Fahrer trug das rot-weiße Trikot des TSC Berlin. Er hieß Erik Zabel und gehörte zu den Älteren im Feld der Altersklasse 14/15. Ich wusste, dass er bei der letzten DDR-Kinder- und Jugendspartakiade die Bronzemedaille im 2000-Meter-Zeitfahren gewonnen hatte. In einer Zeit von 3,37 Minuten. Hinter Guido Fulst und Jürgen Werner. Es gehörte damals zu meinen liebsten Freizeitaktivitäten, die Ergebnislisten von Radrennen auswendig zu lernen. Man musste mir nur einen Namen sagen und ich konnte aus dem Stand Platzierungen, Zeiten und Ranglistenzwischenstände aufzählen. Der Name Zabel war mir ein Begriff. Der Typ schien schnell zu sein. Aber er war nun einmal nur ein Straßenfahrer. Bei einem Antritt auf der Radrennbahn würde er nicht mal mein Hinterrad halten können. Doch hier, im Clara-Zetkin-Park, könnte er von Wind und Streckenlänge profitieren. 3,37 Minuten auf 2000 Meter waren ein gefährlicher Trumpf gegen meine Zeit von 12,4 Sekunden auf 200 Meter mit fliegendem Start. Aber es gab natürlich noch Steffen Wesemann, Holger Schardt, Ingo Claus, Jan Schaffrath, Thomas Biebler, René Michailowitsch, Guido Fulst und unzählige andere starke Fahrer in diesem Feld. Zabel musterte mich. Hatte ihm sein Trainer vielleicht meine Nummer genannt, die 41? Wusste er, dass ich neben Steffen Eilart den stärksten Antritt meiner Altersklasse hatte? Ich musterte Zabel zurück. Mir fiel seine schneeweiße »Cinelli«-Sturzkappe auf. Sie war aus dem Westen und hob sich edel von den hässlichen »Spolezi«-Kappen der anderen Fahrer ab. Eine Cinelli-Sturzkappe besaßen normalerweise nur die Nationalmannschaftsfahrer der Männerklasse. Eine Cinelli-Sturzkappe war äußerst ungewöhnlich für einen Fahrer der Alterklasse 14/15. Die dunklen Haare von Zabel standen aus allen Luftöffnungen. Sie waren offensichtlich zu einer Bürste gefönt. Ich war zu jener Zeit ein begeisterter Haarexperimentalist und wusste den Look sofort zu interpretieren. Zabel musste ein Verehrer der Poppergruppe Depeche Mode sein. Für Punk waren die Haare nicht ausreichend strubbelig. Für Bronski Beat im Nacken zu lang. Für Billy Idol zu brünett. Ich selbst trug eine schwer angesagte New-Wave-Frisur, inspiriert von The-Cure-Sänger Robert Smith. Damit hatten wir nach damals gültigen Maßstäben der Jugendkultur beinahe gleichwertige Frisuren.

Es gibt ein Farbfoto, das den historischen Moment belegt. Erik Zabel mit Depeche-Mode-Bürste unter dem Cinelli-Sturzring. Direkt daneben ich mit The-Cure-Pilz unter meiner Spolezi-Schutzhaube. Mein Vater hat es geschossen. Leider in dem Moment, in dem sich Zabel kurz nach unten beugt, um seine Socken hochzuzupfen.

Ob Zabel das Rennen damals gewonnen hat, weiß ich nicht. Ab Runde fünf fehlt mir jede Erinnerung. Ich hatte gerade drei Punkte ersprintet.

Dann schied ich stöhnend an einem Alleebaum der Karl-Tauchnitz-Straße aus dem Rennen aus. Der Abtransport erfolgte liegend in einem Rot-Kreuz-Barkas.

Als Erik Zabel am 24. Mai 2007 die Doping-Beichte ablegte, als ich den Erdbeerkuchen aß und mich über den Bürstenschnitt wunderte, fiel mir das Foto vom Clara-Zetkin-Park wieder ein. Noch während Zabel mit den Tränen kämpfte, kramte ich das alte Fotoalbum hervor. Das Motiv war immer noch dasselbe wie damals. Trotzdem hatte sich das Foto auf spektakuläre Weise verändert. Am Tag der Aufnahme hatte es mich mit einem Sportkollegen aus meiner Altersklasse gezeigt. Zabel hatte bei der DDR-Spartakiade Bronze im 2000-Meter-Zeitfahren gewonnen, ich Bronze im 500-Meter-Zeitfahren. Er dafür noch Gold im Mannschaftszeitfahren auf der Straße, ich zusätzlich Gold im Mannschaftszeitfahren auf der Bahn. Erich Honecker hatte alle Goldmedaillengewinner zu sich in den Palast der Republik geladen. Es gab übertrieben gestylte Häppchen und ein unlustiges Unterhaltungsprogramm. Gut möglich, dass Zabel auch da war. Im Clara-Zetkin-Park waren wir Sportler derselben Liga, wie man so schön sagt. Nun zeigte das Foto zwei Menschen, deren Leben um Welten auseinanderklaffte. Es zeigte mich, den Festangestellten, zusammen mit einem Superstar. Ab diesen Minuten zwar einen mit einem gewaltigen Imageproblem, aber eben doch einen Superstar.

Ich starrte auf das Foto. Ich starrte auf meine Spolezi-Sturzkappe. Ich starrte auf die Cinelli-Sturzkappe, aus der die Stietze wuchsen. Ich fing an über Schicksal nachzudenken. Wie konnte es passieren, dass zwei Sportler, die exakt dasselbe wollten und denen Leistungstests ähnliche körperliche Anlagen bescheinigten, so unterschiedliche Wege gegangen sind? Was war passiert, dass dieser Typ mit der Startnummer 145 legendäre Tour-de-France-Erfolge und Millionen Euro einfahren konnte, während ich, der Fahrer mit der Nummer 41, in einer Veranstaltungsagentur davon träumte, wenigstens einmal in der Woche Zeit für eine zweistündige Feierabendrunde zu haben? Was war an diesem Donnerstag, dem 24. Mai, besser? Berühmt, aber heulend in einem weißen Polohemd vor einer sensationsgierigen Pressemeute zu sitzen? Oder unbekannt und Erdbeerkuchen essend am anderen Ende der Skala, auf einem bequemen Polsterledersofa das Drama konsumierend, die Fernbedienung in der Hand?

Der 24. Mai 2007 hat mir geholfen, die Sache mit der staatlich verpfuschten Radsportkarriere ein Stück weit zu verarbeiten. Ich war froh, mit meinem Stück Erdbeerkuchen auf dem Sofa zu sitzen. Ich wollte nicht tauschen mit Erik Zabel. Nicht mit seinem Beruf, nicht mit seiner Frisur. Ich wollte nicht vor Kameras sitzen müssen und mich als Betrüger zu erkennen geben. Ich wollte nichts zu tun haben mit Doping. Was ich durchgemacht habe, hat gereicht. Der Staatsplan, mit dem die DDR zur Sportmacht aufstieg, hatte die Aktennummer »14.25«. Er sah vor, aus Menschen mit allen verfügbaren finanziellen, personellen und im Besonderen auch medizinischen Mitteln unbesiegbare Siegmaschinen zu züchten. Propaganda-multiplizierende Sportroboter, die keinem anderen Zweck dienen sollten, als das internationale Ansehen des SED-Staats aufzupolieren. Die Oral-Turinalbol-Tabletten, die ich als 14-Jähriger ohne jede Aufklärung von meinem Trainer bekam, ließen dicke Oberschenkel, Bizeps und einen Stiernacken wachsen. Ich hob Gewichte, für die der Knochenapparat eines Jugendlichen nicht ausgelegt ist. Ich legte 190 Kilogramm Eisen auf meine Schulter, die jeden normalen Jungen unter sich zerquetscht hätten, und machte damit flüssig Kniebeuge. Ich bekam Waden wie Conan der Barbar. Und als mein Körper nicht mehr konnte, kroch ich auf allen Vieren durch die Wohnung. Ich hatte ja keine Ahnung, dass mein Trainer ein Verbrecher war.

Heute schmerzt mir die Schulter. Ich kann nur kurze Strecken joggen, keine schweren Sachen heben. Der Rücken tut unerträglich weh, wenn ich bei einem Punkkonzert länger stehe. Ich hatte großes Glück. Heidi Krieger ermöglichte das Doping, bei der Europameisterschaft 1986 in Stuttgart die Kugel weiter zu stoßen als alle Konkurrentinnen. Ihre Trainerin hatte ihr über den Zeitraum von 29 Wochen die doppelte Dosis Testosteron verabreicht, die ein Mann auf natürliche Weise produzieren kann. Heute heißt die ehemalige Europameisterin Andreas, lebt als Mann und sieht entsprechend aus.

Gut möglich, dass es ganz normales Schicksal war, weshalb Zabel an jenem

Donnerstag im Mai von der Presse verhackstückt wurde, während ich wohl gelaunt eine Jeanshose kaufen ging.

Was hat man schon selbst in der Hand? Fast gar nichts. Alles greift ineinander. Billionen Abläufe, verteilt über die ganze Welt. Manche treffen irgendwann aufeinander, beeinflussen sich, vermischen sich zu etwas Neuem. Andere kreisen weiter, haben keinen Einfluss auf irgendwas. Man will so viel und bekommt doch meist etwas völlig anderes. Anstrengung und Beharrlichkeit sind das eine. Doch dann mündet ja doch immer nur alles in Castings, über deren Ausgang letztlich andere entscheiden. Das fängt bei der Wohnung an, geht über den Job und hört bei der Beziehung noch lange nicht auf. Ich wollte Olympiasieger für die Deutsche Demokratische Republik im Bahnsprint werden. Ich habe alles dafür getan. Und was ist draus geworden? Ich wohne in München, stöpsle Bühnentechnik zusammen, nehme an sinnlosen Brainstormings teil und gehe einmal in der Woche ins Restaurant Mykonos, einen Marathon-Teller essen. Ich habe mir auch Diana nicht ausgesucht. Sie stand plötzlich neben mir. In einem Stau, der durch den Motorschaden eines Wohnmobils verursacht worden war. Auf einem Autobahnabschnitt, der an diesem Tag sowohl von ihr als auch von mir befahren wurde, ganz und gar zufällig. In einem Moment, der zustande kam, weil Diana beim Tankstopp kurz zuvor warten musste, weil die Kreditkarte der vor ihr bezahlenden Frau nicht auf Anhieb funktionierte. Was, wenn die Kreditkarte sofort durchgeratscht wäre? Dann hätte im besten Fall eine andere Frau neben mir gestanden. Vielleicht hätte die sich nach zwei Jahren Ehe als geldgeiler Blutsauger entpuppt. Vielleicht wäre es aber auch die herzensgute, ausdauersportliche Erbin eines Millionen-Euro-Imperiums gewesen. Was wäre wenn? Was ist warum? Warum ist was wie? Abende, Tage, Wochen könnte man mit diesen variantenreichen Überlegungen füllen. Ich stand ja auch nur im Stau, weil sich Rex Gildo beim Auftritt im Möbelmarkt von einer Handvoll applaudierender Rentner dazu breitschlagen ließ, sein »Fiesta Mexicana« noch ein zweites Mal zu singen. Ich habe es zwar stets versucht, aber wirklich ausgesucht habe ich mir mein Leben nicht. Es ist so gekommen. Und warum auch nicht? Ich kann aufrecht stehen und freihändig laufen. Ich bin absolut privilegiert.

Im Örtchen Diez lenkte ein Busfahrer sein Gefährt unlängst in den Gegenverkehr, weil einem Fahrgast der mitgeführte Kanarienvogel aus dem

Käfig entwischte, worüber der Mann am Lenkrad zu sehr erschrak. Er hatte jahrelange Berufserfahrung, war ausgeschlafen und hatte die Prüfung zur Personenbeförderung bestanden. Hätte er den Unfall verhindern können? Oder nahm der Crash nicht bereits eines schönen Tages im 16. Jahrhundert seinen indirekten Lauf, als die Mönche des spanischen Klosters Cádiz damit begannen, die Vögel für den europäischen Hausgebrauch zu züchten?

Und nun, im Jetzt meines Lebens? Sitze ich in einem Ausflugslokal unter fünf lachenden Hechtköpfen und esse einen Becher Eis ohne Sahne. Das Lokal befindet sich an der nördlichen Spitze des Schaalsees, in einem Seedorf namens Seedorf. Das idyllische, schilfumsäumte Binnengewässer, das mir den Blick aus dem Fenster versüßt, hatte bis zum Mauerfall das gleiche Schicksal wie der Tannbach in Mödlareuth, die Stadt Berlin und die Elbe bei Schnackenburg. Der See war durch die Grenze geteilt. Der südliche Teil war Staatsgebiet der DDR, die nördliche Hälfte Staatsgebiet der BRD.

Ich lasse das Vanilleeis auf meiner Zunge zergehen, blicke auf den Schaalsee, über dem es sich dunkle Quellwolken gemütlich gemacht haben. Mir stecken 130 Tageskilometer in den Knochen und eine nicht geschlafene Nacht auf einer Innenstadtbank. Was tun nach dem Eisbecher? Weiter fahren bis an die Ostsee, die ich mit sportlicher Fahrt in drei, maximal vier Stunden erreichen könnte? Oder die Nacht hierbleiben und das Finale morgen episch zelebrieren? Die Hechtköpfe über mir sehen aus, als wollten sie mir die Antwort geben. Mit offenen Mündern gucken sie aus der Wand, fröhlich gelaunt, fast so, als würden sie sich etwas erzählen. Auch so eine skurrile Geburt der Zufallslaune. Da gleiten fünf Hechte friedlich durch den See, wie es die Natur vorgesehen hat, ziehen entspannt ihre Bahn und glauben sich am obersten Ende der Nahrungskette. Und dann kommt zufällig jemand vorbei, der einen an Gruseligkeit nicht zu überbietenden Einrichtungsgeschmack hat, schneidet ihnen mit einem Zackenmesser die Köpfe ab und hängt sie in einem Ausflugslokal nebeneinander, pyramidenförmig angeordnet an die Wand, die Mäuler zu einem dämlichen Grinsen präpariert. Was für eine verrückte Welt. Niemals hätte ich eine derartige Zweckentfremdung von Hechten für möglich gehalten. Trotzdem hängen die Fische an der Wand. Und ich sitze mit einem Eisbecher darunter. Ohne Sahne.

20

Endstation Erlebnisbier

Eine Möwe hat auf meine linke Schulter geschissen. Mehr ist noch nicht passiert an diesem Vormittag am Strand bei Priwall.

Drüben, auf der gegenüberliegenden Seite der Bucht, wo eine lang gezogene Hafenpromenade und ein absurd hoher Übernachtungsturm die Unterwerfung der Natur durch den menschlichen Erschließungswahn belegen, in Travemünde also, pulsiert das kollektive Nichtstun. Vollgefrühstückte Strandspaziergänger fühlen sich lebensfroh und halten ihre Zehen ins Ostseewasser. Büroblasse Väter stülpen ihrem pausenlos an Speiseeis leckenden Nachwuchs Aufblaskrokodile über die UV-geschützten Körper, damit dieser nicht ersäuft beim Nachspielen ganzer »Bob der Baumeister«-Folgen. Die Mütter demonstrieren Pflichtentbundenheit und liegen Drecksjournale lesend da, die unvorteilhafte Bikinioptik mit sogenannten Beach-Tüchern kaschierend. Strandkorbvermieter warten kreuzworträtselnd auf Kundschaft, während sich die unverschämt teuren Privatboote maritim gekleideter Überdurchschnittsverdiener ohne jegliche Notwendigkeit an der Stadtsilhouette vorbei durch die Wellen schieben. Winzig und weit weg wirken all die Menschen von meinem Blickpunkt aus. Bunte

Punkte, die mehr der Fantasie zuspielen als der Wahrnehmung. Aber man braucht keine Detailkenntnis, um zu wissen, was dort drüben vor sich geht. Man kennt ja die Prospekte, die einem ständig aus den Gratiszeitungen entgegenrieseln und wegen denen man jedes Jahr aufs Neue doch lieber an den Gardasee oder in die Berge fährt. Travemünde ist das möwenumflatterte Klischee eines schleswig-holsteinischen Ostseebadeorts.

Es riecht nach Spaghettiwasser. Nicht exakt so, wie man es vom Mittagessenkochen her kennt. Salziger, registriert der Nasenseismograph. Modriger auch. Durchsetzt mit fischigen Geruchsatomen. Der Geruch fügt sich maßgefertigt ins Erwartungsraster. Im Grunde genommen riecht es nicht anders als in El Arenal und in Jesolo auch. Meer eben. Das Erstaunliche an dem Geruch ist viel mehr, dass er überhaupt nichts zu tun hat mit dem der Duftbaumsorte Meeresbrise. Den Strand würde ich gern mal sehen, an dem es nicht nach Spaghettiwasser riecht, sondern tatsächlich nach Meeresbrise.

Mein Mountainbike liegt hinter mir. Der Wind bepustet es mit feinem Sandstaub, der sich an Sattel und Reifen staut. Für ein Mountainbike gibt es hier nichts mehr zu tun. Keinen einzigen Meter geht es in Fahrtrichtung mehr weiter. Das Cyanblau des Himmels steht nahtlos auf dem Azurblau der Ostsee. Ich fädle meine Arme aus den Rucksackgurten. Heute ist Erlebnisbiertag.

Ich sitze im urbanen Überhauptnichts. Sand. Wellen. Möwen. Vom Wind gewiegtes Dünengras. Ansonsten nur die Silhouette der angenehm entfernten Hafenpromenade. Ein, höchstens zwei Kilometer sind es über das Meer bis dorthin. Links neben mir, auf meiner Seite der Bucht, erkenne ich die Bungalows des Travemünder Stadtrands, gebaut auf der Halbinsel Priwall, die ungefähr hier an dieser Stelle in das Festland von Mecklenburg-Vorpommern übergeht.

Ich bin also angekommen. Am Ziel meiner Reise. Da, wie man so schön sagt.

Jetzt sollte ich mich eigentlich freuen, den Juhu-Daumen in die selbst auslösende Kamera halten, eine Rundmail mit der Betreffzeile »Yeah!« abschicken. Doch das Feuerwerk der Glückshormone lässt auf sich warten. Die gegenwärtige Bedeutsamkeit hinkt der historischen um einiges hinterher. Ich gebe mir ehrliche Mühe. Aber ich spüre gar nichts. Keine Euphorie. Keinen Stolz. Keinen Durst auf Erlebnisbier. Meine Wahrnehmung hat sich umgekehrt. War es vor zwei Wochen noch die Bezwingung von Distanz, die meine Vorstellungsfähigkeit übertraf, so ist es nun der Gedanke an Alltag, der mir Bauchschmerzen bereitet. Morgen werde ich mir einen Mietwagen nehmen und damit über sechsspurigen Asphalt zuckeln. Und dann wird es wieder losgehen. Fernsehabende. Brainstormings. Großeinkäufe. Flaschenwegbringen. Wohnungsleben. Tagesabläufe. Wochenstruktur. Kinotag. Dies jetzt wäre der Moment, vorher noch etwas Unvergessliches zu tun. Etwas, woran ich mich noch Jahrzehnte später erinnere.

Ich sitze im Sand und schaue auf Wasser. Alle Menschen an der Ostsee sitzen im Sand und schauen auf Wasser. Im Sand zu sitzen und auf Wasser zu schauen bringt einen Abenteuerwilligen nicht weiter. Es lässt nur Erinnerungskonserven aufploppen. Aus der Zeit, als ich mit meinen Eltern nackt am Stand von Zingst sitzen musste. Ein Horror namens Freikörperkultur, an den ich mich lieber nicht erinnern möchte. Ganze Wochen verbrachte ich fast ausschließlich in Bauchlage, weil ich panische Angst davor hatte, beim Anblick der nackten Frauen eine Erektion zu bekommen.

Irgendetwas fehlt. Etwas Griffiges. Etwas Markantes. Ein Schlusspunkt. Am 2. Oktober 1990 bin ich pünktlich um 23:56 Uhr in Katja eingedrungen, um den Moment der deutschen Wiedervereinigung für immer zu konservieren. Im Sand zu sitzen und auf das Wasser zu gucken wird nicht mal reichen, um sich ein Jahr später noch daran zu erinnern. Selbst das Erlebnisbier wird höchstens die Frage aufwerfen, ob das Nuckeln an einer lustig bebilderten Getränkeflasche tatsächlich Erlebnis ist oder trotzdem nur Biertrinken. Das weltberühmte Gemälde »Le Bateau« von Henri Matisse hingt 47 Tage lang verkehrt herum im New Yorker Museum of Modern Art, ohne dass dieses jemandem aufgefallen war. Es hatte nichts Einprägendes. Matisse hatte es gemalt, wahrscheinlich tagelang. Und es war der Welt egal, ob oben unten oder unten oben ist. Genau das könnte mit meiner Reise passieren. Vielleicht weiß ich irgendwann nicht mal mehr, in welcher Richtung ich ge-

fahren bin. Was tun? Noch ein bisschen auf das Wasser gucken? Dann einreihen in das kollektive Nichtstun von Travemünde? Die Standpromenade
ablaufen, dabei Eis der Geschmacksrichtung Stracciatella leckend? Geistig
verbrüdert mit den Gürteltaschenträgern, denen die Flip-Flops ununterbrochen an die Fußsohlen klatschen? Vielleicht noch Tagesmieter eines
Strandkorbs werden, für den Abend einquartiert in einem Halbpensions-
hotel mit Namen Neptun oder Fischerhütte? Abend teuer statt Abenteuer?
Ich spüre meinen Magen, der sich tief in mir zusammenzieht.

Was mir auch gerade einfällt: Sitze ich hier überhaupt auf der ehemaligen Grenze? Bis auf ein Schild, das die textilfreie Badezone von Priwall
ankündigt, sehe ich weit und breit keinen Pfahl oder sonst einen Hinweis.

In freihändig fahrender Erwartungshaltung pedaliere ich gemächlich den
Schotterweg zurück, auf dem ich vorhin von Dassow aus gekommen bin.
Irgendwo hier müsste doch zumindest eine Erinnerungstafel aufgebaut
sein. Sonst beschriften sie doch auch jede Fallobstwiese.

Ich bin kaum auf den Ostseeradweg gebogen, der ökologisch interessierte Aktivurlauber in Adventure-Sandaletten und Tchibo-Trikots von einem
Badeort zum nächsten pumpt, als ich in Fahrtrichtung die Sensation
schlechthin entdecke. Ein Mountainbike der amerikanischen Titan-Manu-
faktur Merlin. Ich habe in meinem bisherigen Leben 80 000 Euro für Fahrradmaterial ausgegeben, aber ein Mountainbike von Merlin war mir stets
zu teuer. Ein Merlin-Mountainbike will ich mir kaufen, wenn in 23 Jahren
mein Rentenfond ausgeschüttet wird.

Das Rad lehnt an einem Baum. Es ist kein bisschen weniger als eine Skulp-
tur. Die Schweißnähte bilden feine, gleichmäßige Raupen. Die Hinterbau-
streben fügen sich filigran an die Hauptrohre. Das Mattgrau des gebürs-
teten Rahmens reflektiert nur schwach das Sonnenlicht. Ein Merlin gehört
zu den seltensten Fahrrädern der Welt. Im ganzen vergangenen Jahr habe
ich kein einziges gesehen. Und nun lehnt es hier an einem Baum. Am Ortsrand von Travemünde, wo es weder Berge noch ruppiges Gelände gibt.

Ich verlangsame die Fahrt. Der Besitzer steht mit dem Rücken zu mir. Er
kniet sich hin, biegt seinen Oberkörper, macht zwei Schritte rückwärts und

wieder einen nach vorn. Er ist in ein Fotoshooting vertieft, dessen Anlass mir nicht ganz klar wird. In Zielrichtung des Objektivs ist absolut nichts zu sehen, was einen derartigen Fotoeifer rechtfertigen würde. Aus der Wiese guckt nur ein Pfeiler. Hüfthoch, bepinselt mit rot-weißen Streifen. Tatsächlich. Er fotografiert den Pfeiler.

Ich bremse. Der Typ guckt. Er trägt dieselbe Art Klamotten wie ich. Enge, schwarze Radhose, buntes Trikot. Auf dem Kopf das Topmodell einer aktuellen Helmkollektion. Die Beine sind nougatbraun. Sehnig, aber unrasiert.

»Schönes Rad!«, lobe ich und wähne mich schon in einem Fachgespräch über Titan-Legierungen, Rahmenpreise und das Zusammenspiel von Ölviskositäten und Federgabelkennlinien. Doch der Typ scheint nicht zu verstehen.

»Oh, sorry! I don´t speak German.« Er zuckt mit den Schultern und guckt, als wolle er sich entschuldigen: »English?«

»A little«, gebe ich mich erst mal verhalten, nicht dass ich gleich mit Slangworten torpediert werde. Es ist aus heutiger Sicht ein großer Jammer, dass Englisch in der DDR kein Pflichtfach war. Erst ab der siebenten Klasse war es möglich, am freiwilligen Unterricht teilzunehmen. Ein paar Stunden in die Woche. Viel zu wenig, um die Sprache auch nur halbwegs zu begreifen. Eigentlich ging ich auch nur wegen Frau Hülsendorf hin, die es sich leisten konnte, die körperbetonten Sachen anzuziehen, die sie sich jeden Morgen auflaminierte. Frau Hülsendorf hieß mit Vornamen Beate und war das, was man in Männerrunden eine geile Sau nennt. Frau Hülsendorf trug so eine schwarze, hautenge Kunstlederhose mit gefälschtem Levi's-Emblem, die man sich von den Vietnamesen in Leipzig Grünau für 200 Mark nähen lassen konnte. Das Material war 100 Prozent luftundurchlässig und äußerst anregend für die Transpiration. Normalerweise wurde es im Werkunterricht der unteren Klassenstufen verwendet, um daraus Kunstlederlaub zu schneiden. Untersetzer für den heimischen Wohnzimmertisch. Die Eltern mussten sich dann jedes Mal freuen, wenn sie nach dem kunstledernen Eichenblatt zu Ostern auch noch das kunstlederne Kastanienblatt zu Weihnachten geschenkt bekamen. Kunstlederne Hosen waren mit der Eingliederung von vietnamesischen Gastarbeitern in die sozialistische Textilwirtschaft groß in Mode gekommen. Das Angebot an frecher Bekleidung in den warum auch immer so genannten Modegeschäften war dürftig, und so wurden die Wohnheime zu regelrechten Kunstlederhosenfabriken. Die Hose von Frau Hülsendorf war so eng, dass Frau Hülsendorf ausschließlich stehend unterrichtete und man davon ausgehen musste, dass sie die Hose auch im Bett trug, weil es unmöglich schien, ihr ohne Zuhilfenahme einer Schere zu entsteigen. Doro Pesch trug eine ähnliche Hose auf dem Cover der LP »Triumph and Agony«. Gegen Frau Hülsendorf war Doro Pesch bestenfalls eine Kleinstadtfrisöse. Doro Pesch war nur ein Plattencover. Frau Hülsendorf war aus Fleisch und Blut und Kunstleder. Die Hose machte mich fertig.

Der Unterricht selbst interessierte mich wenig. Der erste vollständige Satz, den wir beigebracht bekamen, war: »Hello, I'm Harry Old, I'm a Boxer.« Was sollte man damit anfangen? Es bestand weder die Möglichkeit in ein englischsprachiges Land zu reisen noch einen englischsprachigen Sender zu empfangen. Auch war es bei Siegerehrungen absolut untersagt, einem Sportler aus dem kapitalistischen Ausland Gratulationsworte auszusprechen. Das wurde uns von den Trainern im Sportinternat vom ersten Tag an eingebläut. Englisch in der DDR zu lernen war im Grunde genommen völlig sinnlos. Ich habe mir die Sprache im Laufe der Jahre etwas angeeignet. Etwa auf dem Niveau eines zweijährigen Kindes. Eines englischen Kindes zwar, aber eben nur eines zweijährigen. Ein bisschen bin ich sogar froh darüber. Sonst würde ich Brit-Pop vielleicht genauso unerträglich finden wie Deutschrock.

»Is this the boundary marking of East Germany?« Der Merlin-Mann zeigt auf den Pfeiler. Er ist also auch auf der Suche nach einem Grenzsymbol. Aber das Ding da? Ein Grenzpfeiler? Ich mache einen Schritt nach vorn, begutachte gespielt fachmännisch den Stein. Ein Schildchen ist angeschraubt. »Geodätischer Festpunkt – Abstand ein Meter.« Keine Ahnung, was das bedeutet.

»I think not. Hmm ... tja ...«, drehe ich eine inspizierende Runde um den Pfeiler: »I'm not sure. I think this is a crazy Irgendwas. The original stones are much larger. And they are black, red, gold with the emblem of the GDR«, sage ich und hebe die Hand über den Kopf, um die Höhe zu simulieren. Der Merlin-Mann schätzt mit den Augen den unsichtbaren Grenzpfeiler ab, schaut vergleichend auf den geodätischen Festpunkt, dann wieder auf den unsichtbaren Grenzpfeiler. Die Spannung weicht aus seiner Körperhaltung. Enttäuschter Blick. Die Kompaktkamera gleitet in eine spritzwasserresistente Hülle. Der Merlin-Mann macht einen unzufriedenen Eindruck. Er scheint skeptisch. Wahrscheinlich hegt er Zweifel an meiner Kompetenz. Doch ich bin nun mal der original Gesamtdeutsche. Und er nur der mäßig vorinformierte Engländer. Stumm und ratlos hypnotisieren wir zusammen den Betonpfeiler.

»Do you ride the Grenzsteintrophy?«, unterbricht mein Nebenmann nach gefühlten Minuten das Schweigen. Neugierig mustert er den Teil meines Mountainbikes, der mit Zelt und Schlafsack beladen ist.

»Grenzsteintrophy?«, frage ich zurück. Mein Zelt und mein Schlafsack sind gar nichts gegen den Kram, der mit Riemen, Schnallen und Klebebändern am Merlin befestigt ist. Der Typ muss auf Weltreise sein.

»Grenzsteintrophy, the self support race.« Der Merlin-Mann schaut mir erwartungsvoll in die Augen. Ich habe nicht die geringste Ahnung was er meint. Der Merlin-Mann versteht. Dem nun folgenden Fließendenglisch entnehme ich, dass er Matt heißt und aus England gekommen ist, um an der morgen genau hier startenden Grenzsteintrophy teilzunehmen. Ein Mountainbike-Rennen entlang der ehemaligen Grenze, 1250 Kilometer, eingeteilt in eine einzige Etappe nur. Historisch unterlegtes Gehetze mit Minimalstandzeit. Der Rückflug nach England sei für Dienstag gebucht.

Mir kommen gewaltige Zweifel an der Richtigkeit der Übersetzung. Von morgen bis Dienstag sind es fünf Tage. Ich habe zwei Wochen gebraucht.

»Five Days? From Travemünde to Hof?«

»Yes!« Matt verschränkt stolz die Arme. Er ist sich der Außenwirkung der Aussage bewusst. In fünf Tagen von Travemünde bis Hof zu radeln ist so, wie an einem Tag über die Alpen zu laufen. Es ist zu absurd, um dafür nicht bewundert zu werden. Matt weiß das. Jetzt wird er bescheiden tun, nicht weiter drauf eingehen und bis zur Nachfrage warten. Aber dann! Dann wird er sich suhlen in seiner Großartigkeit, seiner Männlichkeit, seiner Selbsthärte. Ich werde ihm den Gefallen tun, meinetwegen. Den Triumph, von meiner Tour zu erzählen und diese damit automatisch zum Beweis seiner Männlichkeit werden zu lassen, werde ich Matt aber nicht zuspielen. Ich muss das selbst erst mal verarbeiten. Da fährt man mit dem Mountainbike von Hof nach Travemünde, unerschrocken von wilden Tieren und Niederschlagwetter. Man schläft illegal im Wald bei Eisenach, überlebt Geister-Mosquitsch, Erdbeerbowle und Volksmusik. Und dann lässt der erste Mensch, den man bei der Ankunft trifft, alles läppisch aussehen. Soft, müde, nicht der Rede wert.

Vor zwei Jahren, beginnt Matt jetzt von sich aus mit der Selbstpromotion, habe er ein Nonstop-Rennen namens Great Divide gefinisht. Von Kanada nach Mexiko. 4400 Kilometer in 23 Tagen. Ach ja, falls ich Lust hätte: Die Teilnehmer der Grenzsteintrophy würden sich heute Abend im »Luzifer« treffen. Drüben in Travemünde. Ich könne gern vorbeikommen.

Das »Luzifer« ist leicht zu finden. Man muss nur zur Anlegestelle der Pendelfähre Richtung Priwall gehen, dann sieht man die modisch unterkühlte Glasfassade schon in der Abendsonne funkeln. Das Restaurant gehört zu jenen Klonen minimalistisch möblierter Abfüllterrarien, die Anfang der Neunziger in New York erfunden wurden, um der gelangweilten Yuppie-Zielgruppe so etwas wie Lebenssinn zu geben. Metastasenartig haben sich die Glaskästen in jeden Winkel der Welt ausgebreitet. Dem Trend folgend, statt ihn weisend. Die allzu oft kopierte Individualität hat sie zum Bestandteil der Masse gemacht. Das »Luzifer« hält sich ans Konzept. Es könnte auch in London stehen, in Mailand oder in Limbach-Oberfrohna. Der Laden ist das Produkt eines kurvenhassenden Innenarchitekten, der ein glühender Fan von Autohäusern und Küchenstudios sein muss. Wahrscheinlich hört er den ganzen Arbeitstag lang CDs seiner Lieblingsgruppe Stahlbeton. Aus dem Boxensystem des »Luzifer« dagegen biedern sich nur die abgelutschten Beats eines Chill-out-Samples dem Massengeschmack an. Das CD-Cover zeigt mit größter Sicherheit eine teelichtumrandete Badewanne. Oder einen spanischen Sandstrand im Abendlicht. Betreute Blutdrucksenkung. Ansonsten Kanten. Überall strenge, spaßlose Kanten. Die Loungesessel sind so eckig wie die Tische und die Raumaufteilung. Alles folgt dem rechten Winkel. Ich folge der freundlichen Bedienkraft nach draußen.

Die lange Tafel der Grenzsteintrophy-Fahrer steht zusammengeschoben aus vielen Vierertischen auf der Außenterrasse. Der Blick auf den Hafen ist sagenhaft. Der Abendhimmel leuchtet hellblaurosa. Ein Fährschiff gleitet vorbei. Auch ein schönes Motiv für das Cover einer Chill-out-CD.

Matt ist noch nicht da. Dafür Gunnar, der Organisator, der gerade einen Zeitungsreporter mit Informationsbausteinen für dessen geplante Story versorgt.

Gunnar hat nichts dagegen, dass ich mich dazusetze. Ich bin ein Grenzradler. Ich kenne Matt. Das reicht aus, um kumpelhaft die Hand gequetscht zu bekommen. »Setz dich!«, sagt Gunnar, ein grobgliedriger Typ mit elektrorasierter, also keiner Frisur.

»Es geht um drei Dinge«, sagt Gunnar und wendet sich wieder dem Reporter zu, der den Kugelschreiber notierbereit über der schon gut gefüllten Notizblockseite schweben lässt.

»Also erstens: das Emotionale«, spricht Gunnar und wartet, bis sein Gegenüber die Akustik in Buchstaben umgewandelt hat. Nickend deutet der Reporter die Bereitschaft zum Weiterschreiben an. Gunnar fährt fort:

»Zweites: Erstbefahrung. In den Alpen gibt es ja schon Staus auf den Gipfeln.« Gunnar leert zügig sein Glas Weißbier (»nur alkoholfrei!«), während der Zeitungsmann zufrieden auf seinen Block schreibt.

»Und drittens ...« Gunnar stockt. Drittens, schreibt der Reporter auf den Block und nickt Gunnar das Signal zum Weiterreden zu. Doch Gunnar hat den Faden verloren. Was verdammt noch mal war Drittens? Monatelang hat er gewusst was Drittens ist. Das Drittens war Mitauslöser dafür, dass er jetzt hier sitzt. Es ist ein Drittel seiner Motivation. Und nun kommt er nicht drauf. »Egal, es ist einfach eine geile MTB-Sache. Ich meine, wir fahren den Todesstreifen lang, wo alles vermint war und hinter dem Menschen eingesperrt waren. 17 Millionen unschuldige Menschen, unterdrückt und kaserniert! Worauf ich hinauswill: Hier geht es um das Thema Freiheit!« Gunnar wirkt plötzlich sehr aufgeheizt. Das Drittens ist weg, aber dafür schwappt nun eine ganze Ladung viertes, fünftens, sechstens und immer so weiter aus ihm heraus, es hört gar nicht mehr auf mit dem Herausschwappen. Der

Reporter blättert auf eine neue Notizblockseite. Er weiß: Jetzt kommen die guten Zitate.

Die Plätze am Tisch füllen sich. Ein Neuankömmling nach dem anderen schüttelt »Hallo« sagend die Hände der bereits Dasitzenden. Gerade absolviert Matt seine Vorstellungsrunde. Man kennt sich nur aus dem Internet, von »grenzsteintrophy.de«, wo man die Fahrerprofile nachlesen kann. Die Gespräche verlaufen abtastend nach Fragebogenmuster.

Informationsabgleich: Herkunft, Befinden, Anreisedauer?

Einstufung: bisher größte Nonstop-Kilometerleistung, Lieblingsgebirge?

Sondierung: an Fahrgemeinschaft interessiert, ja oder nein? Wenn ja, nachts schlafen oder nur kurz ausruhen?

Aus den Antworten resultierend die ersten Fraktionsbildungen. Matt sitzt allein da. Dass er bereits am Dienstag im Ziel sein will, schließt jegliche Koalition aus.

Die Männer am Tisch unterscheiden sich deutlich vom Rest der Luzifer-Gäste. Das Essen ist nach dem Masse-Energie-Quotienten ausgesucht und wird unmittelbar nach dem Servieren mit einer unfassbaren Geschwindigkeit verschlungen. Die getragene Kleidung besitzt kaum optische, dafür umso mehr funktionelle Reize. Zweistufig abzippbare Hosenbeine nämlich und multiple Verstaumöglichkeiten. Die am Terrassengeländer lehnenden Mountainbikes fügen sich ins Bild. Sie sind befrachtet mit allem, was der Aufrechterhaltung primärer Lebensfunktionen dient. Wohnzimmer, Küche, Bad, Schlafzimmer, Kleiderschrank, Werkstatt – alles komprimiert auf Bündel und Taschen. Jedes einzelne Rahmenrohr dient als Gegenhalter von mindestens einem Ausrüstungsgegenstand. Die Gepäckträger sind weit über die vom Hersteller empfohlene Tragfähigkeit belastet. Auf den Lenkern drängeln sich digitale Messarmaturen und GPS-Wegweiser. Man denkt an Schneestürme und Urwälder, an fleischfressende Tiere und GEO-Titelseiten. Die Mountainbikes sind Survival pur. Sie werden durch das Land mit der wahrscheinlich weltweit lückenlosesten Asphalt-, Mobilfunknetz-, Supermarkt-, Pensions-, Postfilialen- und Gaststätten-Dichte fahren. Die Mountainbikes sind viel zu übertrieben für Mecklenburg-Vorpommern,

Hessen, Thüringen. Die Mountainbikes gehören nach Patagonien, nach Tibet, in den Ural. Hier in Deutschland sind sie nur die Weiterführung von Spieltrieb und Abenteuersehnsucht mit anderen Mitteln. Es geht nicht darum überleben zu müssen. Es geht darum überleben zu wollen.

Plötzlich! Aufregung. Stühlerücken. Aufspringen. Fotoapparathinhalten. Ein Menschen-Hufeisen, das sich um eine zerlöcherte Mischgemüsedose formiert. »Selbst gebauter Leichtbaukocher«, sagt der Dosenbesitzer und der Reporter feuert mit der Kamera aus allen Rohren, wie es sonst nur die Promijäger der Tratschindustrie tun. »Cool!«, ruft er, den erigierten Erfolgsdaumen in die Luft gereckt, während ein anderer Grammgeizer wegen Knallfolie aufregend gefunden werden will, die er als Isomatte benutzen will. Der Trubel flacht trotzdem ab.

»Den Leuten ging es nicht um Bananen!«, sagt Gunnar nun, zurück am Tisch, und schießt die Worte ab, wie der Reporter gerade die Mischgemüsedose. Als die Mauer fiel, da sei ihm das so egal gewesen, als hätte sich Deutschland mit Holland vereinigt. Ach was, noch viel egaler, denn nach Holland sei er mit den Kumpels ja zumindest immer zum Partymachen gefahren, erzählt Gunnar. Später habe er in Leipzig studiert. Und dann hätten sie da einmal in der WG beim Saufen zusammengesessen, wo er zu den Ossis gesagt hätte: Hey, cool, dass wir hier zusammen saufen können. Und die Ossis hätten das auch cool gefunden und die Geschichten von den Montagsdemos erzählt, bei denen es – »unglaublich eigentlich« – einen Schießbefehl gegeben habe, und plötzlich sei ihm klar geworden, was die Wende für eine unglaubliche Sache gewesen sei.

»Ich habe damals gegen den Irakkrieg demonstriert, weil es dafür schulfrei gab. Und die im Osten haben bei den Demonstrationen ihr Leben riskiert, um frei zu sein.« Gunnar hebt sein schon wieder leeres Bierglas in die Höhe. Die vorbeilaufende Bediendame ignoriert gekonnt.

Jedenfalls, fährt Gunnar fort, sei er letzten Sommer die Trans Norway gefahren, wo er die ganze Zeit nicht gewusst habe, was die Typen in den Blutbahnen haben, und da sei ihm die Idee mit der Grenzsteintrophy gekommen. Ein Abenteuer entlang der Grenze, irgendwie zusammen, aber irgendwie auch jeder für sich. Morgen um zehn Uhr werde er das Startkommando geben. Und wer im Ziel ankommt, in Eichigt bei Herrn Hlawaty in der »Gemütlichen Kleintierschänke«, der trägt sich in das dort ausliegende Goldene Buch ein – und das sei es auch schon gewesen.

»Ich habe Pakete an drei Poststellen geschickt, die sich auf der Route befinden. Riegel, Waschzeug, Unterhosen. Organisatorisch gibt es bei dieser Veranstaltung gar nichts«, sagt Gunnar, die noch immer an ihm vorbeiguckende Kellnerin mit Blicken abwechselnd anflehend und abstrafend.

Es ist kurz nach 21 Uhr. Die Teller sind leer, die Mägen voll. Aufbruchstimmung. Morgen soll es so zeitig wie möglich losgehen. Die offizielle Ansprache muss noch gehalten werden. Das Gruppenfoto fehlt noch. Außerdem ist noch darüber abzustimmen, ob die Tonmitschnitte von den telefonischen Lageberichten vom *Deutschlandfunk* verwendet werden dürfen. Persönlichkeitsrechte und so. Spätestens um zehn Uhr soll es dann auch losgehen. Also ab ins Bett.

Ich schließe mich einer Splittergruppe an, die wild entschlossen ist, den Tag am örtlichen Hochufer mit dem Verzehr alkoholischer Getränke abzurunden. Die voraussichtliche Fahrzeit wird von einem ortskundigen Fahrer namens Meik mit »höchstens fünf Minuten« angegeben, entpuppt sich am Ende einer rasenden, sämtliche StVO-Regeln missachtenden Fahrt jedoch als eine halbe Stunde. Die Sonne verglüht gerade hochdramatisch in der Ostsee. Sieben Beinpaare baumeln von der Steiluferkante. Mitgebrachte Bierflaschen kreisen. Freiheitsschwüre werden vom Wind hinaus aufs Meer getragen, Fotos mit langer Belichtungszeit versucht. »Fahr doch morgen mit«, sagt Meik und knufft mir in die Seite.

»Och nee«, sage ich und winke ab. Als das Bier alle ist und zum Whiskey übergegangen wird, verabschiede ich mich und fahre zurück.

Travemünde schläft tief und fest unter dem gelben Schleier der Straßenlaternen. Keine Hotelbewohner mehr zu sehen, die sich das Völlegefühl nach zügelloser Büfettorgie abspazieren wollen. Keine Verkehrsgeräusche. Kein Hinweis auf Leben.

Ich schiebe mein Mountainbike zu den Strandkörben. Die Seitenwände der Freiluftmöbel sind aus Korbmaterial, geben dem Körpergewicht etwas nach. Der Rücken lehnt bequem. Das Meer ist schwarz, glitzert schwach im Mondlicht. Drüben, auf der anderen Seite der Bucht, dort wo die Lichter von Priwall von einem Meter auf den anderen in Finsternis übergehen, wo noch nie eine Siedlung stand, sondern nur der Eiserne Vorhang, genau dort ist die Stelle, an der ich am Vormittag so unschlüssig saß. Dort fängt Mecklenburg-Vorpommern an. Dort verlief die Grenze.

Ich nehme das Erlebnisbier aus dem Rucksack. Es ist der Schlusspunkt, den ich seit Tagen mit mir herumschleppe. Die Flasche ist mit mir über den Brocken gefahren. Sie hat mit mir in Dömitz übernachtet. Sie war seit Elend immer dabei. München wird sie nicht sehen, so viel steht fest. Ich heble den Kronkorken mit dem Handy auf, hebe die Flasche an die Lippen. Der Geschmack ist erwartungskonform. Das Bier schmeckt nach Bier. Das Erlebnis beschränkt sich auf die Temperatur, die unerwartet hoch auf dem Niveau von Körperwärme liegt. Es scheint ein Naturgesetz, dass Wunsch und Wirklichkeit einer generellen Gleichlaufschwankung unterliegen.

Ist das Freiheit? Mitten in der Nacht am Strand von Travemünde zu sitzen, in der Hand ein Bier mit dem Aufdruck »Staatsreserve – Der letzte Husten, gebraut nach dem deutschen Einheitsgebot von 1989«?
Ich weiß es nicht. Es ist ein bisschen mehr Freiheit, als an einem Strand in der Dominikanischen Republik zu sitzen, und ein bisschen weniger, als ich erwartet habe. Was ist das überhaupt – Freiheit? Der Schriftsteller Jean-Jacques Rousseau hat vor Jahrhunderten einen schönen Satz geschrieben: »Die Freiheit des Menschen liegt nicht darin, dass er tun kann, was er will, sondern dass er nicht tun muss, was er nicht will.« Der Satz stand auf einem Kalenderblatt.

Der Satz ist Wahnsinn. Ich sollte ihn mit Muscheln in den Sand schreiben. Ich sollte ihn genau hier in den Sand schreiben. Ich sollte ihn in den Sand schreiben und morgen früh den Mietwagen stornieren. Ich sollte die bescheuerte Karre stornieren und dann mit Gunnar und den anderen Verrückten nach Eichigt radeln. Zu Herrn Hlawaty. In die »Gemütliche Kleintierschänke«. Das wäre Freiheit.